# 出纳实操
## 从新手到高手

**■全新案例版■**

陈文玉◎编著

中国铁道出版社有限公司

CHINA RAILWAY PUBLISHING HOUSE CO., LTD.

U0650633

**图书在版编目（CIP）数据**

出纳实操从新手到高手：全新案例版 / 陈文玉编著 .—2 版 .—北京：
中国铁道出版社有限公司，2021.6

ISBN 978-7-113-27806-9

Ⅰ.①出… Ⅱ.①陈… Ⅲ.①出纳 - 会计实务 Ⅳ.① F231.7

中国版本图书馆 CIP 数据核字（2021）第 043819 号

书　　名：出纳实操从新手到高手（全新案例版）
　　　　　CHUNA SHICAO CONG XINSHOU DAO GAOSHOU（QUANXIN ANLI BAN）
作　　者：陈文玉

责任编辑：王　佩　　　　编辑部电话：（010）51873022　　　　邮箱：505733396@qq.com
封面设计：宿　萌
责任校对：孙　玫
责任印制：赵星辰

出版发行：中国铁道出版社有限公司（100054，北京市西城区右安门西街 8 号）
印　　刷：三河市兴达印务有限公司
版　　次：2015 年 2 月第 1 版　 2021 年 6 月第 2 版　 2021 年 6 月第 1 次印刷
开　　本：700 mm×1 000 mm 1/16　印张：15.5　字数：278 千
书　　号：ISBN 978-7-113-27806-9
定　　价：59.80 元

一个企业的生存和发展离不开资金，资金如同一个企业的"血液"，而出纳便是专门负责管理货币资金的岗位。

你想从一名刚进入工作岗位的新手变成一名优秀的出纳人员吗？你想拥有老出纳的经验和丰富的知识吗？你想提高你的工作效率吗？本书将为你提供实用有效的方法。

# 前　言

## 本书的特点

出纳在企业中是重要的岗位，是财务工作的基础，各类企业无论大小都需要配备一定数量的出纳人员，因此，出纳拥有良好的就业前景。同时，出纳工作需要专业的知识技能，良好的职业道德，所以被很多择业人员所青睐。

本书的主要特点如下：

- 专业、严谨。结合了我国财经法规、相关制度以及出纳人员的实际工作经验，将理论与实务很好地结合在一起，读者可以对相关规定及操作流程一目了然。

- 内容翔实，技术实用。本书介绍了出纳工作中不可缺少的技能，如点钞、数字的规范书写、填写支票、装订账本、识别假钞和发票、处理残币等，非常实用。还介绍了一些利用互联网新工具的方法，如怎样使用企业网上银行、网上报税软件以及如何进行网上年检等。

- 从实际出发，可操作性强。结合实际的操作流程与适当的案例，对于操作中容易遇到、容易忽略的问题进行细致贴心的解答与提示。

- 语言通俗，图文并茂。将财务工作中枯燥的专业理论，转化为通俗易懂的语言来表述，加上大量的实际操作图表，给读者一个更直观清晰的印象，便于理解和操作。

## 本书的主要内容

第1章从一个小故事"出纳的一天"开始讲起，对出纳工作的内容和性质进行了简要的说明，让读者对于什么是出纳工作，怎么做好出纳工作有一个直观且清楚的认识。

第2章讲述的是出纳需要具备的基本功，其中包括文字的书写规范、人民币和发票的辨别、点钞技术、保险柜的管理以及出纳的实用工具等，让读者直观地了解作为出纳人员应具备的技能。

第3章介绍了出纳工作的基础——会计凭证的管理，主要讲解什么是会计凭证，会计凭证的填制和审核，以及会计凭证的装订方法，在讲解中加入了大量实例图表。

第4章主要讲解怎样填制账簿，包括纸质账簿和电子账簿，通过本章的讲解让读者了解到账簿的管理方法。

第5章讲解了出纳的重要工作内容之一，即如何管理现金。详细讲解了现金管理的规定及如何办理现金收支等。

第6章讲解了出纳的重要工作内容之二，即如何管理银行账户，内容包括银行账户的规定，银行账户的具体种类，账户的开立和撤销流程，银行询证函和银行对账单，银行余额调节表的编制等。

第7章讲解的是在开立银行账户后，怎样办理银行结算票据，具体讲解了银行票据的种类、风险以及怎样填写银行票据。针对日益普及的网上银行业务，也做了详细的阐述。

第8章介绍怎样注册成立一个企业，包括成立企业时如何到工商所注册，每年办理年检以及企业变更资本、合并、分立、清算的流程。

第9章介绍的是税务工作，讲述了我国税收的种类，如何办理税务登记以及如何申报和核算税收等。

第10章介绍的是如何给员工办理和变更社会保险和住房公积金，以及社会保险和住房公积金的申报、缴纳和注销等。

## 适合阅读本书的读者

### 刚毕业的学生

**遇到的困难：**在学校里学习过财务知识，对于财务工作有基本认识，但是没有实际工作经验。在刚踏入工作岗位的时候，理论和实际的差异会让这类读者产生许多困惑。

**本书帮助读者：**将理论和实际相结合，从书中吸取良好的经验，增长实务方面的见解，切实提高工作能力。

### 想从事出纳工作的职员

**遇到的困难：**出纳是一个稳定且具有良好就业前景的岗位，一些职员想从事出纳工作，但是因为没有接触过此类工作，不知道出纳工作的具体内容，"不知从何做起"。

**本书帮助读者：**兼顾操作性和指导性，详细地解答工作中会遇到的方方面面的问题，让这类读者在实际工作中迅速"上手"。

### 自主创业人士

**遇到的困难：**自主创业人士想成立自己的企业，但对财务知识一无所知。

**本书帮助读者：**了解如何成立公司，包括如何注册和年检，如何缴纳税款和给员工缴纳社保等。在熟悉公司成立实务的同时，还能明白如何管理自己公司的现金和银行业务。

# 目　录

# 第 1 章

## 出纳新手入门

要从事出纳工作，先要搞清楚：

- 出纳工作是一份什么样的工作
- 出纳工作的内容是什么
- 出纳工作的职责是什么
- 出纳工作有什么样的特点
- 出纳工作和会计工作有什么不同
- 从事出纳工作需要具备什么样的职业道德

## 1.1 出纳小李工作的第一天

小李从一所高校的财务专业毕业直接参加工作，公司认为小李没有实际操作经验，便让他跟随经验丰富的出纳老吴学习，打算等待小李对工作有一定体会后再独立上岗。于是，小李跟随着老吴开始了他当出纳的第一天。

### 1.1.1 小李学到：做事要细心

小李看到，老吴上班后的第一件事情是打开保险柜，清点当日清晨的库存现金 1 500 元。

这时有职工交来安全罚款 10 000 元，老吴让小李先试着清点这笔现金。小李看到这些钞票都是 100 元的，而且几乎都很崭新，想着这挺容易的嘛，便很快地点完了钞票，交给老吴说："10 000 元，没问题。"

老吴点点头，接过去自己先点了一次，摇摇头，从这叠钞票中抽出来两张，然后拿到验钞机上验，验钞机很快提示这两张 100 元钞票是假钞。老吴把这两张钞票退给来交罚款的职工，那位职工很快把这两张钞票换了，经过再次检查后，老吴才给这位职工开具收到安全罚款 10 000 元的收据。

**老吴对小李说**

"做出纳工作不要只图一个快字，做什么事情一定要细心，刚开始工作的时候，因为不熟悉，宁愿慢一点，细致一点，但是一定要把工作做好。出纳工作和钱打交道，出了错误都是自己的损失。你不要以为出纳工作很简单，就是数数钱，开开支票，写写收据什么的，其实这里面有很多的学问。"

### 1.1.2 小李学到：支票如何书写

上午，小李接着帮老吴整理手中需要报销的票据、借款单等需要支付的单据，熟悉财务报销和现金支付的流程与规定。

经过整理和计算，今天需要现金支付的票据金额共 45 000 元，老吴根据现在的现金量计算出今天短缺的现金 44 000 元，加上固定的为应急等计划外支出的现金 3 000 元，准备开出一张从公司银行账户提取备用金 47 000 元的现金支票。老吴在得到领导的批准后在支票使用登记簿上签字，然后拿出空白的现金支票让小李学着填写。

小李第一次写支票，心里不免有点紧张，导致错误频出。

**老吴对小李说**

"支票上面的字不能有任何涂改的痕迹，若写错了，则只能重新填写。在写过的现金支票上还要打上'作废'字样。

支票上面的日期没有写对。今天是 11 月 10 日，支票上的大写日期应该是壹拾壹月零壹拾日，而不是拾壹月拾日。财务方面的票据填写，都有固定的规范和要求，不能像平时写日期那样，想怎么写就怎么写。像 11 月和 12 月必须有'壹'字开头，像 1~10 的日期，前面必须加'零'字。

人民币的大写，也没有按要求顶格书写，这样都不对。万一别人在前面填改了怎么办。虽然你没有写错字，但是不规范，这么写出来的支票，拿到银行去，银行对公业务部门是根本不会受理的。

你再重新写一张，这次要记住，我们无法将所有的东西一次学会，但是要知道怎么一点一滴地学，人不要怕犯错误，犯错误后及时改正我们才会一次比一次好。"

小李听完这些话，马上把这张支票作废，重新填写了一张支票。虽然花费了不少时间才开出一张支票，但是小李觉得自己学会了不少东西，心里很感谢老吴的耐心教导，决心跟随老吴好好学习出纳实务，慢慢积累工作经验。

## 1.1.3　小李学到：出纳要练好基本功

上午 10 点钟，老吴带着小李去公司的开户银行建设银行提取公司现金，并且办理经过公司领导批准的银行转账付款业务，取得相应的回单。回到公司的时候已经接近中午。

老吴根据报销和借款的单据把相应的现金一一支付到同事手中，然后再次清点剩余的现金，并且让小李在现金日记账上做详细的登记，使账上的金额和实际现金相符。小李拿起账本，登记了几笔现金业务，然后拿给老吴看，让老吴指导。

**老吴对小李说**

"你平时写字是不是都习惯把字写得比较大？这在工作中是个不好的习惯，一定要改正。不是说要求我们把字写得多么漂亮，而是要把字写得小且清楚工整。

你看你填写的现金付款的数字，把账簿的一格都写满了，如果这笔数字有错误，需要在这格更改，你要怎么下笔更改呢？现在你把全部的数字格子都写得满满当当的，那么就连红线画线更改都没有办法。

数字不能写连体字，不能几个零一笔写完，这是不规范的。另外，阿拉伯数字也有专门的写法，你拿张白纸来，我写下来，你照着练习。"

老吴根据上午办理的银行转账业务登记银行日记账，使银行存款日记账上的余额和实际银行存款数相符。核对无误后，按照顺序把单据整理好，交给会计人员做账。

## 1.1.4 小李学到：如何精通出纳工作

老吴把今天剩余的库存现金放入保险柜里做入库手续，做好当天的记录工作，整理好当天使用的财务印章等重要物品，一一归档后准备下班。

小李问老吴，是不是每天都要清点现金和银行的余额。

**老吴对小李说**

"我们出纳最主要的任务就是管钱。如果公司现在有多少钱你不知道，这个可不行，所以现金要随时清点，银行余额要经常查询，这样不容易出现差错。

你一定要记住，出纳是需要耐心和细致的工作，哪怕是一分钱对不上都要马上找出原因。平时我们一定要小心谨慎，千万不能疏忽大意，要随时做好登记和盘点以及记账的工作。

出纳是一项非常讲原则的工作，我们一定要管好自己的'心'，不能起贪念，还要掌握好这个'度'，心里要有数，知道什么该做什么不该做，清楚工作的职责所在。

只要在工作上事事留心，提高自己的业务技能，练好基本功，多积累经验，踏踏实实地做事情，认认真真地学知识，就能够精通出纳这项工作。"

## 1.2　出纳与会计的不同

不熟悉会计和出纳工作的人经常都会有一个疑惑，就是出纳和会计到底有什么不同，有人甚至以为出纳和会计一样的，现在我们来了解一下出纳和会计的关系。

### 1.2.1　"管钱"的出纳和"核算"的会计

出纳和会计这两个职位，虽然都是财务上的岗位，但它们是有区别的。

二者是分工不同的岗位。出纳是记录和管理公司的"钱"，而会计是负责经济业务核算，具体一点说就是负责做账和报表。

也就是说，出纳管理的是公司的银行票据、货币资金、有价证券等的收到和付出，保管和核算以及银行账户的管理工作，同时要登记现金日记账和银行日记账。出纳提供给会计原始的银行和现金单据，会计再据此入账。

会计的账项和出纳虽然是一致的，但会计绝对不能保管现金和银行票据以及登记日记账，而出纳也不能同时负责会计账项以及稽核、会计档案保管等工作。

### 1.2.2　出纳岗位和会计岗位互相依赖

会计和出纳需要协调一致，共同完成经济业务的记录工作，但是这两个岗位又是互相监督和互相牵制的。

比如，会计人员不允许碰"现金"，这是一个企业内部控制的要求，它使得"账"和"钱"分开由不同的财务人员来管理和记录，从而保证一个企业货币资金的安全。

## 1.3　出纳人员的职责

在大致了解出纳人员的工作后，下面来讲解出纳人员的职责是什么？

### 1.3.1　国家规定的职责

按照国家有关现金管理和银行结算制度的规定，出纳人员具有以下职责。

| | |
|---|---|
| ① | 办理现金收付和银行结算业务。 |
| ② | 审核有关原始凭证，据以编制收付款凭证，然后根据收付款凭证逐笔顺序登记现金日记账和银行存款日记账，并结出余额。 |
| ③ | 随时查询银行存款余额。 |
| ④ | 出纳人员需要保证库存现金和各种有价证券的安全与完整。 |
| ⑤ | 不签发空头支票，不出租、出借银行账户。 |
| ⑥ | 只负责现金日记账和银行存款日记账的登记工作。 |
| ⑦ | 不得兼管稽核和会计档案保管。 |
| ⑧ | 不得负责收入、费用、债权债务等账目的登记工作。 |

## 1.3.2　国家规定中的职责分析

从国家有关现金管理和银行结算制度的规定可以看出来，出纳人员职责的说明由两部分构成。

- 该做的
- 不该做的

出纳人员一定要将这两部分做到心中有数，知道自己该做什么，也清楚自己不该做什么，不能做什么。只有这样，才能在工作中得心应手。因为财务工作是一种"特殊"的工作，它并不像有些工作，做得越多就越好。

在职权之外领导临时分派的工作也要做，但是需要知道合理地"拒绝"一些职权中禁止做的工作。

## 1.4　出纳工作的主要内容

出纳的日常工作主要包括以下三方面的内容。

### 1. 货币资金的核算

货币资金的核算包括现金的收付，银行款项的收付结算，支票的使用和保管，登记现金日记账，保证账面和实际现金数相符，保管库存现金和有价证券，办理销售等核算，保管印章，制作原始凭证交给会计做账等。

另外，还有银行账户的管理工作，包括银行账户的开立，变更和年检等。

### 2. 往来结算工作

往来结算工作是指往来款项的结算业务。出纳需要定期清算结算业务，防止坏账损失。

### 3.　工资的核算发放工作

工资的核算发放工作包括核算工资发放的单据，发放工资和奖金，监督工资的使用等。

简单地说，需要每天根据收到的单据，做好现金的收到和支付工作，然后核算清楚现金，做好记录，做到账实相符、账账相符。

对于银行存款同样如此。需要了解现金和银行结算的种种规定，保证现金和银行结算的收付和余额以及保管都按照财务制度的规定来执行。

## 1.5　出纳人员的职业道德

出纳工作是直接和钱打交道的工作，这个岗位的重要性不言而喻，出纳人员需要具备的职业道德水准也是相当高的。如果出纳人员的职业道德出现问题，就会给企业带来巨大的经济损失。

### 实例 1-1　引以为戒的公款私用现象

小黄作为一名出纳人员进入一家企业，开始的时候因为工作勤恳认真，很快得到了大家的信任。后来小黄因为炒股亏损，开始对自己经手的公司现金产生念头。

他巧妙地利用财务主管的信任，使用财务主管的印鉴提取现金，打入到自己的股票账户中去，而到月末和银行对账的时候，小黄也是自己亲自去取，为了不让他人发现，自己制作虚假的盘点表等。

等到主管发现问题去盘点库存现金和核查银行余额时，才觉察出这笔巨大的亏空，但是为时已晚。小黄投进自己股票账户的现金已经出现亏损，此时就算追究小黄的经济和法律责任，出现的亏空，还是让公司蒙受了很大的损失。

由于这位财务主管以及相关的管理人员对自己的职责理解不够，管理和监控工作做得不到位，所以受到了处罚。

上面的这种案例，类似的情况还有很多。作为出纳人员要注意如下几点。

（1）一定要树立起良好的职业道德意识，要把"公款"和"私款"分开，不能有动"公款"的想法。

（2）一定要经常学习财务制度，掌握财务规范，不能做违反财务制度的事。

比如，把银行账户租借给别人使用，收取别人的"好处费"，明明知道票据有问题，依然办理支付业务等。一定要管住自己的"心"，时时鞭策自己，以制度来衡量对错，坚决不能有违法犯罪的念头。

## 1.6　出纳人员的基本素质

做好出纳工作是一件非常难的事情，它要求出纳人员具备下面的基本素质。

### 1.6.1　良好的政策法规的解读能力

出纳工作是一个有很多原则与规定的工作，涉及的法规有如下方面。

- 《会计法》
- 《会计基础规范》
- 《银行结算制度》
- 《银行账户管理制度》
- 《现金管理制度》
- 《税收的管理制度》
- 《票据管理制度》

出纳人员对于这些法规都需要有一定的了解和掌握。当然，这些法规并不是一成不变的，在实际工作中，这些法规经常在修订，在改变，这就要求出纳人员要不断地学习，更新自己陈旧的知识，掌握最新的法规动态，提高学习能力。

### 1.6.2　注意培养业务技能

出纳工作是需要很强操作技巧的工作。比如点钞票、识别假钞、识别发票的真伪、填写各种银行的票据、快速计算加总数据、填写账簿、装订凭证等，这些工作要做好，就需要深厚的基本功。

特别提醒：优秀的出纳人员在计算数据的时候必须准确而快速，因为钱的事情在很多时候是没有办法更改的，如果付钱出现错误，对方一旦离开，错付的钱很难追得回来，就算追回来了，也会严重影响自己在同事以及领导眼中的专业形象。

票据填错也是如此，如果票据填错银行不受理，或者受理后款项被退回，那么只有自己重新填制票据，除影响工作效率外，还会给自己增加很多的工作量。而且，如果影响到交易的进度，很容易引起领导和同事的不满，影响领导和同事对自己的信任，所以出纳工作是一项特别需要耐心和细致的工作。

## 1.6.3　培养良好的安全意识

出纳人员负责保管现金、银行票据、有价证券以及财务印鉴，因此，良好的安全意识必不可少。

> 保险柜的密码和钥匙一定要保存好，不能丢失，密码要设置得复杂一些，不能告诉他人。

> 提取现金时一定要小心，至少要有另一个人同行去银行。如果涉及大额的现金提取还必须有专车接送。

> 在实际工作中，千万不能养成丢三落四的不良习惯，因为保管的都是贵重物品，一旦丢失了，责任非常大。

> 不能随随便便地把财务印鉴、现金等重要物品放在桌上就离开桌子，如果要暂时离开也一定要锁好，等回来的时候再重新拿出来用，千万不要图省事，怕麻烦。

> 所在办公地点的门、窗等安全措施也要做好，在每天下班之前都要予以检查，做到万无一失。

"安全第一"，安全意识需要平时一点一滴地培养，时刻都不能放松。只要在平时的工作里，在一点一滴的细节里，多留一份心，注意养成良好的工作习惯，不断提高自己的职业素养，不断学习财务相关的知识，不断积累实务经验，相信经过一段时间的努力，大家都能成为优秀的出纳人员。

# 第 2 章

## 修炼出纳的基本功

大家在了解了出纳工作的基本内容以后，现在进一步来了解一下出纳所需的基本功。出纳的基本功是平时工作中必然会用到的，要精通出纳工作，一定要有良好的出纳基本功。但是出纳的基本功不是一朝一夕就能练好的，需要在实际工作中有意识地培养，一步一步地提高自己的水平。

## 2.1　数字和文字书写规则

出纳人员每天都离不开书写，出纳人员的字，无论是阿拉伯数字还是文字，都有规范化要求。如何写一手符合规定的字呢？写字的时候需要注意哪些方面？下面来了解一下文字和数字书写的规则。

### 2.1.1　阿拉伯数字的书写规则

作为一名财务人员，写一手规范工整的数字是非常重要的。

财务上要求阿拉伯数字的书写必须采用规范的手写体书写，这样使数字规范、清晰，才能符合财务工作的要求，如图 2.1 所示。

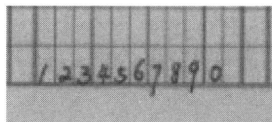

图 2.1　阿拉伯数字书写范例

（1）在书写阿拉伯数字的时候，要大小匀称，笔画流畅，每个数字独立有形，不能连笔书写，必须一目了然。

（2）每个数字紧贴底线书写，上端不可顶格，要保留高度占全格的 1/2~2/3 的位置，这是为更正错误数字留有余地。除数字 6、7、9 外，其他数字高低大体要一致，不能忽高忽低，书写数字"6"时，上端比其他数字高出 1/4，书写数字"7"和"9"时，下端比其他数字伸出 1/4。"6""8""9""0"数字中的圆必须封口，以防混淆，同时也防止他人涂改。

> **注意**：若发现数字书写错误，应当用笔将错误的数字用横杠划掉，然后在该数字上方重新书写。如填写数字时未留余地，则无法更正错误。

（3）每个数字排列有序，并且数字不是和底线成 90 度直角，而是有一定的倾斜度。各数字的倾斜度要大体一致，按照书写的习惯，一般数字的上端一律向右倾斜 45 度到 60 度，形成一个优美的夹角。整体保持一定的倾斜度，这样写出来的数字才能整齐好看。

（4）数字要按从左到右，笔画自上而下的书写，每个数字大小一致，数字排列的空隙距离一致，如果是在印有数位线的凭证、账簿、收据、报表上，每一格只能填写一个数字，不能几个数字填写在一个格里。

（5）数字书写时，需要注意的是，不能随便添加笔画。阿拉伯数字，除"4"和"5"以外的数字，必须一笔写成，如果一笔没有写完，不能人为地增加数字的笔画。如果要在账簿上添改，必须用划线更正法等在该行上方更正。如果在票据上书写，则不允许添改，只能将整张作废，然后重新书写。

（6）在写阿拉伯数字的整数部分，可以从小数点向左按照"三位一节"用分位点"，"分开或加 1/4 空分开。如 1，110，210.00。

（7）书写时，应采用人民币符号"￥"。"￥"是汉语拼音文字之（yuan）第一个字母缩写变形，它代表人民币。小写金额前填写人民币符号"￥"以后，数字后面可不写"元"字。在填写时，数字必须要按数位填入，金额要采用"0"占位到"分"为止，不能采用划线等方法代替。

> **注意**：财务人员在实际书写"￥"时，注意它的笔画数只有两横，严禁写成"羊"。

## 2.1.2　文字的书写规则

下面再来看如何书写中文大写数字。

出纳工作对文字书写的基本要求是：字迹清晰，排列整齐，简明扼要，字体规范，书写流利并且字迹美观。严禁使用草书，如图 2.2 所示。

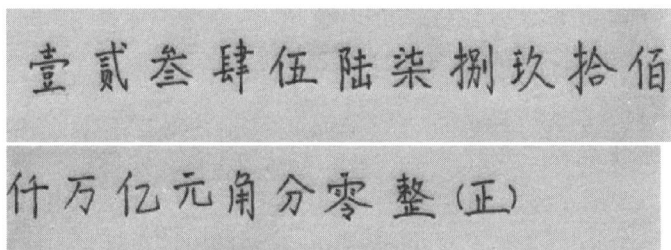

图 2.2　文字书写范例

下面着重来看一下金额数字大写的方法。

（1）中文大写数字应该怎么书写呢？首先，要知道中文分为数字（壹、贰、叁、肆、伍、陆、柒、捌、玖）和数位［拾、佰、仟、万、亿、元、角、分、零、整（正）］。在书写中文大写数字时，不能用 O（另）、一、二、三、四、五、八、七、八、九、十简化字或者"毛"等别字来代替大写金额数字。

（2）中文大写数字必须是完整的文字书写，不能用中文小写数字代替，更不能与中文小写数字混合使用。

（3）在平时书写大写金额前要有"人民币"字样。"人民币"与大写金额的首位数字之间不得留有空格，数字之间更不能留存空格，书写数字与读数字顺序要一致。

（4）人民币以元为单位时，只要人民币元后分位没有金额，应在大写金额后加上整或正字结尾；如果分位有金额，在"分"后不必书写"整"字。

例如，40.52 元，应当书写为：人民币肆拾元伍角贰分，因为其分位有金额，所以在"分"后不必写"整"字。

如果是 40.50 元，应当书写为：人民币肆拾元伍角整。因为其分位没有金额，所以应在大写金额后加上"整"字。

> 注意：除了整字和正字，其他任何字都不能作为结尾。填写中文大写数字在开支票等重要票据时特别重要，也是容易出错的部分，所以在书写的时候一定要养成良好的习惯。

（5）表示数字为拾几、拾几万时，大写数字前必须有数字"壹"字，因为"拾"字代表位数，而不是数字。例如，10 元应当书写为：壹拾元整。

（6）如果中文大写数字写错或发现漏记，不能涂改，也不能用"划线更正法"，必须重新填写。所以，在填写大写金额的时候一定要慎重，避免给自己增加工作量。

以上这些书写的技巧和规则，在平时实际工作中要留心练习，熟能生巧，在长年累月的实践当中渐渐地掌握其中的窍门。

## 2.2　如何识别人民币的真伪

随着科技的发展，犯罪分子制作"假币"的手段越来越花样翻新，"假币"也越来越不易分辨。但是，假的始终是假的，只要平时多留心，识别"假币"也并不难。怕的是在工作当中，因一时的疏忽大意，给企业和自己造成损失。

识别"假币"的基本的步骤是"一看，二摸，三听，四测"。

Step 01　看，首先观察钞票的水印是否清晰，颜色和大小是否正常，真币安全线迎光清晰可见，"假币"安全线迎光则模糊不清。其次，观看 100 元正面左下角的数字 100，从正面观看该数字 100 为绿色状态，如果从侧面一定角度观看数字 100 则呈现淡蓝色状态。

作为出纳，收到钱币的时候一定要仔细观察票面的颜色、图案、花纹、水印等外观。如果感觉到任何问题要进一步耐心地验证，宁愿小心一点，清点得慢一些，也不要收到"假币"。

**Step 02** 摸，指用手触摸人民币。真币票面上行名、盲文、国徽、头像等图案凹凸感很强，特别是人像处采用雕刻技术，可以感觉到人像发丝的层次感。如果是"假币"，头发处会很光滑。

另外，真币手感很光洁，厚薄均匀并有韧性；"假币"厚薄不均，手感粗糙、松软，还有的表面涂有蜡状物，手摸打滑。真币的盲文点状凸起手感清晰，假币则不突出。

如果钱币上关键验假部位有明显粘贴、折叠痕迹，且纸币手感光滑，那很有可能是"假币"与真币通过挖补、拼凑方式形成的"变造币"，如图2.3所示。

**Step 03** 听，指抖动或弹真币声音很清脆，纸张耐折不易撕裂，但"假币"和真币使用的纸张不同，所以声音发闷，或者过分清脆。

**Step 04** 测，指借助专门的验钞机进行钞票真伪的识别。但是一定要注意：自己要过一次手，因为识别"假币"最好凭借自己的经验和验钞机器结合，机器始终只是起到辅助作用。

有的人过分地迷信验钞机，须知有一些"假币"足以乱真，甚至连验钞机都检验不出来。验钞机如图2.4所示。另外，因为钞票定期换版，新流通的钞票有不同的防伪标识，所以平时一定要多注意银行公布的如何识别新版人民币的知识。要能识别人民币，需要有大量清点现金钞票的经验，所以需要在日常工作中多积累，多摸索，多鉴别，这样才能具备一定的识别人民币的能力。

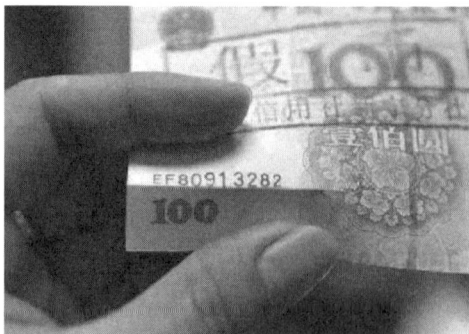

图 2.3　假钞范例　　　　图 2.4　验钞机

## 2.3　残币的处理

出纳经常和现金打交道，平时一定会遇到一部分残缺不全的人民币，这个时候应该如何处理呢?

### 2.3.1　如何处理残币

首先，应当尽量避免收到残币，也就是说与他人有现金往来的时候要仔细清点，对于一些破损残缺太严重的人民币当场拒收。

其次，如果已经收到一部分残币，可根据以下三种情况进行处理。

**（1）全额兑换**

凡残缺人民币属于下列情况之一的，根据中国人民银行颁布的规定，可持币向银行营业部门全额兑换：
- 票面残缺部分不超过五分之一，其余部分的图案、文字能照原样连接者。
- 票面污损、熏焦、水湿、油浸、变色、但能辨别为真币，票面完整或残缺不超过五分之一，票面其余部分的图案、文字能照原样连接者。

**（2）半额兑换**

如果票面残缺五分之一以上至二分之一，其余部分的图案、文字能照原样连接者，应持币向银行照原面额的半数兑换。

**（3）不予兑换**

凡残缺人民币属于下列情况之一者，由中国人民银行收回销毁，不得流通使用。
- 票面污损、熏焦、水湿、变色不能辨别真假。
- 故意挖补、涂改、剪贴、拼凑、揭去一面。

如果在工作中遇到不宜流通的残缺人民币，不要再次使用或对外找付，应挑拣、粘补整理好，送银行兑换。

### 2.3.2　工具测量残币

如果仍然觉得残币难以辨别，那么可以考虑用不同的工具来测量残币。有一种专门测试第四套及第五套人民币完整度的机器，使用它能直接给出纸币完整程度和可兑换额度。

这种"残币兑换仪"操作方法也相对简单：只需把纸币放入，对齐机器右下角的红色部分，用透明玻璃盖压平纸币，然后再盖上盖子，选择币种后按启动键即可。银行就是使用这种方法辨别残币的兑换额度的。"残币兑换仪"如图 2.5 所示。

除上面的"残币兑换仪"之外，用"残币尺"这种工具也可以测出纸币的残缺情况。"残币兑换尺"还为各种币种配大小不一的专用尺子，使用时可以根据残币面额手工进行测量。它的优点是比"残币兑换仪"便宜得多，非常适合现金收支较少的企业使用。

图 2.5　残币兑换仪

## 2.4　点钞技术

出纳刚开始工作的时候，一般很羡慕一些老出纳人员娴熟快速的点钞手法。确实，准确而又快速的清点钞票，是出纳人员的一项基本功。现在就来了解一下点钞的技术。

### 2.4.1　要有正确的点钞姿势

正确的点钞姿势是：上身坐直，眼睛和钞票保持 20~25 厘米的距离，不要离得太远或者拿得太近。点钞的时候因为要靠手、腕、肘、臂配合，所以应把手放在桌子上，借助桌子来减轻腕、肘、臂部的劳动强度，特别是点钞量比较大的时候，其省力效果明显。如图 2.6 所示。

图 2.6　点钞姿势图示

## 2.4.2　最常用的点钞方法

手持式单指单张点钞法，如图 2.7 所示。

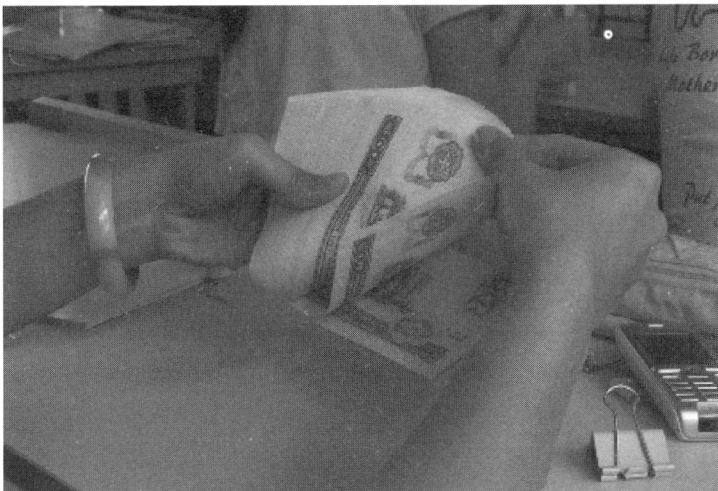

图 2.7　点钞方法图示

基本操作要领如下。

（1）先左手拿着钞票，这时左手手心向下，拇指按住钞票正面的左端中央，食指、中指与拇指一起捏住钞票。

（2）左手无名指卷曲，捏起钞票后小拇指伸向钞票正面压住钞票左下方。

（3）左手中指稍用力，与无名指、小拇指一起紧卡钞票。

（4）左手食指伸直，拇指向上移动，按住钞票的侧面，将钞票压出一定的弧度。

（5）左手将钞票从桌面上擦过，钞票翻转，拇指将钞票撑成微开的扇面并斜对自己面前。

（6）右手的指头可以沾点水，用拇指尖向下捻动钞票右下角，食指在钞票背面配合拇指捻动。

（7）用右手无名指将捻起的钞票往怀里弹，然后一边点一边计数。

（8）点钞计数的时候最好使用单数分组计法，即计数的时候按 1、2、3、4、5、6、7、8、9、1（10）、1、2、3、4、5、6、7、8、9、2（20）……1、2、3、4、5、6、7、8、9、10（100）的循环来分组计数。

注意：在开始的时候点钞速度可能比较慢，许多人喜欢按照生活习惯从1到100计数（双数计法），但随着在工作中练习次数的增多，点钞速度的加快，会明显地感觉到单数分组计法要比双数计法快很多。所以，在做出纳工作的时候一定不能随意，要在最开始的时候就养成良好的工作习惯。

（9）按规定，点完数之后，每100张扎成一捆。具体操作：把钞票码齐横放，左手拇指在钞票前面，其他手指在后面，捏住钞票1/3处，把钞票用左手拇指压成弓形，将纸条一端用左手食指压在钞票背面，纸条绕钞票一圈半，纸条另一端留在票面正面弓形的凹陷处向内折成一个等边直角三角形，把弓形钞票平展，一捆钞票便捆好了，如图2.8所示。

图2.8　捆扎图示

注意：如果在开始的时候点钞速度比较慢，不要着急，一定要准确。熟能生巧，在工作中练习的次数越多，越可以更好地掌握这项技术。

## 2.5　发票真伪的鉴定和有效期

出纳人员除接触现金比较多以外，也与各种票据，尤其是发票接触较多，对于不符合规定的发票，不得作为财务报销凭证，任何单位和个人有权拒收。

## 2.5.1　发票识别的简单方法

目前，发票识别最好的方法是直接到开具发票的税务机关查询，但是很多时候不具备此条件。

一般招待费发票背面写明验证的网址和发票查询热线电话，如果没有写明的需要按照发票的种类和开具的地区到互联网上去搜索。

在输入发票号码和密码无误后，税务局网站或者语音信息会有提示，如果是真发票，那么会显示该发票的开具单位等信息，如果是假发票会一直提示发票号码错误等信息。

## 2.5.2　普通发票的鉴别

有一些种类的发票，比如普通手工填制的发票，在网站或者热线电话里直接查询不到的。这里主要说一下这类发票的鉴别方法。

**1. 普通发票的发票专用章和防伪标记**

发票的正中央印制有"发票监制章"，它是识别发票真伪的法定标志。发票监制章的样式是全国统一的，形状为椭圆形，上方刻制"全国统一发票监制章"字样，中间刻制税务机关所在地的省、市名称，下方刻制"税务局监制"字样，字体为正楷，印色为大红色，印在发票联的票头正中。正规的发票应该字迹清晰，颜色纯正。

发票票面上应该有水印防伪图案。将普通发票面对光检查，可看见菱形组成的并有"SW"汉语拼音字母的水印防伪图案，如图 2.9 所示。

**2. 发票的底纹和纸张**

从发票联底纹、发票防伪专用纸方面识别，如果没有底纹，纸张粗糙的肯定是假发票。

## 2.5.3　鉴别假发票的注意事项

目前，因为违法分子制造假发票的技术在不断提高，许多假发票依靠肉眼或仪器很难判断。因此，除要掌握一些必要的鉴别假发票的技巧以外，还需要注意以下事项。

图 2.9　防伪水印

（1）平时应该到正规厂家购买物品或消费。因为凡是办理营业执照、税务登记证的合法经营商户，都从税务部门领取发票。

也就是说，这些单位有正规的发票来源，一般不会开出假发票。而如果去一些非法的经营商户，没有正规的发票来源的他们只有给开具假发票。

（2）在开具发票时，票面各项指标要看清楚，尤其发票上的印章一定要完整，而且要和商户的名字相符。

这里说一下发票专用章的问题。

在原来的税务规定中，发票可加盖"财务专用章或发票专用章"，也就是说，发票上必须加盖有效的发票专用章或者财务专用章，否则是无效发票。

财务专用章或者发票专用章的名字与开具发票的单位名称必须完全一致，这是审查发票的时候必须注意的一点。另外，营改增之后，很多企业开始使用电子发票，这样就不会出现假冒电子发票的事情了。京东的电子发票如图 2.10 所示。

## 2.5.4　发票的期限问题

在使用发票的时候，也许会遇到旧版的发票，那么什么时期的发票能够使用且依然有效，什么样的发票就已经无效了呢？下面来了解一下。

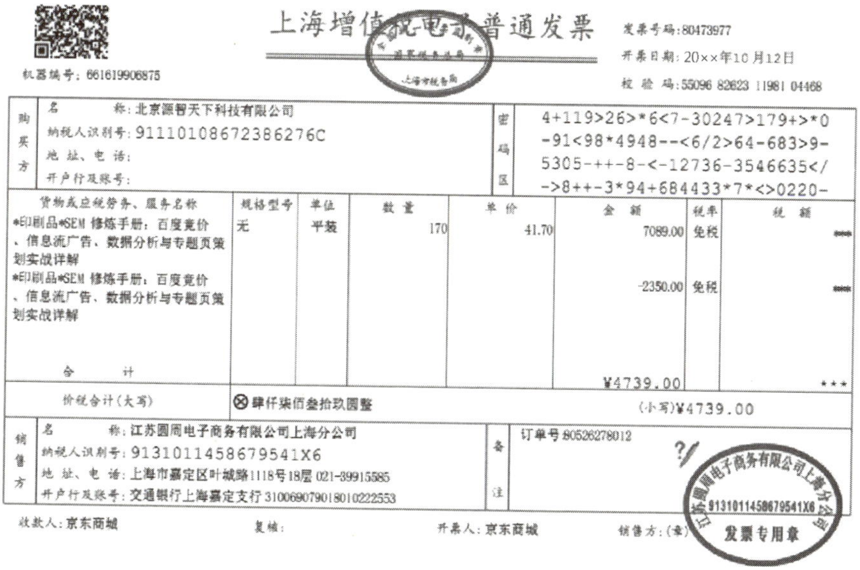

上海增值税电子普通发票

发票号码：80473977
开票日期：20××年10月12日
校 验 码：55096 82623 11981 04468
机器编号：661619906875

购买方　名　　称：北京源智天下科技有限公司
纳税人识别号：91110108672386276C
地 址、电 话：
开户行及账号：

密码区：4+119>26>*6<7-30247>179+>*0 -91<98*4948--<6/2>64-683>9- 5305-++-8-<-12736-3546635</ ->8++-3*94+684433*7*<>0220-

| 货物或应税劳务、服务名称 | 规格型号 | 单位 | 数量 | 单价 | 金额 | 税率 | 税额 |
| --- | --- | --- | --- | --- | --- | --- | --- |
| *印刷品*SEM 修炼手册：百度竞价、信息流广告、数据分析与专题页策划实战详解 | 无 | 平装 | 170 | 41.70 | 7089.00 | 免税 | *** |
| *印刷品*SEM 修炼手册：百度竞价、信息流广告、数据分析与专题页策划实战详解 | | | | | -2350.00 | 免税 | *** |
| 合　　计 | | | | | ¥4739.00 | | *** |
| 价税合计（大写） | ⊗肆仟柒佰叁拾玖圆整 | | | | （小写）¥4739.00 | | |

销售方　名　　称：江苏圆周电子商务有限公司上海分公司
纳税人识别号：9131011458679541X6
地 址、电 话：上海市嘉定区叶城路1118号18层 021-39915585
开户行及账号：交通银行上海嘉定支行 310069079018010222553

备注：订单号 80526278012

收款人：京东商城　复核：　开票人：京东商城　销售方：（章）

图 2.10　发票的真伪辨别

发票的更新换代速度较快，税务局目前已经下达了 2018 年起全面使用新版发票，旧版发票作废的通知。

从这点可以看出，如果大家遇到 2018 年、2019 年版本的旧发票，即便票是真票，但是因为已经失效，所以也是不能使用的。

## 2.6 印章的管理

在一个公司里面有很多印章，这些印章在出纳工作中都会遇到。作为出纳人员需要接触哪些印章呢？出纳平时经常使用的印章有：现金收讫印章、现金付讫印章、银行收讫印章、银行付讫印章、转讫字样印章，这些都是盖在相应的单据上的印章。盖这些印章是为了更好地管理票据，及时准确地盖好印章对工作有很大的帮助。

### 2.6.1 图示常用印章

银行收讫章如图 2.11 所示。

银行付讫章如图 2.12 所示。

现金收讫章如图 2.13 所示；现金付讫章如图 2.14 所示。

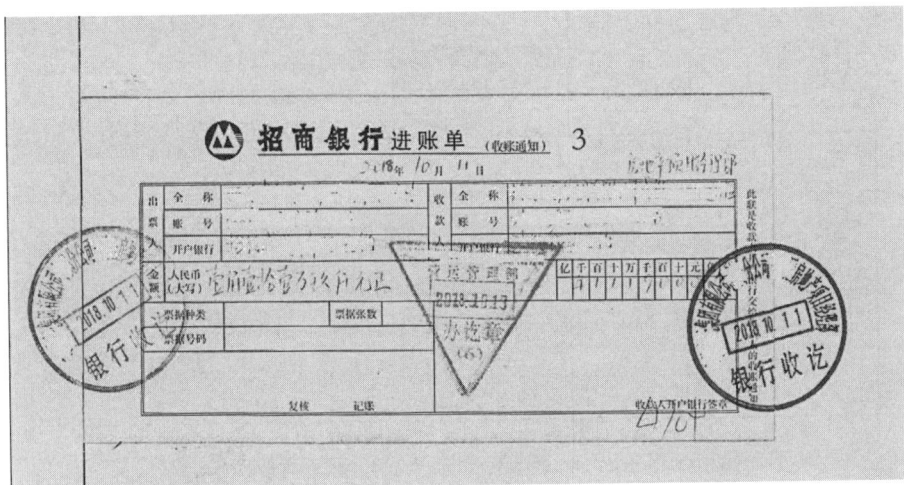

图 2.11　银行收讫章

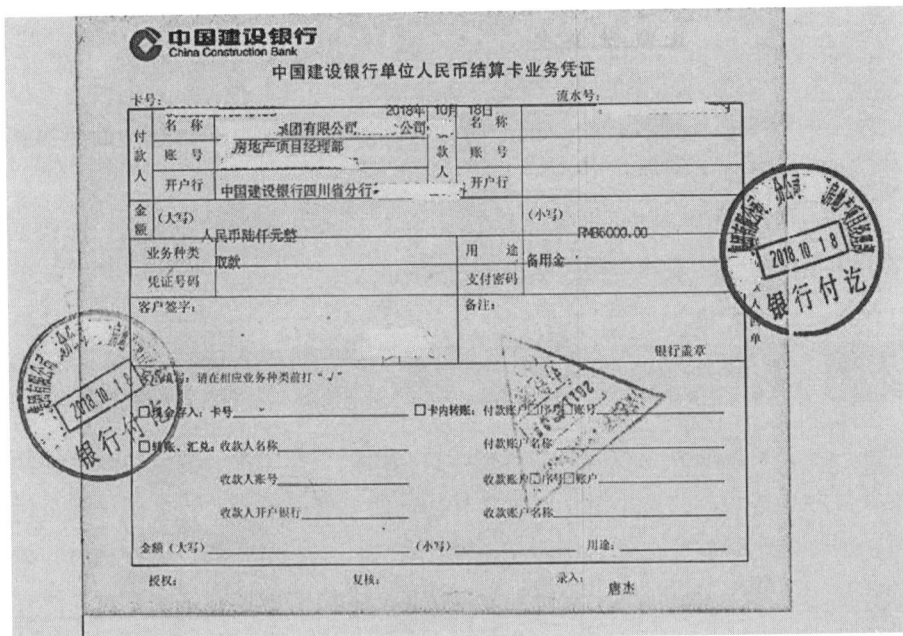

图 2.12　银行付讫章

首先，从上面的图样可以看到，印章上有公司的全称、当天的日期以及经济活动的类型，中间的日期是可以随意调整的。这样的印章盖在票据上非常完整，便于整理。但是，也有一些简单的印章上面是没有单位全称和日期的，只有付讫或者收讫字样。

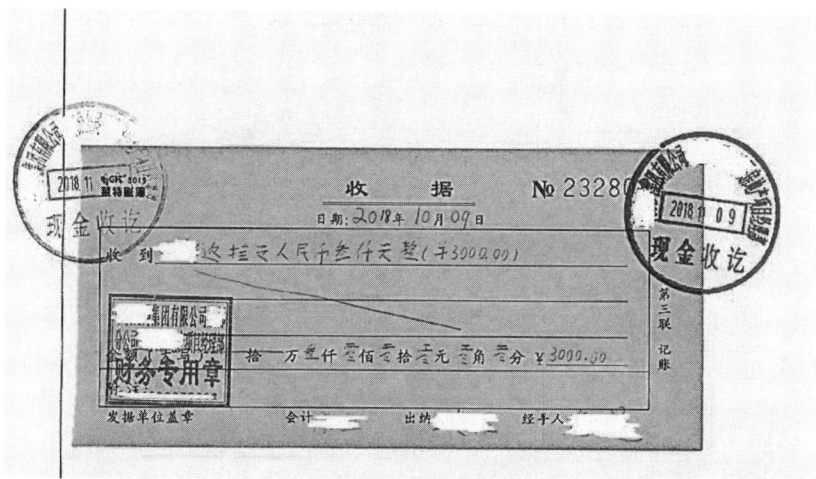

图 2.13  现金收讫章

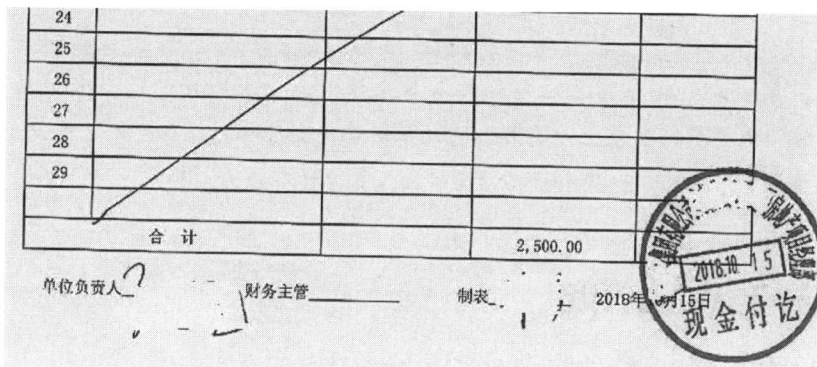

图 2.14  现金付讫章

盖收讫 / 付讫章主要是表明这项经济业务的款项已收或已付，虽然收讫 / 付讫章并没有法律效力，但收讫 / 付讫章可以防止原始凭证被重复使用。

在盖收讫 / 付讫章的时候，不能简简单单地盖到原始凭证上就草草了事，而要尽量在两个地方盖章。

- 原始凭证与粘贴单的衔接处，这样才能在原始凭证被人为抽走或自然脱落的时候及时发现。
- 原始凭证与原始凭证之间，也就是一个收讫 / 付讫章能盖到较多张原始凭证就是比较好的情况。要保证每张原始凭证上都盖有收讫 / 付讫章，如图 2.15 所示。

其次，要看公司关于印章是如何管理和规定的。保管的印章一般包括法人名章以及刻着自己名字的名章。

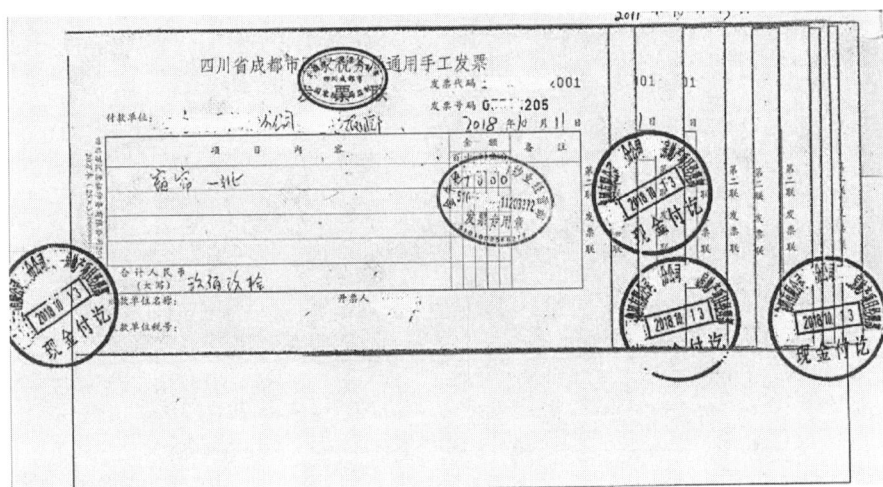

图 2.15　如何盖收讫 / 付讫章

> **注意：**有些印章需要由不同的人员来保管，如上所说的财务专用章和法人名章，因为填列支票上面需要加盖的一般都是财务专用章和法人章这两个章，所以需要专人保管。这两个章必须同时加盖支票才有效力，否则无效。

## 2.6.2　谁来保管印章

这里特别说明一下应该由谁来管理这些印章的问题。

### 1. 票据的开具

开具票据需要财务专用章、法人章以及票据。因此，财务专用章和法人章应该由不同的人员持有，而且持有这些印章的人是公司关键管理人员，票据由出纳人员管理。这是为了避免有不法分子利用印章管理上的漏洞，开出虚假的支票，给公司造成重大损失。

### 2. 合同的生效

合同要生效的话，需要合同专用章与法人章。企业公章也与合同章具有同等的效力，所以这些印章在保管的时候应该分开由不同的人员管理，合同章和企业公章都必须由持法人章以外的另外一名管理人员持有。

在一家公司，印章的使用是非常重要的，应慎重考虑是否加盖印章，一定要考虑盖上印章后是否会导致公司的财物流失。如果是在不知情的下，一定要问明情况，并获得上级部门的批准才能加盖印章。

注意：盖章要慎重，要以高度的责任心来对待工作，避免公司遭受损失，将风险降到最低。

## 2.7　保险柜的管理

公司为保护财产的安全，都应配备专用保险柜，专门用于库存现金、各种有价证券、银行票据、印章及其他出纳票据等的保管。

现今，市场上比较主流的保险箱有两种：一种是电子密码锁，一种是机械密码锁。在这里简单介绍一下这两种密码锁的区别和操作方法。

### 2.7.1　电子保险锁

电子保险锁如图 2.16 所示。它主要采用静态数字密码与保险柜钥匙相结合的开启方式，开启的流程为先插入钥匙，然后输入密码，再按确认键（各种厂家的密码锁设定可能不同，具体参照说明书），扭动手柄即可打开。

### 2.7.2　机械密码锁

机械密码锁打开方式较电子密码锁复杂，需要先插入钥匙，顺时针旋转表盘直至听到两声金属撞击声音（一般为 3~4 圈），再额外向右转一周直至密码一数字对准指针，然后逆时针旋转一周后继续转到密码二数字处，最后顺时针旋转到密码三数字处后保持表盘不动，扭动钥匙后扭动手柄打开。

密码是在购买保险柜时、在开启的情况下、在保险柜的门背面设定的。具体参照不同保险柜的说明书。机械密码锁如图 2.17 所示。

图 2.16　电子密码锁保险箱

图 2.17　机械密码锁保险箱

### 2.7.3　保险柜使用的注意事项

保险柜的使用应注意如下几点。

**1. 保险柜的使用者**

- 保险柜由总会计师或财务处长授权，由出纳员负责管理使用。也就是说，保险柜只能由出纳员开启使用，非出纳员不得开启保险柜。
- 如果单位总会计师或财务处长检查库存现金限额、核对实际库存现金数，需要开启保险柜，应按规定的程序由总会计师或财务处长开启，在一般情况下不得任意开启由出纳员保管的保险柜。

**2. 保险柜钥匙和密码**

- 保险柜应该配有两把钥匙，一把由出纳员保管，供出纳员日常使用。另一把由保卫部门封存，或由单位总会计师或财务处长负责保管，以备特殊情况下使用。
- 出纳员不能将保险柜钥匙交由他人代为保管。出纳员应对自己保管使用的保险柜密码严格保密，不得向他人泄露，出纳员如果调动岗位，新出纳应更换密码，使用新的密码。

**3. 财物的保管**

- 出纳员应将其使用的空白支票、现金、印章等放入保险柜内。保险柜内存放的现金应该登记现金日记账并且与现金日记账相符，其他有价证券、存折、票据等应按种类登记，贵金属等贵重物品按种类设置备查簿登记其质量、重量、金额等，所有财物应与账簿记录核对相符。保险柜内不得存放私人财物或者一些不相关的物品。

**4. 保险柜的维护**

- 保险柜应放置在隐蔽、干燥之处，注意通风、防湿、防潮、防虫和防鼠；保险柜外要经常擦抹干净，保险柜内财物应保持整洁卫生、存放整齐。一旦保险柜发生故障，应到指定的维修点进行修理，以防泄密或被盗窃。

**5. 保险柜被盗的处理**

- 出纳员一旦发现保险柜被盗，应保护好现场，迅速报告公安机关，待公安机关勘查现场时才能查对财物被盗情况。一定要及时报告，防止更大的损失。

## 2.8　老出纳支招

　　下面来介绍盖章的小技巧和出纳的实用工具，可作为平时工作的参考。

### 2.8.1　盖章的技巧

　　盖章看似简单，实际也有技巧，如果随意一按，很可能一张支票就作废了，下面介绍盖章方面的小技巧。

技巧一：桌子上因为表面太硬，章盖的效果不好，所以在银行的业务员盖章时，下面都垫有一块胶皮，这样纸张便有了弹性，盖出来的章效果会更加清晰。同样的道理，出纳可以用电脑的鼠标垫垫在印章下面，盖印时用力均匀，这样印章便可以非常清晰地显现出来。

技巧二：银行在识别印鉴时要求非常严格，如果盖的章有一点的移动模糊甚至墨迹，都不会通过，所以最保险的办法就是把印章随身携带，到银行加盖。

**注意**：如果企业不允许把印章带出去，那么需要出纳仔细辨认印章是否已经盖好。检查的项目如下。

（1）看印章边框是否清晰，印章是否完整，不能有缺口，防止印章下凹凸不平的情况出现。

（2）看印章内文字是否清楚，是否有模糊不清、不能辨认、墨点、重影等现象。

（3）印章颜色是否鲜明，如果颜色太浅要重新加盖，加盖时要多用力或者给印章加墨水。

## 2.8.2　出纳的一些实用工具

出纳人员有一些专门的工具，这些工具可以在整理和归档的时候更加方便。

比如，利用图 2.18 所示的票据收纳袋和文件袋子，出纳人员可以很方便地把一些没有处理的发票、票据等放在里面，便于携带，因为很多发票都比较小，这样存放的话不容易丢失，而且票据也不容易被弄皱。外表半透明的设计，也可以一目了然的查找。

此外，还有一些办公工具是必不可少的，比如别针、订书机、剪刀、胶水、尺子、黑色的签字笔（财务专用笔）、红色签字笔、铅笔和橡皮擦、用来整理票据的票据夹和曲别针、用来捆扎现金的橡皮筋等。

这些常用工具，需要摆放在办公桌上，如图 2.19、图 2.20 和图 2.21 所示。

图 2.18　票据收纳袋和文件袋

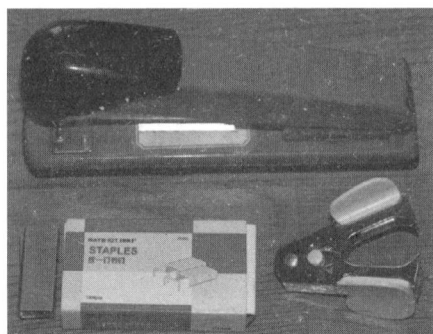

图 2.19　订书机、订书钉、起钉器

图 2.20　夹子、回形针、便签本

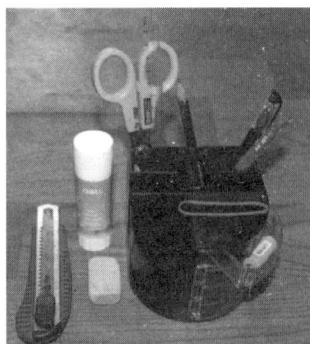

图 2.21　财务专用笔、切纸刀等

# 第 3 章

## 出纳基础工作：
## 会计凭证管理

大家在了解出纳工作的基本内容和基本功后，下面来了解出纳的基础工作，即会计凭证的管理。

会计凭证是财务工作的基础，包括如何把经手的票据整理为合法的会计凭证，如何审核凭证，以及如何把会计凭证装订成册。

## 3.1 会计凭证的用途和基本分类

会计凭证有很多种类，首先按照填制的程序和用途分为两个大类，即原始凭证和记账凭证。

### 3.1.1 原始凭证：单据

原始凭证，也称为单据。它是在经济业务发生时，由业务经办人员直接取得或者填制，用以载明经济业务的具体内容，表明某项经济业务已经发生和完成，明确有关经济责任，具有一定法律效力的重要凭证。它是会计核算的初始资料，也是编制记账凭证的主要依据。原始凭证如图 3.1 所示。

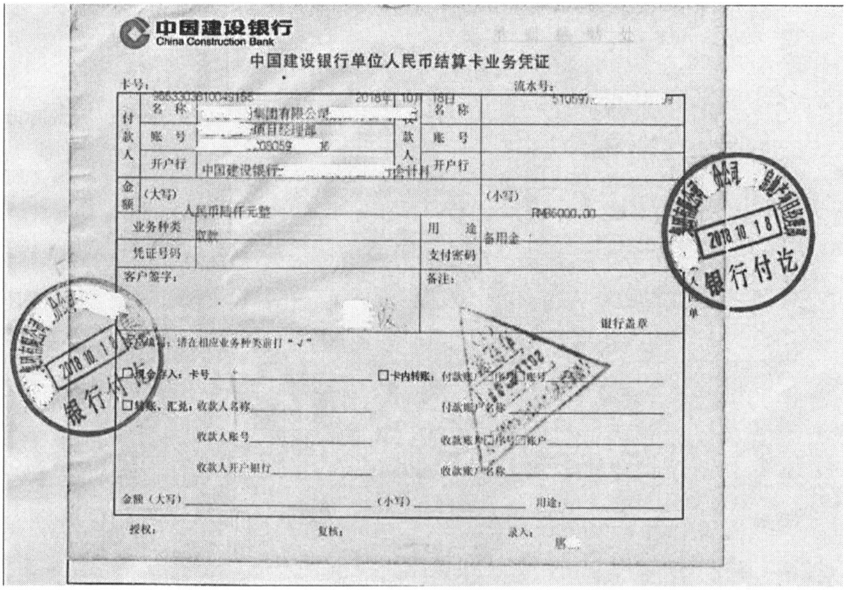
中国建设银行
China Construction Bank
中国建设银行单位人民币结算卡业务凭证

卡号：　　　　2018年10月18日　　　　流水号：

| | | | | | |
|---|---|---|---|---|---|
| 付款人 | 名称 | 集团有限公司 项目经理部 | 收款人 | 名称 | |
| | 账号 | | | 账号 | |
| | 开户行 | 中国建设银行 | | 开户行 | |
| 金额 | （大写）人民币陆仟元整 | | | （小写） | RMB6000.00 |
| 业务种类 | 取款 | | 用途 | 备用金 | |
| 凭证号码 | | | 支付密码 | | |
| 客户签字： | | | 备注： | 银行盖章 | |

客户填写：请在相应业务种类前打“√”

□现金存入：卡号＿＿＿＿　□卡内转账：付款账户□序号□账号＿＿＿＿

□转账、汇兑：收款人名称＿＿＿＿　付款账户名称＿＿＿＿

收款人账号＿＿＿＿　收款账户□序号□账户＿＿＿＿

收款人开户银行＿＿＿＿　收款账户名称＿＿＿＿

金额（大写）＿＿＿＿（小写）＿＿＿＿　用途：＿＿＿＿

授权：　　复核：　　录入：



图 3.1　原始凭证

### 3.1.2 记账凭证与其类型

记账凭证，指财务人员根据审核无误的原始凭证或账簿记录，按照会计制度规定的核算内容，对经济业务分类编制会计分录的书面凭证。

编制记账凭证，是将本来复杂且多种多样的原始凭证转化成分类和有序的会计分录的过程，将普通的资金收付数据转化为可以作为记账凭证的依据，从而转化为会计信息的过程。

记账凭证又分为三大类，它们按货币资金的收付业务的不同，分为收款凭证、付款凭证和转账凭证。

### 1．收款凭证

收款凭证用以反映现金和银行存款收入业务的记账凭证，根据货币资金收入原始凭证填制而成。收款凭证包括银行收款凭证和现金收款凭证，银行收款凭证和现金收款凭证的区别只在于收款的方式不同，即是收到的现金，还是银行存款。下面以银行收款凭证为例，如图 3.2 所示。

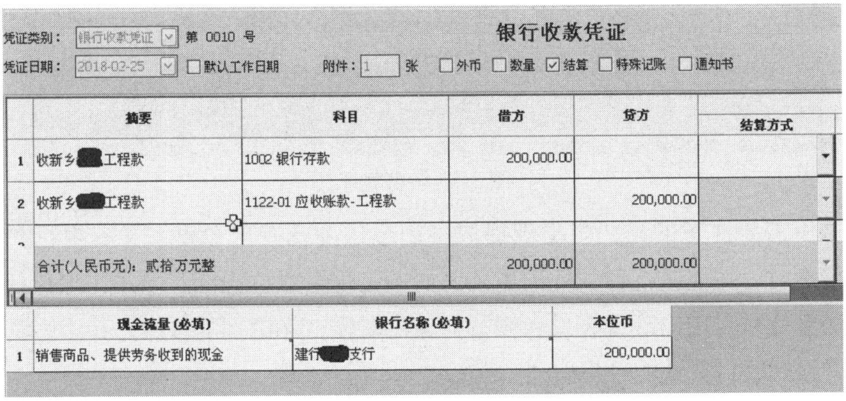

图 3.2　收款凭证

### 2．付款凭证

付款凭证是用以反映现金和银行存款支出业务的记账凭证，根据货币资金支出原始凭证填制而成。包括银行付款凭证和现金付款凭证，它们的区别也在于付出的方式是现金，还是银行存款。下面以银行付款凭证为例，如图 3.3 所示。

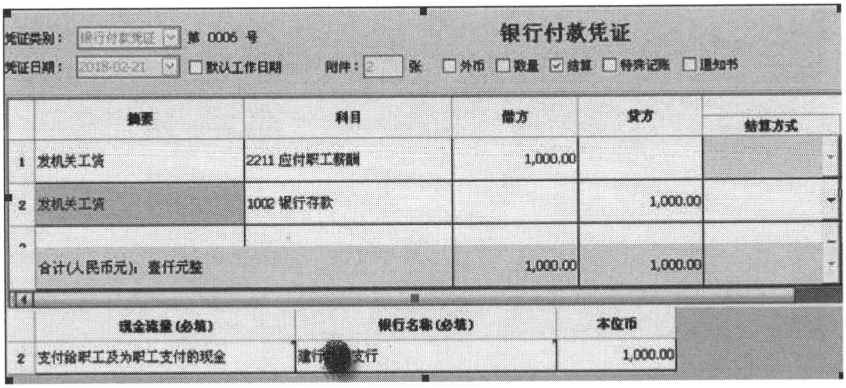

图 3.3　付款凭证

### 3. 转账凭证

转账凭证是用以反映与货币资金收付无关的转账业务的凭证，根据有关转账业务的原始凭证或记账编制凭证填制而成。转账凭证如图 3.4 所示。

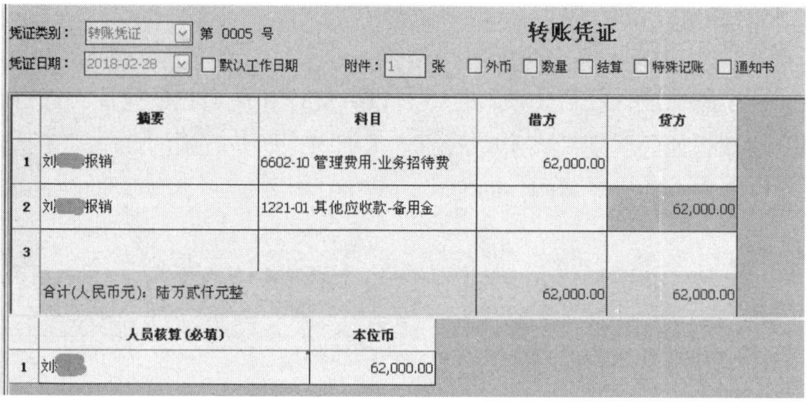
凭证类别：转账凭证　第 0005 号　**转账凭证**

凭证日期：2018-02-28　☐默认工作日期　附件：1 张　☐外币 ☐数量 ☐结算 ☐特殊记账 ☐通知书

| | 摘要 | 科目 | 借方 | 贷方 |
|---|---|---|---|---|
| 1 | 刘　报销 | 6602-10 管理费用-业务招待费 | 62,000.00 | |
| 2 | 刘　报销 | 1221-01 其他应收款-备用金 | | 62,000.00 |
| 3 | | | | |
| | 合计(人民币元)：陆万贰仟元整 | | 62,000.00 | 62,000.00 |

| | 人员核算(必填) | 本位币 |
|---|---|---|
| 1 | 刘 | 62,000.00 |

图 3.4　转账凭证

这里需要注意的是，当出现提取备用金这种既有现金收入又有银行支付业务的情形时，按照银行付款凭证填列，而不是现金收款凭证。同样，除这种情况外，当会计科目中出现现金或者银行科目的时候，无论别的科目是什么，都以现金或者银行收付凭证的种类填列。

提取备用金的会计凭证如图 3.5 所示。

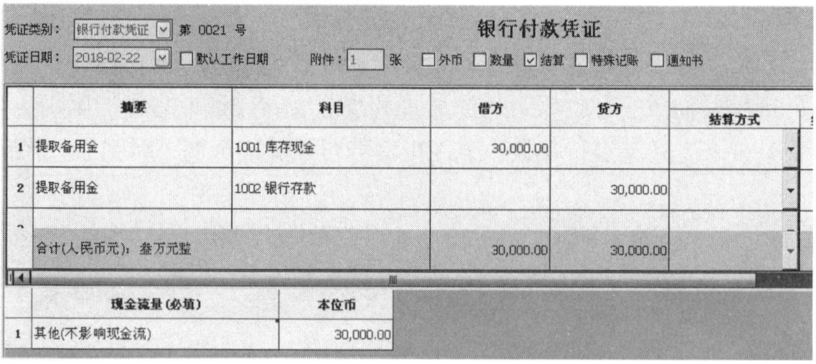
凭证类别：银行付款凭证　第 0021 号　**银行付款凭证**

凭证日期：2018-02-22　☐默认工作日期　附件：1 张　☐外币 ☐数量 ☑结算 ☐特殊记账 ☐通知书

| | 摘要 | 科目 | 借方 | 贷方 | 结算方式 |
|---|---|---|---|---|---|
| 1 | 提取备用金 | 1001 库存现金 | 30,000.00 | | |
| 2 | 提取备用金 | 1002 银行存款 | | 30,000.00 | |
| 3 | | | | | |
| | 合计(人民币元)：叁万元整 | | 30,000.00 | 30,000.00 | |

| | 现金流量(必填) | 本位币 |
|---|---|---|
| 1 | 其他(不影响现金流) | 30,000.00 |

图 3.5　提取备用金

## 3.2 原始凭证的填制与审核

原始凭证是记账凭证的基础，记账凭证需要根据审核过后的原始凭证来填列，现在来看看原始凭证有哪些要素，该怎么填制和审核。

## 3.2.1　原始凭证的 7 个填制要素

填制凭证，首先要填制原始凭证。原始凭证是记账凭证的基础，记账凭证需要根据原始凭证来填列。原始凭证因为各种经济业务的内容和经济管理的要求不同，它的名称格式和内容有很多种。

但是，原始凭证作为经济业务已经发生或已经完成的原始证据，要反映经济业务发生或完成的情况，并明确有关责任人，所以各种原始凭证都必须具有一些基本要素，这些基本要素主要包括以下 7 个方面。

（1）数量、单价和金额。主要表明经济业务的发生计量，是核心。

（2）凭证的名称。标明原始凭证所记录业务内容的种类，反映原始凭证的用途，如"发票""收料单""领料单"等。

"收料单"反映原材料的采购入库情况，是常见的经济事项，"收料单"如表 3.1 所示。

表 3.1　收料单

运单号：　　　　　　　　　年　月　日　　　　　采购人或账单号：

| 材料名称 | 卡片号 | 材料编号 | 规格 | 计量单位 |
|---|---|---|---|---|
|  |  |  |  |  |
|  |  |  |  |  |
|  |  |  |  |  |

| 材料名称 | 数量 | | 购入价 | | 标准价 | | 差价 |
|---|---|---|---|---|---|---|---|
|  | 应收 | 实收 | 单价 | 金额 | 单价 | 金额 |  |
|  |  |  |  |  |  |  |  |
|  |  |  |  |  |  |  |  |
|  |  |  |  |  |  |  |  |

记账：　　　　　　　　收料：　　　　　　　　　　收料部门主管：

领料单反映材料的领用，是常见的经济事项，"领料单"如表 3.2 所示。

（3）填制凭证的日期。如果在业务发生或完成时，因各种原因未能及时填制原始凭证的，应以实际填制日期为准；销售产品时未能及时开出发票的，补开发票的日期应为实际填制时的日期。

表3.2　领料单

公司

领　料　单

领料单位：

用途或工程名称：　　　　　　　年　月　日　　　　　　　　发料仓库：

| 材料编号 | 材料名称规格 | 计量单位 | 数量 | | 计划价格成本 | | 备注 |
|---|---|---|---|---|---|---|---|
| | | | 交库 | 实收 | 单位 | 总额 | |
| | | | | | | | |
| | | | | | | | |
| | | | | | | | |
| | | | | | | | |
| | | | | | | | |
| | | | | | | | |
| | | | | | | | |
| | | | | | | | |
| | | | | | | | |
| | | | | | | | |

记账：　　　　　　发料：　　　　　　领料部门主管：　　　　　　领料：

（4）填制凭证单位或填制人姓名。

（5）经办人员的签名和盖章。经办人员签名盖章是为了通过该项内容明确经济责任。

（6）接受凭证单位的名称。明确接受凭证单位与填制凭证单位或填制人，标明经济业务的来龙去脉。

（7）经济业务内容。经济业务内容主要是表明经济业务的项目、名称及有关的附注说明。

## 3.2.2　图示原始凭证的要素

原始凭证的要素如图3.6所示。

从图中可以看出如下方面的内容。

（1）拿到原始的票据（包括领料单、出库单等）以后，需要先依次粘贴到单据粘贴单上，尽量粘贴得整齐，不要超过边界影响装订。

（2）如果票据有很多张，需要把同类的票据粘贴在一起，同类票据中要把相似的金额整理在一起，不能杂乱无章。

（3）粘贴票据要尽量均匀和平整，不能把票据全部集中贴在一起，因为这样会增加会计凭证装订成册的难度。票据要尽量贴得稳固干净，避免掉落。

图 3.6　原始凭证

单据粘贴单（样表）如图 3.7 所示。

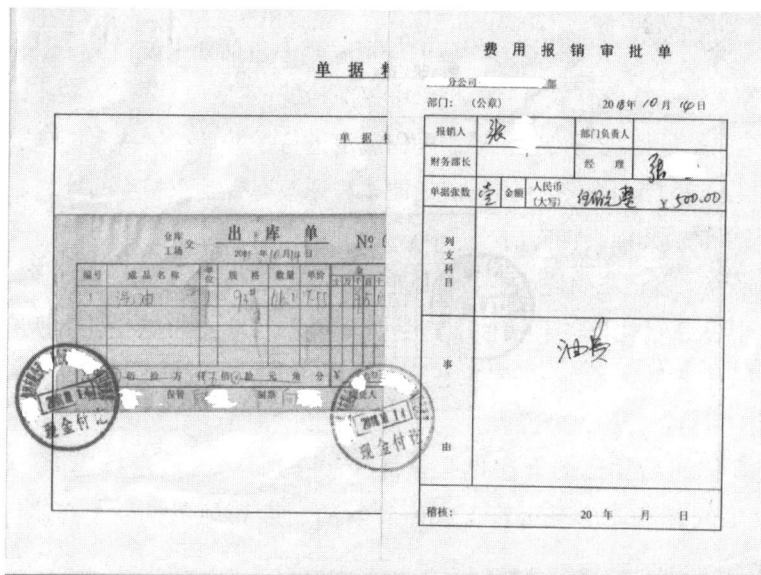

图 3.7　单据粘贴单

### 3.2.3  原始凭证的审核

按照上面的要素填制好原始凭证后，应对原始凭证进行审核，这是确保会计数据质量的重要措施，也是会计机构、会计人员的重要职责。

**1. 审核原始凭证的规定**

财务规范对审核原始凭证有相应的规定，其中包括如下方面。

- 财务部门必须要有人员专门负责审核原始凭证。
- 审核原始凭证应当按照会计制度的规定进行，并且严格按照规定执行。
- 审核人员对于不真实、不合法的原始凭证，有权给以相应的处理。

**2. 审核原始凭证具体方面**

具体来说，审核原始凭证主要是以下两方面。

（1）审核原始凭证的真实性。这是基本要求。检查原始凭证上所有项目是否填全，如有关人员或部门的签章签字，摘要和金额是否填写清楚，日期是否填写，金额计算是否正确，金额大、小写是否一致等。

（2）审核原始凭证的合法性、合规性和合理性。也就是说，应该看原始凭证所反映的经济业务是否符合国家颁发的制度和规范，是否有违法乱纪的行为。

如原始凭证有发票，需查询发票的真伪。如一般费用支出，则需检查是否违反公司制度，是否符合公司的相关文件规定。

**3. 审核原始凭证的处理方式**

审核原始凭证应根据不同的情况进行处理。

- 对符合要求的原始凭证，财务人员应及时据以编制记账凭证入账。
- 对原始凭证是真实和合法、合理的，只是内容不够完整或者填写有错误的，审核人员应将其退回给有关经办人员，待其补充完有关凭证，填写完整所有项目，更正错误甚至重新开具符合要求的票据以后，再办理正式的会计手续。
- 对于不真实、不合法的原始凭证，有权不予接受，并向上级部门报告，请求查明原因，追究有关当事人的责任。

## 3.3  记账凭证的填制和审核

填制完原始凭证以后，就开始填写和审核记账凭证。原始凭证是记账凭证的依据，所以，原始凭证必须先填制完成，才能据此填制记账凭证。

## 3.3.1　记账凭证的填制要素

### 1. 右上角附件数张

除了要结账和更正错误以外，记账凭证必须附有相应原始凭证并注明原始凭证的张数。原始凭证是填制记账凭证的依据和基础。

如果一张原始凭证所列的支出需要由两个以上的单位或者分别由不同的部门共同负担的话，应当由保存该原始凭证的公司或者部门开具其他应负担单位原始凭证分割单。

分割单如表 3.3 所示。

表 3.3　分割单

公司

分　割　单

单位名称：　　　　　　　　　年　　月　　日

| 原始凭证 | 名称 | 编号 | 金额 | 日期 | 收款单位 | 所附凭证类型、编号 |
|---|---|---|---|---|---|---|
| | | | | | | |
| 分摊单位 | 单位名称 | | 填制日期 | | 分摊金额 | |
| 分摊说明 | | | | | | |

财务专用章：　　　　　　　　　财务主管：　　　　　　　　制表人：

## 2. 记账凭证编号

出纳人员需要给记账凭证编号，哪怕只有一张记账凭证，也需要编号。编号的方法有多种，但是一般都是按现金收付、银行存款收付和转账业务三种类别编号，也就是"现字第 × 号""银字第 × 号""转字第 × 号"。

如果收付业务较多，就需要按现金收入、现金支出、银行存款收入、银行存款支出和转账凭证这五类进行编号，即"现收字第 × 号""银收字第 × 号""现付字第 × 号""银付字第 × 号"和"转字第 × 号"。

出纳人员应当根据公司的实际情况、业务的繁简程度、人员多寡和分工情况来选择适合自己的编号方法。

> **注意**：所有的编号都按月顺序编号，也就是每月都从 1 号编起，依次顺序编至月末，下一个月开始新的编号。

## 3. 记账出现错误处理

如果是记账之前发现原始凭证有错误，应重新编制正确的原始凭证。但是对于已经登记入账的记账凭证，更正就需要区分是当年内，还是当年之外。

如果是在当年内发现填写错误时，应用红字填写一张与原内容相同的记账凭证，在摘要栏注明"注销某月某日某号凭证"，同时再用蓝字重新填制一张正确的记账凭证，摘要注明"更正在某月某日某号凭证"。

如果需要更正的凭证会计科目没有错误，只是金额错误，也可以将正确数字与错误数字之间的差额，另编一张调整的记账凭证，调增金额用蓝字，调减金额用红字。

如果是以前年度的错误，则不能用后者的方法，而只能在发现以前年度错误的时候，用蓝字填制一张更正的记账凭证。

## 4. 打印的凭证处理

如果实行会计电算化，那么打印出来的记账凭证也应当符合对记账凭证的一般要求，并应认真审核，做到科目使用正确，数字准确无误。

打印出来的记账凭证上，需加盖制单人员、审核人员、记账人员、出纳人员和稽核人员，以及会计主管的印章或者签字。

## 5. 记账凭证空行处理

记账凭证填制完经济业务事项后，有空行应当在金额栏自最后一笔金额数字下空行处至合计数上的空行处用直尺画线，表示以下无，予以注销。注意直线。

**6. 保证做账的基本要求**

出纳人员做账的基本要求为：有借必有贷，借贷必相等。出纳人员所写的摘要与原始凭证内容要一致，能正确反映经济业务的主要内容，并且表述言简意赅。

**7. 现金和银行存款之间收入或付出的经济业务处理**

如果只涉及现金和银行存款之间收入或付出的经济业务，也就是提取备用金，应该作为银行付款业务，只填制付款凭证，不填制收款凭证，这是为避免重复。

## 3.3.2　记账凭证审核与审核的具体内容

填制好记账凭证后，接下来便是审核，所有填制好的记账凭证，都必须经过其他财务人员的认真审核。

在审核记账凭证的过程中，如果发现记账凭证的填制有误，如科目错误、借贷错误或者金额错误，那么应当按照规定的方法加以更正。经过审核无误后，稽核人员需要在记账凭证上签字或者盖章，最后这张记账凭证才能作为登记账簿的依据。

记账凭证的审核主要包括以下内容。

- 记账凭证是否附有原始凭证，也就是看附件是否齐全，记账凭证的经济内容是否与所附原始凭证的内容相同。
- 记账的会计科目是否正确、金额是否正确、借贷是否正确。
- 记账凭证中的项目是否填制完整，如摘要是否清楚，填制凭证的时间有无填写，有关人员的签章是否齐全。

## 3.4　凭证的装订

在做完一个月的记账凭证以后，不能让凭证零散存放，而是要按照规定装订成册，下面来看看凭证的装订。

## 3.4.1　会计凭证装订的准备工作

一般每月装订一次，装订好的凭证按年分月妥善保管归档。会计凭证装订前的准备工作。

（1）分类整理，按顺序排列，检查日数、编号是否齐全。

（2）按凭证汇总日期归集确定装订成册的本数。

（3）摘除凭证内的金属物（如订书钉、大头针、回形针，如果不及时摘取容易生锈），对大的账页或附件要折叠成同记账凭证大小，且要避开装订线，以便翻阅保持数字完整。

（4）按照号数依次排列会计凭证，然后检查凭证的顺序号，是否存在颠倒和缺号。同时需要再次检查附件是否有漏缺，单据是否齐全。

（5）记账凭证上有关人员（如财务主管、复核、记账、制单等）的印章和签字是否齐全。

## 3.4.2　自己手工装订会计凭证的办法

下面介绍一种自己手工装订会计凭证的办法，在后面的章节也会讲到会计账簿的装订，方法都是相同的。

凭证的装订有不同的方法，但是要看具体情况，不同的装订工具方法也不同。

如果公司有打孔机或者专门的装订仪器这些自动化的专业设备，可以直接在打孔机或者装订仪器上先装订成册。

有的公司甚至把会计凭证的装订外包，也就是付一定的费用交给专门的装订机构来装订，这样可以得到非常好的装订效果。

> **注意**：在验收装订好的会计凭证时要特别注意，因为会计凭证有一定的保密性，要防止资料外泄，而且会计凭证非常重要，一定要认真查看装订过后的会计凭证是否有丢失和遗漏。

## 3.4.3　手把手教你手工装订会计凭证

下面介绍的是一种相对不需要购买专业机械，财务人员自己手工装订的办法，它因为不需要打孔机等专业仪器，需要的工具较为简便，不需要太大的投入，所以比较适合会计凭证和账簿较少的小企业。但是相对来说，它对出纳人员的手工作业要求较高。

**Step 01** 准备所需要的装订工具，它们包括小型的电钻、订账盒、直尺、棉线和大号的针，如图 3.8 和图 3.9 所示。订账盒除一个固定尺寸的铁质盒子用来放入会计凭证外，还有两个将其固定起来的工具，读者可在下面的图里看到。

图 3.8　装订工具 1

图 3.9　装订工具 2 订账盒

**Step 02** 先拿出空白的订账盒，然后把要装订的会计凭证依次正面向下放入订账盒。其中，封面放在最下面，放的时候注意次序和整齐。需要先把固定工具 1 放入盒内，再开始放会计凭证，如图 3.10 所示。

**Step 03** 在订账盒中，第一页应该放入凭证的封面，然后再开始放入需要装订的凭证，会计凭证的封面应该是统一格式的硬纸，上面印有该凭证的种类、号数和时间，如图 3.11 所示。

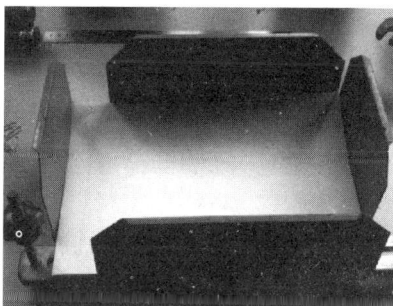

图 3.10　订账流程 1 放入凭证

图 3.11　会计凭证封面

**Step 04** 在依次放好需要订成一本的会计凭证以后，最后放上会计凭证的封底，如图 3.12 所示。

**Step 05** 需要把订账盒的另一个固定工具放入订账盒内，然后进行整理，使需要装订的凭证整齐，如图 3.13 所示。

图 3.12　订账流程 2 放入封底

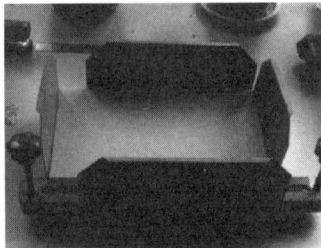

图 3.13　订账流程 3 放入卡尺

**Step 06** 完成上面的步骤以后，拧紧固定工具两端的旋转螺丝，将会计凭证紧紧地夹在中间，如图 3.14 所示。

注意：螺丝应当旋紧，不然账册将会散掉，而不成其为"一本"，所以此处一定要观察两边的螺丝是否都以旋紧。

**Step 07** 固定好螺丝以后，接下来便确定打孔的位置。需要用直尺量出间隔相等的点，打孔点位的间隔选取和所订的凭证大小有关，但是一般需要间隔 4~5 厘米，采用比较普遍的是 3 孔，孔与孔之间应相隔 5 厘米。在量好以后，用铅笔在打孔处做上标记，为下一步的钻孔做准备，如图 3.15 所示。

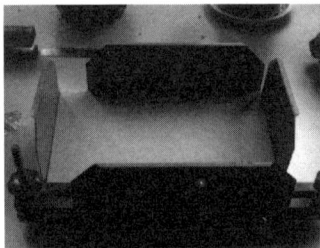

图 3.14　订账流程 4 拧紧卡尺

图 3.15　订账流程 5 选定打孔位置

**Step 08** 把会计凭证从盒子中取出，此时连固定工具（卡尺）一起取出，如图 3.16 和图 3.17 所示。

**Step 09** 用小电钻在相应的位置打孔，用棉线穿钉打结，结与扣应是活结，打的结要尽量小，但是一定要结实，不能松动。装订时线要尽可能地缩小所占的范围，使记账凭证及其附件尽可能显露出来，以便查阅。

图 3.16　订账流程 6 取出凭证　　　图 3.17　订账流程 6 取出凭证（侧面）

**Step 10**　这时还不算装订完成，还需要在会计凭证的侧面包上牛皮纸做的"书脊"作为封皮，将会计凭证上打出的孔和线结等遮盖起来，并在上面写上该册会计凭证的时间、种类、号数等，便于查阅，侧面封皮如图 3.18 所示。

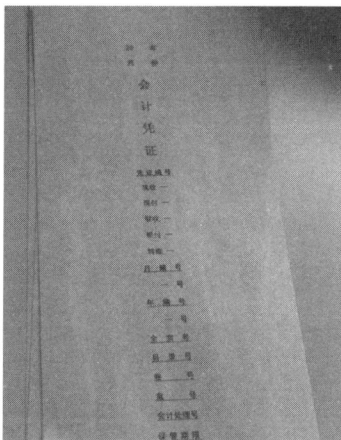

图 3.18　封面牛皮纸封皮

**Step 11**　填写好侧面封皮的内容以后，将其粘贴到已经装订好的会计凭证之上。粘贴好后应该如图 3.19 所示。

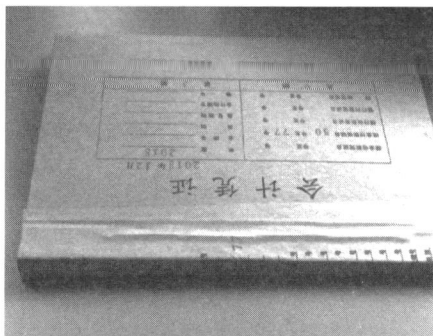

图 3.19　会计凭证（加封皮）

**Step 12** 接下来把装订好的会计凭证存档归类，做好档案工作，交给专门的人员保管。

> **注意**：每本装订凭证的厚度一般为 1.5 厘米左右，不要太厚和太薄，这样可以保证装订牢固，美观大方；每本封面上填写好凭证种类、起止号码、凭证张数、会计主管人员和装订人员签章；在封面上编好卷号，按编号顺序入柜。要将一个月的会计凭证整理在一起，并在显露处标明凭证种类编号，便于查阅，如图 3.20 所示。

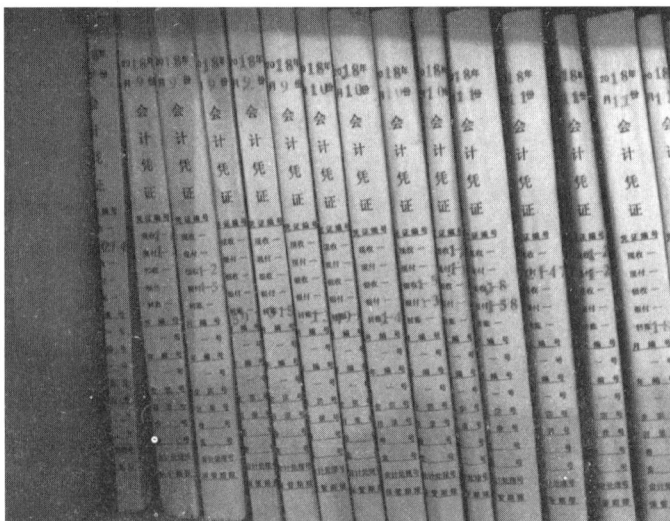

图 3.20　入柜的会计凭证

## 3.5　老出纳支招

在出纳实际工作中，经常会遇到一张记账凭证后有多张原始凭证的情况，如何正确计算原始凭证的张数并且填写在记账凭证上，是有一定计算原则的。对于原始凭证上是否必须有公章的问题，下面将做详细的解答。

### 3.5.1　原始凭证张数的计算技巧

出纳人员在填写记账凭证时必须填写所附原始凭证的张数，记账凭证后所附原始凭证的张数，分以下几种情况。

（1）如果该原始凭证能全面反映经济业务的活动情况，应该按自然张数来进行计算。

（2）对不能全面反映每笔经济业务活动情况的，后面会有一些附件进行补充和说明，应在原始凭证上注明附件张数，并将其粘贴在一起，这里的附件不计入原始凭证的张数计算。

（3）对某类原始凭证已进行汇总的，如同上面的粘贴单，已经把单据归类在一起，又或者如差旅费报销单、支出审批单等，其内容已对所反映的经济业务活动有综合说明，上面也有该粘贴单上附件的张数，它们应作为一张原始凭证计算。在填制记账凭证的时候应该注意，不是后面有多少张发票或者附件，就在记账凭证上写有多少张附件。

## 3.5.2　原始凭证上的公章技巧

经常从外单位取得的原始凭证，按照《会计基础工作规范》的要求："从外单位取得的原始凭证，必须盖有填制单位的公章"。但是实际操作过程中，也存在一些特殊现象，出于习惯或使用单位认为不易伪造的原始凭证，则不加盖公章。

例如，飞机票、火车票、汽车票、停车票等一般都没有公章。

# 第 4 章

## 账簿的管理

大家在了解出纳的基本功和如何管理凭证后，接下来就要学习出纳最重要的工作：管理账簿。

## 4.1　出纳日记账的填写

公司为加强对现金、银行存款的管理和核算，通常都会设置现金日记账和银行存款日记账，目的是每天核算和监督现金和银行存款的收入、付出和结存的情况。

现金日记账和银行存款日记账都被称为出纳日记账，由出纳每天按现金和银行业务发生的顺序进行登记。出纳日记账是账簿明细账里比较特殊的一种，是一种序时账。

> **注意**：序时账是按照收到凭证的先后顺序，即按照记账凭证编号的先后顺序逐日进行登记的，所以序时账簿也被称为日记账。现金日记账和银行日记账都是日记账的一种。

## 4.1.1　如何填列最常用的三栏式日记账

现金日记账和银行存款日记账的账页一般采用三栏式，即借方、贷方和余额三栏，分别反映现金或银行存款的收入、付出与结存情况。

如果收、付款凭证数量较多，为简化记账手续，也可以不采用三栏式而采用多栏式。如果会计科目较多，不方便登记，还可以分设现金收入日记账、现金支出日记账以及银行收入日记账、银行支出日记账。

下面详细讲述如何填列最常用的三栏式日记账。

**实例 4-1　库存现金日记账是最常用的三栏明细账**

库存现金的三栏式明细账如表 4.1 所示。

表 4.1　三栏式明细账（库存现金）

三栏明细账

科目：101 库存现金　　　　月份：01-12　　　　币别：人民币

| 2×20年 | | 凭证号 | 摘　要 | 借方发生额 | 贷方发生额 | 方向 | 余额 |
|---|---|---|---|---|---|---|---|
| 月 | 日 | | | | | | |
| | | | 上年结转 | 0 | 0 | 借 | 1 583.6 |
| 1 | 11 | 记 -1 | *提取备用金 | 15 000 | 0 | 借 | 16 583.6 |
| 1 | 11 | 记 -3 | *支付工资奖金 | 0 | 13 644.7 | 借 | 2 938.9 |

| 2×20年 | | 凭证号 | 摘　要 | 借方发生额 | 贷方发生额 | 方向 | 余额 |
|---|---|---|---|---|---|---|---|
| 月 | 日 | | | | | | |
| 1 | 21 | 记 -2 | ＊提取备用金 | 2 000 | 0 | 借 | 4 938.9 |
| 1 | 21 | 记 -4 | ＊刘某返挂支 | 70 | 0 | 借 | 5 008.9 |
| 1 | 21 | 记 -5 | ＊殷报销职工活动费 | 0 | 1 980 | 借 | 3 028.9 |
| 1 | 21 | 记 -6 | ＊刘报销职工活动费 | 0 | 2 929 | 借 | 99.9 |
| 1 | | | 本月合计 | 17 070 | 18 553.7 | | 0 |
| | | | 本年累计 | 17 070 | 18 553.7 | | 0 |
| 2 | 14 | 记 -1 | ＊提备用金 | 1 000 | 0 | 借 | 1 099.9 |
| 2 | 23 | 记 -2 | ＊提备用金 | 2 500 | 0 | 借 | 3 599.9 |
| 2 | 24 | 记 -3 | ＊提取备用金 | 2 000 | 0 | 借 | 5 599.9 |
| 2 | 24 | 记 -4 | ＊刘挂支备用金 | 0 | 2 000 | 借 | 3 599.9 |
| 2 | 24 | 记 -5 | ＊陈挂支备用金 | 0 | 2 000 | 借 | 1 599.9 |
| 2 | 24 | 记 -6 | ＊陈报销招待费 | 0 | 635.7 | 借 | 964.2 |
| 2 | 24 | 记 -7 | ＊刘挂支备用金 | 0 | 500 | 借 | 464.2 |
| 2 | | | 本月合计 | 5 500 | 5 135.7 | | 0 |
| | | | 本年累计 | 22 570 | 23 689.4 | | 0 |
| 3 | 7 | 记 -2 | ＊提取备用金 | 3 000 | 0 | 借 | 3 464.2 |
| 3 | 10 | 记 -4 | ＊陈报销招待费 | 0 | 400 | 借 | 3 064.2 |
| 3 | 24 | 记 -5 | ＊提取备用金 | 6 000 | 0 | 借 | 9 064.2 |
| 3 | 24 | 记 -6 | ＊刘挂支办公费 | 0 | 5 000 | 借 | 4 064.2 |
| 3 | 28 | 记 -7 | ＊提取备用金 | 2 000 | 0 | 借 | 6 064.2 |
| 3 | 28 | 记 -8 | ＊刘挂支办公费 | 0 | 1 000 | 借 | 5 064.2 |
| 3 | 31 | 记 -11 | ＊刘返回挂支 | 216 | 0 | 借 | 5 280.2 |
| 3 | | | 本月合计 | 11 216 | 6 400 | | 0 |
| | | | 本年累计 | 33 786 | 30 089.4 | | 0 |

# 4.1.2　银行存款日记账（全年）实例

**实例 4-2　银行存款日记账（全年）**

银行存款的三栏式明细账如表 4.2 所示。

表 4.2　三栏式明细账（银行存款）

三栏明细账

科目：102 银行存款　　　　　　　月份：01-12　　　　　　　币别：人民币

| 2×20年 | | 凭证号 | 摘　要 | 借方发生额 | 贷方发生额 | 方向 | 余额 |
|---|---|---|---|---|---|---|---|
| 月 | 日 | | | | | | |
| | | | 上年结转 | 0 | 0 | 借 | 51 284.76 |
| 1 | 11 | 记 -1 | *提取备用金 | 0 | 15 000 | 借 | 36 284.76 |
| 1 | 21 | 记 -2 | *提取备用金 | 0 | 2 000 | 借 | 34 284.76 |
| 1 | | | 本月合计 | 0 | 17 000 | | 0 |
| | | | 本年累计 | 0 | 17 000 | | 0 |
| 2 | 14 | 记 -1 | *提备用金 | 0 | 1 000 | 借 | 33 284.76 |
| 2 | 23 | 记 -2 | *提备用金 | 0 | 2 500 | 借 | 30 784.76 |
| 2 | 24 | 记 -3 | *提取备用金 | 0 | 2 000 | 借 | 28 784.76 |
| 2 | | | 本月合计 | 0 | 5 500 | | 0 |
| | | | 本年累计 | 0 | 22 500 | | 0 |
| 3 | 7 | 记 -1 | *付购买支票费用 | 0 | 20 | 借 | 28 764.76 |
| 3 | 7 | 记 -2 | *提取备用金 | 0 | 3 000 | 借 | 25 764.76 |
| 3 | 24 | 记 -5 | *提取备用金 | 0 | 6 000 | 借 | 19 764.76 |
| 3 | 28 | 记 -7 | *提取备用金 | 0 | 2 000 | 借 | 17 764.76 |
| 3 | 28 | 记 -9 | *收 1 季度银行利息 | 29.42 | 0 | 借 | 17 794.18 |
| 3 | | | 本月合计 | 29.42 | 11 020 | | 0 |
| | | | 本年累计 | 29.42 | 33 520 | | 0 |
| 4 | 1 | 记 -1 | *收上级部门模范奖金 | 2 000 | 0 | 借 | 19 794.18 |
| 4 | 12 | 记 -3 | *收财务决算奖 | 1 800 | 0 | 借 | 21 594.18 |
| 4 | 15 | 记 -4 | *提取备用金 | 0 | 1 800 | 借 | 19 794.18 |
| 4 | 15 | 记 -5 | *付银行回单柜年费 | 0 | 240 | 借 | 19 554.18 |
| 4 | 25 | 记 -6 | *付手续费 | 0 | 20 | 借 | 19 534.18 |
| 4 | | | 本月合计 | 3 800 | 2 060 | | 0 |
| | | | 本年累计 | 3 829.42 | 35 580 | | 0 |
| 6 | 8 | 记 -1 | *提取备用金 | 0 | 3 000 | 借 | 16 534.18 |
| 6 | 17 | 记 -3 | *提取备用金 | 0 | 1 000 | 借 | 15 534.18 |
| 6 | 28 | 记 -6 | *提取备用金 | 0 | 9 100 | 借 | 6 434.18 |

续上表

| 2×20年 | | 凭证号 | 摘　　要 | 借方发生额 | 贷方发生额 | 方向 | 余额 |
|---|---|---|---|---|---|---|---|
| 月 | 日 | | | | | | |
| 6 | 30 | 记-11 | *计提银行2季度利息 | 23.79 | 0 | 借 | 6 457.97 |
| 6 | | | 本月合计 | 23.79 | 13 100 | | 0 |
| | | | 本年累计 | 3 853.21 | 48 680 | | 0 |
| 7 | 28 | 记-3 | *提取备用金 | 0 | 2 000 | 借 | 4 457.97 |
| 7 | | | 本月合计 | 0 | 2 000 | | 0 |
| | | | 本年累计 | 3 853.21 | 50 680 | | 0 |
| 8 | 22 | 记-1 | *提取备用金 | 0 | 1 000 | 借 | 3 457.97 |
| 8 | | | 本月合计 | 0 | 1 000 | | 0 |
| | | | 本年累计 | 3 853.21 | 51 680 | | 0 |

按照规定，现金日记账和银行存款日记账必须采用订本式账簿，不能用活页式账簿、银行对账单等其他方法代替日记账。

## 4.2　日记账的基本格式和填制

下面来具体看看日记账有哪些基本格式以及如何填制日记账。

### 4.2.1　账簿的基本格式与注意事项

账簿虽然有很多种格式，但是它们的构成内容是一样的。这里以现金日记账为例，银行日记账和现金日记账的形式完全一样，分为三个部分。

#### 1. 封面

账簿的封面上写着会计账簿的名称，如总分类账、现金日记账、银行存款日记账等。现金日记账封面，如图4.1所示；银行日记账封面，如图4.2所示。

图4.1　现金日记账封面

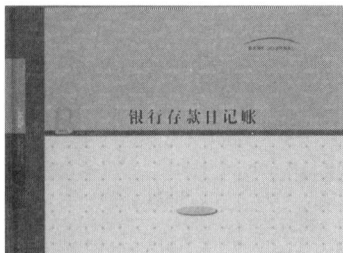

图4.2　银行日记账封面

## 2. 扉页

账簿的扉页就像账簿的目录，主要用来填列账簿的使用方面的信息，包括科目、账簿启用的时间和启用的单位名称和经管人员，以及经管人员的交接顺序。以现金日记账为例，现金日记账的扉页如表 4.3 所示。

表 4.3　账簿启用及交接表

| 单位名称 | | 印　　鉴 | | | | | | | |
|---|---|---|---|---|---|---|---|---|---|
| 账簿名称 | | | | | | | | | |
| 账簿编号 | | | | | | | | | |
| 账簿页数 | | | | | | | | | |
| 启用日期 | | | | | | | | | |

| 经管人员 | 会计科（处）长 | | 会计主管 | | 稽　　查 | | 记　　账 | | |
|---|---|---|---|---|---|---|---|---|---|
| | 姓名 | 盖章 | 姓名 | 盖章 | 姓名 | 盖章 | 姓名 | 盖章 | |

| 接交记录 | 经管人员 | | 接管 | | | | 交出 | | | |
|---|---|---|---|---|---|---|---|---|---|---|
| | 专业职务 | 姓名 | 年 | 月 | 日 | 盖章 | 年 | 月 | 日 | 盖章 |
| | | | | | | | | | | |
| | | | | | | | | | | |
| | | | | | | | | | | |
| | | | | | | | | | | |
| | | | | | | | | | | |

从上表可以看出，在填写一本新的账簿的时候，先要填写好扉页上面的信息，需要填写的信息如下。

（1）单位的全称、账簿名称、账簿编号和册数、账簿总页数和启用日期。

（2）经管人员的名称和职务，包括会计科长、会计主管、稽核和记账。

（3）如有经管人员更换，还要填写下面的交接记录，填写不同时期经管人员的职务、姓名和期间。

**注意：** 经管人员的姓名都要求亲笔签字并且盖上自己的名章，在右上角需要加盖启用单位的印鉴。如果财务科长和会计主管或者稽核人员为同一人，那么可以填写同一人的名字。但是记账人员和稽核人员，不能由同一人担任。

3. 账页

填写好账簿的扉页之后就进入主要的工作：填写账页。

### 实例 4-3　　银行日记账的账页

银行日记账的账页如图 4.3 所示。

图 4.3　现金日记账账页

从上图可以看到，每一张账页需要填写的内容有如下方面。

（1）会计科目（对方科目和借方、贷方、结余）。

（2）登记账簿的日期（年、月和日）。

（3）记账凭证的种类和号数（记账凭证、收款和付款）。

（4）摘要（记账的事由说明）。

（5）金额。

（6）页次栏和过次页栏。

## 4.2.2　账簿的填写步骤

填写步骤如下。

**Step 01**　出纳人员先填写好前章讲过的原始凭证和记账凭证，并且审核无误，再根据审核无误的会计凭证登记会计账簿。

**Step 02**　出纳人员根据实际情况、业务量、自身的工作量等决定每隔几天记账。但是要注意：根据要求，现金日记账和银行存款日记账，应当依据已经办理完毕的收付款凭证，逐笔进行登记，并且要随时登记，每天最少要登记一次。

**Step 03**　出纳人员在登记完一张账页后应该在一张新的账页的第一行的摘要栏写上"承前页"字样，在金额栏里写明上一张账页的结余数。开始继续登记发生的收付业务，登记至最后一栏时，不要再登记发生的业务，而是在最后一栏写上"过次页"的字样，金额栏写上这一页的结余额。

## 4.3　账簿登记注意事项及实际操作

登记账簿是出纳的主要工作之一，账簿是重要的会计档案资料和信息的储存工具，必须按规定的方法进行账簿登记，账簿的登记应满足以下要求。

### 4.3.1　账簿登记要正确和及时

出纳在登记账簿时，首先要按照业务发生的顺序，将日期、编号、业务内容的摘要、金额和其他有关资料记入账内，不能随意改换顺序。因为填制账簿的基础是会计记账凭证，所以首要是保证会计记账凭证的正确，一定要用已经审核过的记账凭证进行账簿的登记。

在登记后，一定要在已经登记过的会计凭证上签名或者盖章，并用笔画上（"√"），表示已经记账，这是为防止重复记账或者漏掉，在登记账簿的时候一定要一边记账一边标记，不可以省略，这是非常重要的记账习惯。工作的时候一定要养成良好的习惯。

账簿的登记一定要及时。在经济业务办理完毕并且取得相应的票据以后，及时填制原始凭证，经过审核过后及时记账，及时核对现金和银行的余额，不能等到月末再来记账，现金和银行日记账要求"日清月结"，也就是说每天都需要记账，并且把账目的余额和实际的现金余额及银行存款余额进行细致的核对。

### 4.3.2　账簿登记要字迹清晰整齐

本书在前面章节中专门讲解出纳的基本功，其中之一就是阿拉伯数字和大写数字的书写，这个基本功在账簿的书写中尤为重要。

（1）账簿中书写的文字和数字上面要留有适当空间，不要写满格，一般应只占格长的 1/2~1/3。

（2）登记账簿要用黑色签字笔或者黑色钢笔书写，不得使用圆珠笔或铅笔，字迹要工整清晰，阿拉伯数字不能连写，中文则不能写草书，只有在更正错账时按规定才可以用红色墨水笔记账。

（3）在账簿中禁止不按规定涂改、刮擦、挖补、用"消字灵"或者胶带等更改字迹，金额更不可改动。

### 4.3.3 账簿登记要保持连贯性

出纳人员在登记账簿的时候应该按页次顺序连续登记，在页次栏写上账页在正本账簿的页码，并且不得跳行、隔页。

如果发生跳行、隔页，应将空行、空页划线注销（用笔画斜线）或注明"此行空白"或"此页空白"字样，并由记账人员签名或盖章。

在每一账页登记完毕结转下页时，要在本页的摘要栏内注明"过次页"字样，在次页的摘要栏内注明"承前页"字样。

### 4.4 电子账簿的登记流程

现在利用计算机登记电子账簿的方式正在逐步增多，电子账簿登记的准确性更高，容易检查，便于查询，录入效率高，更好保存，所以这里要来了解一下电子账簿的登记流程。

此处只选取一种通用财务软件，说明它的基础操作知识，给读者一个示范性的介绍，希望读者能根据自己的实际情况，灵活运用。

### 4.4.1 电子记账软件的安装

出纳人员使用电子记账软件的第一件事情就是在计算机上安装该软件，如双击 setup.exe 图标，开始安装软件。

**Step 01** 双击安装文件，单击"下一步"按钮，将显示许可协议，选择"同意"单选按钮将显示下一个安装界面，如图4.4所示。选择"不同意"单选按钮则退出安装程序。

**Step 02** 单击"下一步"按钮，显示"选择安装目的地"画面。选择软件将要安装的目录。系统默认为 C：\Program Files\，若要改变路径，单击"浏览"按钮，在"选择路径"对话框中选择新的安装目录，如图4.5所示。

**注意：** 一般来讲，C 盘是一台计算机的系统盘，为了安全，尽量不要将软件存放在 C 盘，应选择其他盘，如 D 盘等进行存放。

Step 03 单击"下一步"按钮，程序会自动安装，直到安装完成，如图 4.6 所示。

Step 04 完成安装后，单击"完成"按钮，如图 4.7 所示。

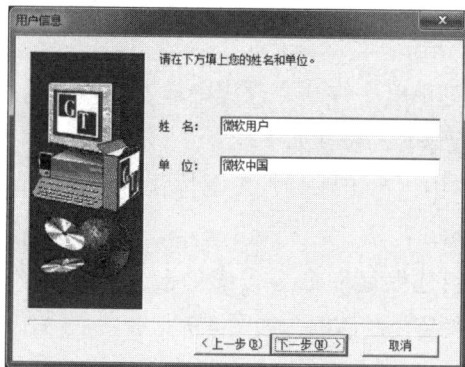

图 4.4　软件的安装 1

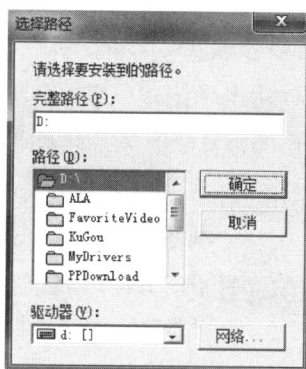

图 4.5　软件的安装 2

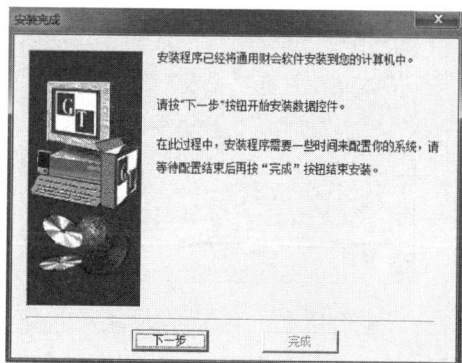

图 4.6　软件的安装 3

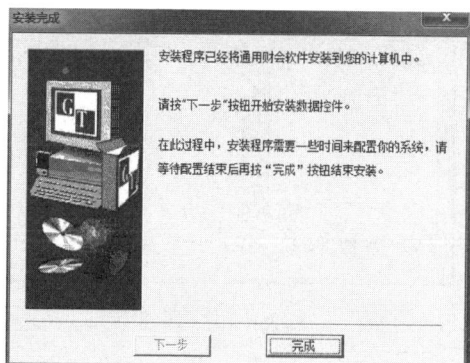

图 4.7　软件的安装 4

## 4.4.2　电子记账初始化操作

安装完后可以在"程序"或者生成的快捷方式里面直接启动该软件，这时需要对电子系统进行初始化。

### 1. 什么是账套

账套是在一套会计软件中为多个不同的核算单位建立的账簿体系，这些账簿是各自独立的。

比如，可以为一个公司的下属每个分公司设置一个独立的账套，这些分公司的核算记账报表，都是各自分开进行的。

账套也是会计软件中为一个核算单位建立的一个数据文件或数据存放地，它使每个账套具有独立性。

通用财会软件允许使用一个软件同时为多个核算单位记账，实现信息共享。同时为每个单位按年度分别建立账套，各个不同的公司或者部门可以处理各自的财会核算业务，保证各会计年度会计数据的完整性，为建立电子会计数据档案奠定基础。

### 2. 新建账套

要使用电子记账，第一件事情就是新建账套。在这个过程中输入基本信息，建立自己的核算账簿体系和基础档案。新建账套的步骤如下。

**Step 01** 在系统管理子系统的主窗口中，单击账套管理图标，打开"账套管理"对话框，如图 4.8 所示。

**Step 02** 在"编辑"菜单中选择"新建账套"命令，或单击工具条上的"新建"按钮，打开"增加账套"对话框，如图 4.9 所示。

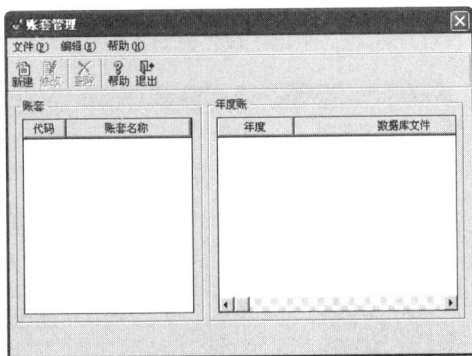

图 4.8　新建账套

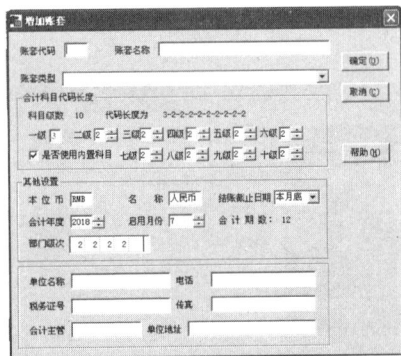

图 4.9　录入账套信息

**Step 03** 填写账套信息，如名称和编号。

填写基本账套信息就像为一个账套填写"身份证"。这些信息就像一个账套的"封面"，让该账套唯一独立，区别于其他的账套。

### 3. 填写内容

填写内容包括如下方面。

（1）账套代码：以字母或数字填写，该代码必须唯一。

（2）账套名称：账套的名称，一般都是公司的名称，如果是分支机构或者独立部门，再在公司名称后加上分支机构或者部门的名称，但是最大长度一般有所规定，也就是说不能太长。

（3）账套类型：从下拉列表中选择，应根据本单位的性质、执行的会计制度进行选择。

（4）本位币：设置账套的记账本位币的代码和名称。一般默认是人民币。

（5）启用日期：录入账套启用的会计年度和月份。默认日期为当前登录的年度和月份。

（6）结账截止日期：在下拉列表中选择结账截止的日期。

（7）会计期数：每个会计年所包括的会计期数目，系统默认将每个自然月定义为一个会计期，共 12 期。

（8）需要填写的其他设置。

特别需要注意的是：建立账套时，这些信息都是必须填写的，只有全部填写好后才能建立账套。账套建立后，除账套名称及单位信息外，其他信息如账套的编号，将不能再修改，如果发现设置有误，只能在删除该账套以后重新建立一个账套。

### 4. 修改账套

那么怎么修改账套呢？如上所说账套新建以后，只能修改账套名称和单位相关信息。

**Step 01** 在"账套管理"窗口中，用鼠标选中要修改的账套，如图 4.10 所示。

**Step 02** 选择"编辑"菜单中的"修改账套"命令，弹出"修改账套信息"对话框，在该对话框上会显示所选账套的全部信息，如图 4.11 所示。

**Step 03** 在对话框中修改账套名称。填写完后单击"确定"按钮，即完成修改。

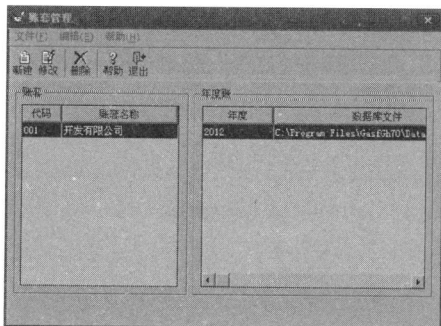

图 4.10　账套管理　　　　图 4.11　修改账套

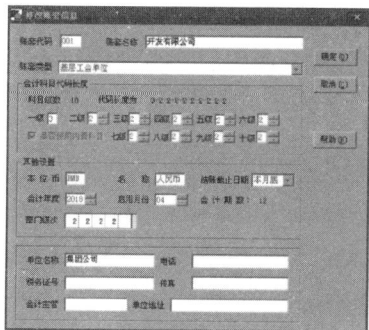

图 4.12　选择账套

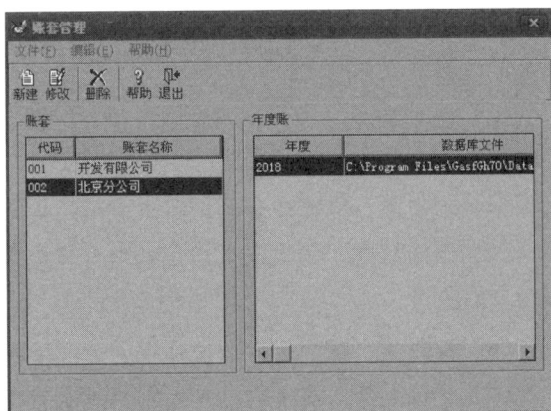

图 4.13　年度账

### 5. 删除账套

如果错误地建立一个账套或该套账已不再使用，那么可以删除该账套。但是千万注意不能随意删除账套。删除账套的程序如下。

**Step 01** 在账套列表中选择账套，如图 4.12 所示。

**Step 02** 在"年度账"列表中选择要删除的账套，如图 4.13 所示。

**Step 03** 选择"编辑"菜单中的"删除账套"命令，或直接单击工具条上的"删除"按钮。这时会出现"是否删除 ×× 账套的 ×××× 年度数据"的提示信息，如图 4.14 所示。

**Step 04** 在核对以后，单击"是"按钮将删除该年度账，单击"否"按钮将放弃删除操作，如图 4.15 所示。

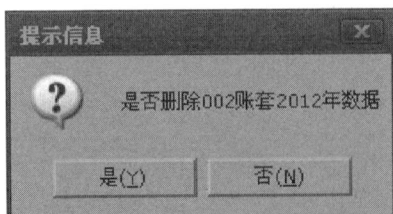

图 4.14　删除账套

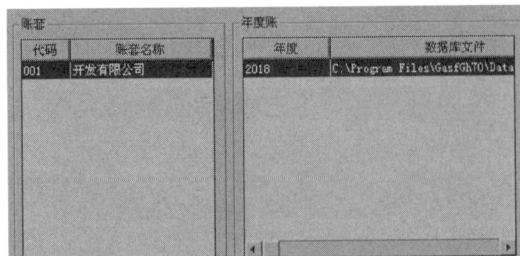

图 4.15　删除账套后

**注意：** 只有系统管理员才有删除账套的权限。

## 4.4.3　用户管理要点

在新建账套以后，需要给财务人员设置各自的用户名、密码以及操作的权限，也就是用户管理。用户管理是对使用系统的用户进行统一的管理，其中包括用户的基本信息管理及用户权限管理。

系统自定义一个系统管理员，该管理员拥有"系统管理"中的所有权限，而其他操作员的权限则由系统管理员来设置。

用户管理应该包括以下要点。

（1）只有系统管理员才能对用户进行管理控制，比如财务主管才拥有此权限。但是有的公司财务人员较多或者有分支机构等特殊情况，也可以设置几个操作员都有系统管理的权限。但是要注意根据实际情况予以分配，做到既要提高效率，又要分清职责，防范混乱和风险。

（2）系统管理员的任务包括设置用户信息和密码、状态控制（如禁止登录、查询在线状态）、为操作员分配权限等。只有系统管理员有此权限，其他人无权管理。这样可以避免管理混乱，防止他人进入系统，防止用户越权使用，造成风险。

（3）设置新的操作用户时，录入的用户"代码"必须唯一，不能重复。

（4）在日常使用中，最好定期修改自己的密码，这样可以加强安全性。

（5）如果忘记密码，需要让系统管理员撤销密码后重新设置密码。

## 4.4.4　数据管理：备份、恢复与引出引入

也许有的财务人员会认为数据管理是计算机维护人员的工作，这种想法并不正确，其实数据管理也是财务人员的重要工作。

数据管理性质类似于手工记账中的归档和保管等管理工作，如果平时对这部分的工作不予重视，一旦计算机出现故障而无法修复，或者计算机被盗等，就会失去录入的所有数据，造成难以弥补的损失。

数据管理就是为录入的账务数据提供多种保护功能的工作，它的工作包括数据的备份、数据的恢复、数据的引进引出和维护等。

### 1. 数据备份

数据备份是数据管理的重要组成部分，它是为电子软件系统存放在计算机硬盘中的数据建立副本，然后存放到别的存储设施上，以利于保存。同时如果发生意外以及硬盘数据丢失，通过恢复功能可以使本来录入的系统数据得到恢复，从

而保证账套的安全。

数据备份的流程如下。

**Step 01** 在"数据管理"窗口的"账套"下拉列表中选择要进行数据备份的账套，列表中列出了系统中所有的账套，默认显示最近操作的账套，如图 4.16 所示。

**Step 02** 在"年度账"列表中选择进行备份的年度账，如图 4.17 所示。

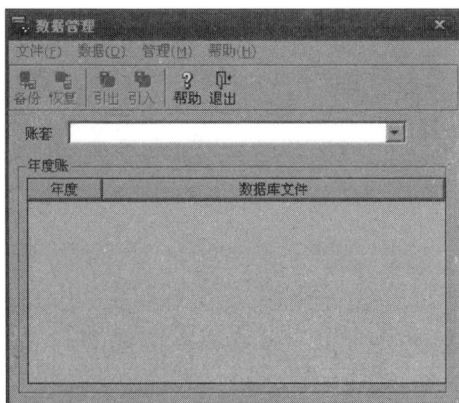

图 4.16　备份数据 1

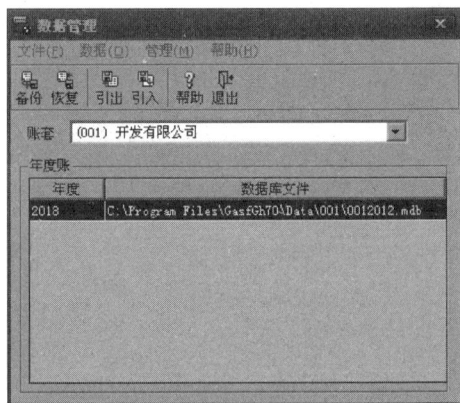

图 4.17　备份数据 2

**Step 03** 在"数据"菜单中选择"数据备份"命令，或单击工具条中的"备份"按钮，弹出"数据备份"对话框，如图 4.18 所示。

**Step 04** 对话框中显示出要备份的账套代码、数据年度以及账套数据文件名称和存放的位置。然后在下拉菜单中选择要将数据备份到的驱动器及存放的路径，需要输入存放的"文件名"，如图 4.19 所示。

图 4.18　备份数据 3

图 4.19　备份数据 4

Step 05　单击"备份"按钮，打开"备份文件信息"对话框，如图 4.20 所示。

Step 06　在对话框中显示出进行数据备份的用户代码以及将要备份的账套代码、数据年度、备份时间等信息。在"备注"栏中输入备份数据的附加说明。单击"确定"按钮，开始进行备份，如图 4.21 所示。

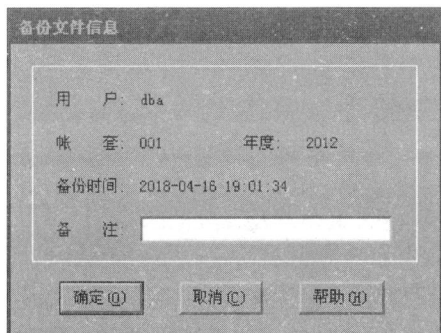
图 4.20　备份数据 5

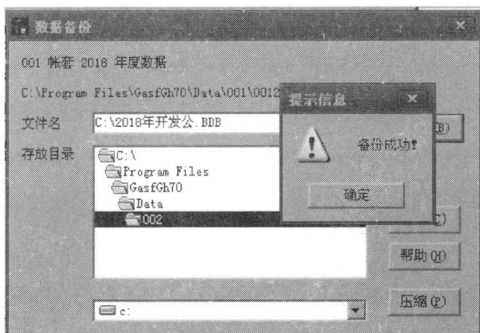
图 4.21　备份数据 6

Step 07　如果该备份文件在该存放位置已经存在，那么系统将给出提示信息，确认是否覆盖原来的文件。

Step 08　备份完毕，系统提示"备份成功"。

注意：在备份之前，需要确认存储的位置上是否有足够的空间。

### 2．数据恢复

数据在备份以后，如果数据出现问题，该怎样恢复？如果计算机发生故障或账务处理系统发生问题，使数据遭到破坏，而只有对已备份的数据进行恢复处理，那么它将使当前的财会数据恢复到备份时的状况。具体操作流程如下。

Step 01　在"数据管理"窗口的"账套"下拉列表中选择要进行数据恢复的账套。列表中列出了系统中所有的账套，默认显示最近操作的账套，如图 4.22 所示。

Step 02　在"年度账"列表中选择进行恢复的年度账，如图 4.23 所示。

Step 03　在"数据"菜单中选择"数据恢复"命令，或单击工具条中的"恢复"按钮，弹出"数据恢复"对话框，在对话框中显示出账套代码、数据年度及账套数据文件名称和位置，如图 4.24 所示。

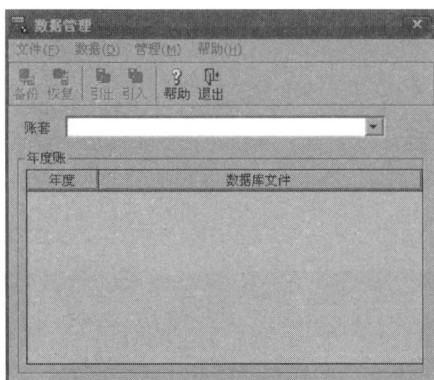

图 4.22　数据恢复 1

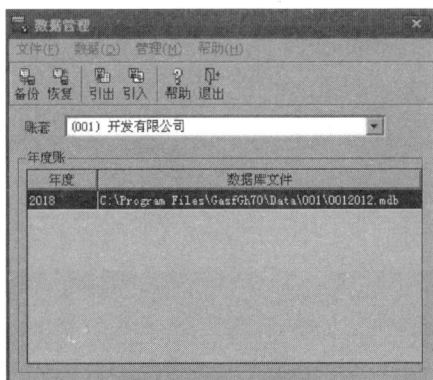

图 4.23　数据恢复 2

**Step 04** 在对话框中选择数据备份文件所在的驱动器及存放的路径。

**Step 05** 在文件列表中选择备份的文件名。

**Step 06** 单击"恢复"按钮，打开"恢复文件信息"对话框，对话框中显示出进行数据备份的用户代码以及要备份的账套代码、数据年度、备份时间以及在备份数据时输入的"备注"说明，如图 4.25所示。

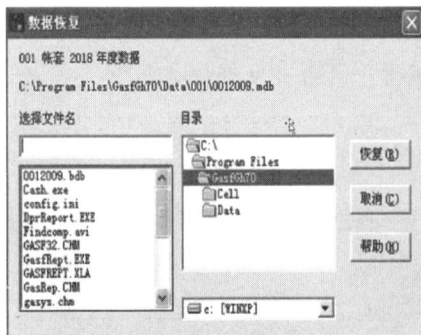

图 4.24　数据恢复 3

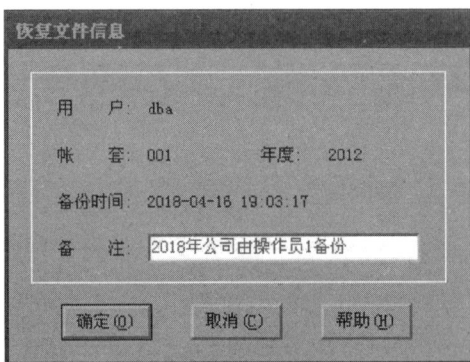

图 4.25　数据恢复 4

**Step 07** 单击"确定"按钮，开始进行数据恢复。

注意：进行数据恢复时，将覆盖现有的账套数据，如果当前数据没有备份，经过数据恢复以后会丢失当前数据，所以在操作时应根据系统提示，确认是否恢复数据。

如果当时备份的存储数据受到破坏，数据格式错误，或与现有账套不是同一账套数据生出的备份文件，则无法用该备份文件进行数据恢复。

出纳人员要重视备份文件的存储，比如将备份文件存到另外的计算机或者专门的移动介质上予以保管和存档，避免数据受到破坏而又无法恢复造成的损失。

3.　**数据引出**

数据引出也是数据备份的一种形式，但是与上面讲得数据备份不同的是，数据引出是对整个账务系统的基础信息、凭证以及部分账表的操作。

也就是说，可以只选择想要备份的部分进行数据的引出，而前面的备份只能备份一个会计年度的数据。

数据引出的流程如下。

**Step 01**　在"数据管理"窗口的"账套"下拉列表中选择要进行数据引出的账套，列表中列出了系统中所有的账套，默认显示最近操作的账套，如图 4.26 所示。

**Step 02**　在"年度账"列表中选择进行数据引出的年度账，如图 4.27 所示。

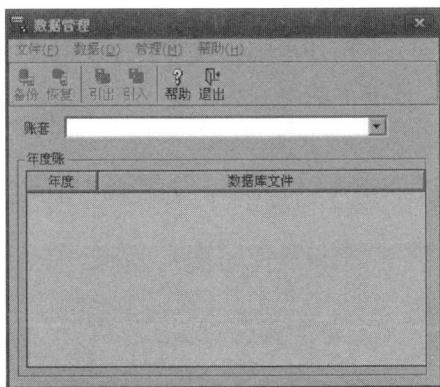

图 4.26　数据引出 1　　　　　　　　　图 4.27　数据引出 2

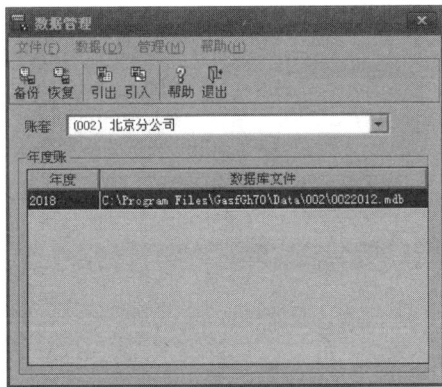

**Step 03**　在"数据"菜单中选择"数据引出"命令，或单击工具条中的"引出"按钮，弹出的对话框如图 4.28 所示。

**Step 04**　双击引出项左侧的方框，选中需要引出的部分选项，或单击"全选"按钮选中所有选项，确认后系统出现提示窗口，如图 4.29 所示。

**Step 05**　单击"确定"后，即开始数据引出操作。

---

> **注意**：如果选择凭证引出，还要相应地选择需要备份哪个月的凭证。如果单击"参数设置"按钮，系统会显示引出数据的存放路径。

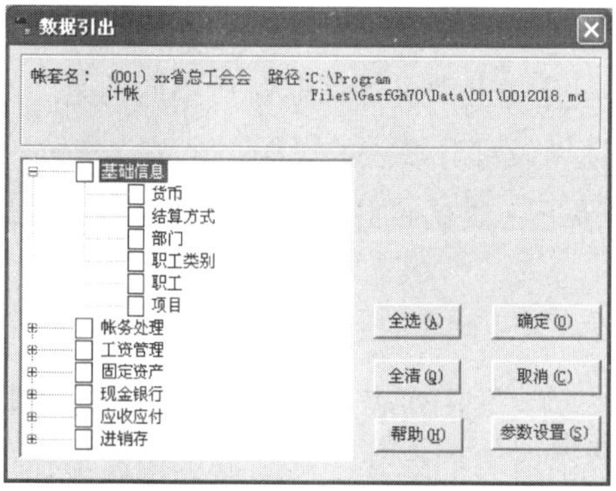

图 4.28　数据的引出 3 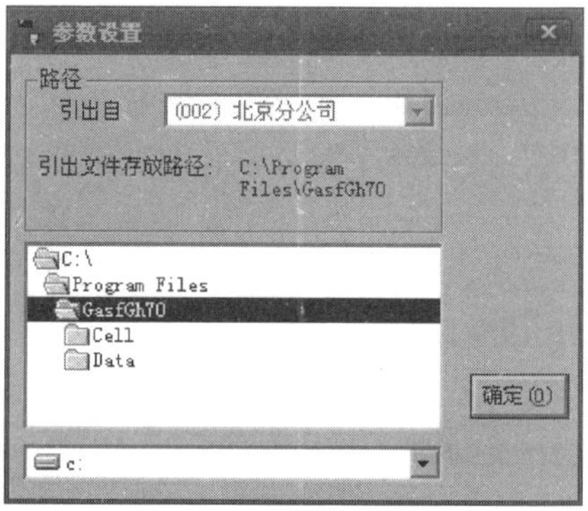　　　　　　图 4.29　数据的引出 4

### 4. 数据引入

数据引入是数据引出的反向操作，也就等于一次"部分"的数据恢复。数据引入的具体流程如下。

**Step 01** 在"数据管理"窗口的"账套"下拉列表中选择要进行数据引入的账套，列表中列出了系统中所有的账套，默认显示最近操作的账套，如图 4.30 所示。

**Step 02** 在"年度账"列表中选择进行数据引入的年度账，如图 4.31 所示。

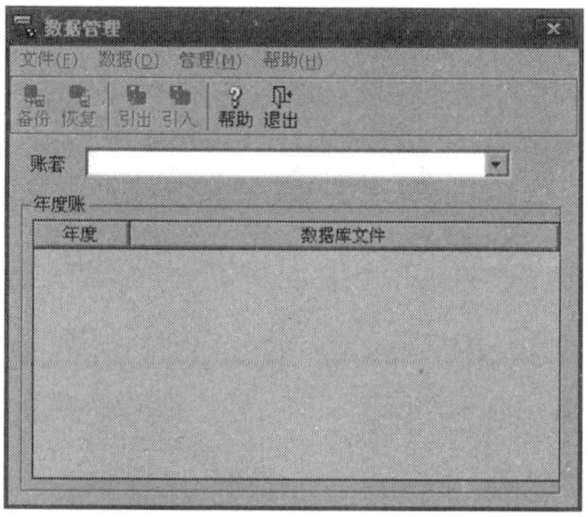

图 4.30　数据的引入 1 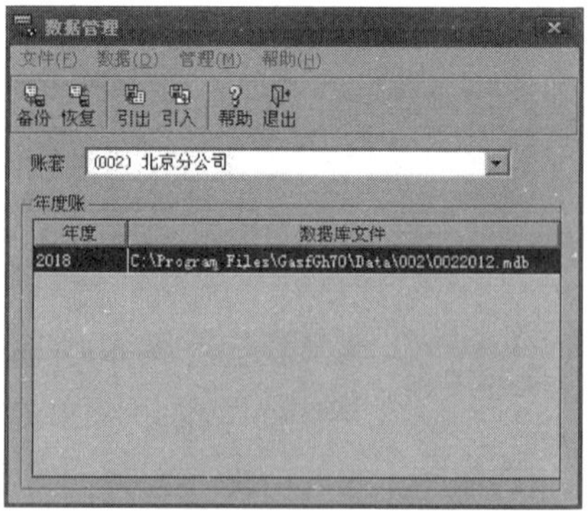　　　　　　图 4.31　数据的引入 2

**Step 03** 在"数据"菜单中选择"数据引入"命令，或单击工具条中的"引入"按钮，弹出"数据引入"对话框，如图 4.32 所示。

**Step 04** 双击引出项左侧的方框，选中需要引入的部分选项，或单击"全选"按钮选中所有选项，确认后系统出现提示窗口，如图 4.33 所示。

**Step 05** 单击"确定"按钮后，即开始数据引入操作。

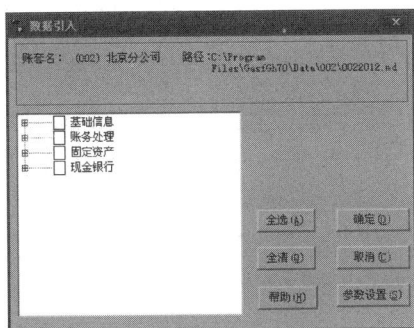

图 4.32　数据的引入 3

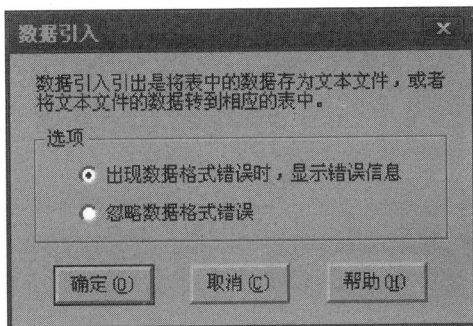

图 4.33　数据的引入 4

# 4.4.5　日志管理

操作日志是记录各用户使用系统的详细情况，便于系统管理员查看每个人的工作详细记录，以及对系统进行维护。

因为系统管理员及其他用户在进行操作后，在日志文件中会有相应的记录。所以，管理员可以根据日志上面记录的操作，来管理其他的用户，能够及时发现违规现象，防范风险。

### 1．日志查询

日志管理包括"日志查询"和"日志删除"。这里重点讲一下日志查询。

日志查询是将记录在系统中的用户使用情况，按指定的条件以列表的形式显示出来，就像一个记录做了什么操作工作的文档。

日志记录的主要内容有：用户名称、进入时间、退出时间、各个子系统、账套名称等。可将查询的日志信息打印出来。

### 2．日志查询流程

进行日志查询的流程如下。

**Step 01** 按照账套名称选择要进行日志查询的账套，如图 4.34 所示。

**Step 02** 选择操作员，可以选择某一用户名称，查询该操作员在系统中的情况，如图 4.35 所示。

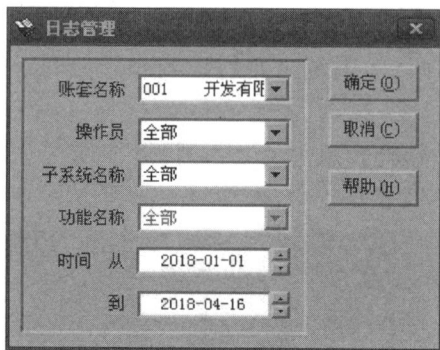

图 4.34　日志的查询 1

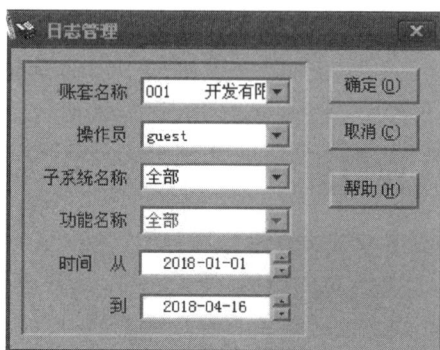

图 4.35　日志的查询 2

**Step 03** 可以查询某一子系统的使用运行情况，如图 4.36 所示。

**Step 04** 可以选择想要查询的系统功能名称以进行查询，如图 4.37 所示。

**Step 05** 输入使用系统的时间段，如图 4.38 所示。

**Step 06** 单击"确定"按钮，屏幕弹出日志管理窗口，显示查询结果，如图 4.39 所示。

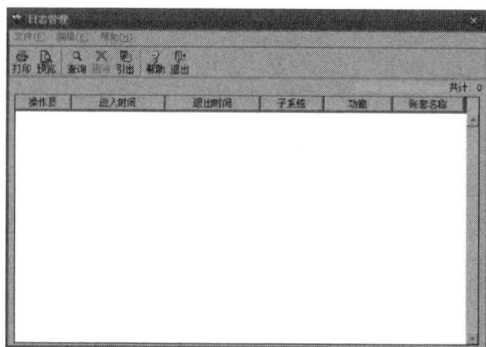

图 4.36　日志的查询 3

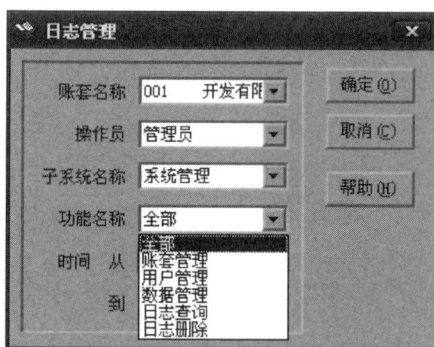

图 4.37　日志的查询 4

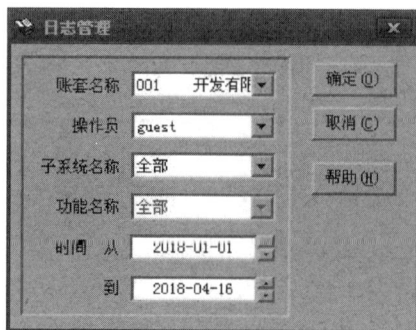

图 4.38　日志的查询 5

图 4.39　日志管理

日志管理中记录着管理员操作的详细记录。

## 4.4.6　账务处理流程图解

在完成上面的初始化和了解基本的管理流程之后，现在来了解如何用该软件进行账务处理。账务处理是整个通用财会软件的核心，它包括期初建账、日常账务处理、月末结账和年末结账。

在这里主要介绍常用操作：建立各种编码和设置账务参数；日常记账凭证处理以及以分类汇总，生成总账、明细账、日记账等账务信息；月末、年末的结转。账务处理操作流程如图 4.40 所示。

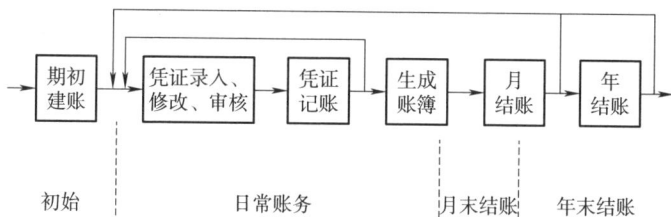

图 4.40　操作流程图

从上图可以看到，账务处理是一个周期性的工作，而且最基本的周期就是会计月度。在每个会计月度内，要依次进行日常账务处理、月度结账。日常账务包括凭证处理、凭证记账、输出账簿等，当日常账务进行到月底，要进行月度结账；当日常账务进行到年底，要进行年度结账。

## 4.4.7　期初建账

财务人员从手工会计过渡到使用财会软件，首先必须将手工账中的有关信息录入到本软件系统中，才能进行日常账务处理，手工记账与账务处理衔接的过程即为期初建账。

期初建账只在开始进行电子记账的时候进行此操作，在期初建账以后，账务处理在此基础上进行。

### 1. 期初建账的流程

（1）基础设置。

编码是计算机存贮数据和查询数据的基础和前提条件。在初次使用通用财会软件时，首先要通过基础设置建立各种编码和设置会计参数。

这些代码表包括：部门、项目、银行、职工类别和职工。如果这些代码表还不能满足核算要求，那么通用软件还提供了由"用户自定义"核算编码的功能。会计参数的设置包括：会计期、货币、会计科目、结算方式、多栏账设置、凭证类型和参数设置。

（2）部门设置。

**Step 01** 部门是指一个公司从行政上划分的一个内部管理机构，如管理部门、财务部门、科研部门等。

**Step 02** 建立公司的部门编码流程。在进行完前面的流程设置后，单击账务系统，通过基础设置按钮，打开基础设置窗口，单击部门图标，出现"部门编码"对话框，如图4.41所示。

**Step 03** 单击"增加"按钮，部门编辑框可以编辑，在"部门代码"文本框中输入01，"部门名称"文本框中输入"财务部"等部门名称，以及在"负责人"文本框中输入"负责人"等信息。然后单击"保存"按钮，在部门框新增一条记录。单击"删除"按钮可删除当前的信息。

（3）会计科目设置。

会计科目是会计核算的基础和核心。在系统管理的账套设置中，已设定会计科目代码总长度、代码级数和各级代码的长度（总长度不能超过25位）。系统内置的会计科目不允许删除修改，也不允许增加一级科目。

**实例4-4 录入中国建设银行存款科目**

如录入中国建设银行存款科目，其流程如下：先单击会计科目图标，屏幕上出现"会计科目"窗口，如图4.42所示。

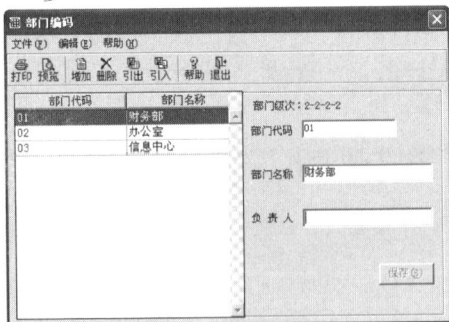

图4.41 建立部门编码

图4.42 会计科目设置

可以看到其中：科目代码、科目名称必须录入。在增加科目时，如果某一科目在本年度已有余额或发生额，本系统允许增加下级科目，处理方法是将该科目的余额或发生额移到第一个增加的下级明细科目中（凭证中的科目代码也同时改为该下级明细科目）。

如果需要对原科目余额或发生额，在增加的下级明细科目间进行分配调整，可以通过制作转账凭证进行记账调整，没有上级科目不允许增加下级科目。

凭证类型：凭证类型是对凭证种类的划分，便于对凭证的管理和查询。在凭证输入前必须确定类型，凭证类型使用后只能修改（修改时，凭证字会同时修改，不能删除）。

不同的单位对凭证格式的要求也不同。有的采用一种凭证格式，即记账凭证；有的采用三种凭证格式，即收款凭证、付款凭证、转账凭证，简称为：收、付、转；有的采用五种凭证格式，即现金收款凭证、现金付款凭证、银行收款凭证、银行付款凭证和转账凭证。个别单位还有更特殊的要求。

本功能可查询当前账套的有关信息，包括单位信息和账套参数，并可重新设置当前账套的有关参数。一般可修改单位的信息，可重新设定小数位数，设置账簿余额方向、系统字体、账簿显示颜色等。

初次使用本系统，必须设置初始余额及累计发生额，把账上各明细科目的年初余额或初始借贷方累计发生额输入系统。一旦正式运行，有关余额及发生额将由系统自动结转，不必每月另行输入。

如果建账月份为 1 月，则只需要输入年初余额；如果不是从年初开始使用本系统，不但要输入年初余额，还要输入建账年度年初到建账月度月初为止的借贷方累计发生额。这样，年末才能获得全年完整资料，才能生成年末报表。

## 2. 建立公司的初始账

如果在上面设置完成的情况下要建立公司的初始账，其流程如下。

**Step 01** 单击"初始账"按钮，打开账务处理初始账的窗口，单击初始账图标，如图 4.43 所示。在该表中可以看到，"科目代码""科目名称""币别"栏目的内容由系统自动列出，其中的内容是在设置会计科目时输入的。

**Step 02** 修改科目余额方向时，选中要修改的科目方向，单击"方向"图标，就能修改一级科目的方向，即借贷方，下级科目默认一级科目的方向。

**Step 03** 在科目 101 的"年初余额"的"本币借方"处输入相应的余额数字，"本币贷方"为空。按照上述方法依次往下输入。

图 4.43　初始账目

Step 04　输入完毕，单击"余额校验"按钮生成初始科目汇总表，如图 4.44 所示。

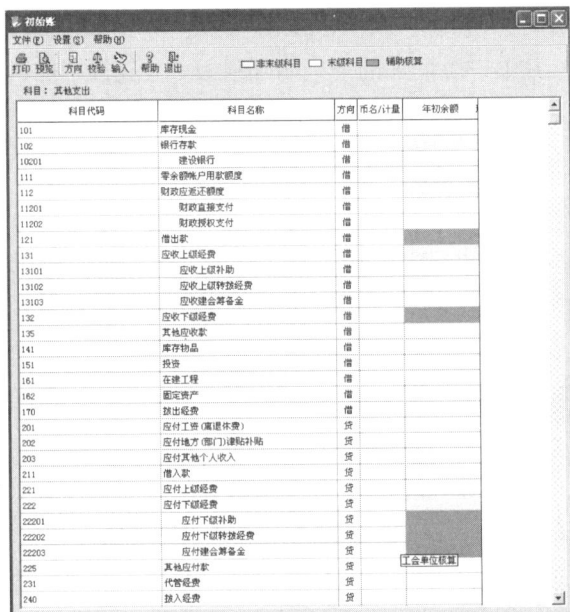

图 4.44　初始科目汇总表

### 3. 生成初始科目汇总表

生成汇总表是对初始建账中各科目的各项金额按照会计等式进行平衡校验，其目的为避免输入的错误。

如果输入的初始余额不平衡，系统将给予提示，就需要进一步去校核，直到修正错误，试算平衡方能生成初始科目汇总表，如图 4.44 所示。

这时才算是初始数据录入完毕，当单击"校验"按钮，屏幕上会显示"初始数据平衡"。

录完以上的流程后，账套可以启用，就可以开始日常账务的处理。如果在第一个月结账前，发现初始余额录入有错，还可对初始数据进行修改，但是月末结账后，初始数据不可修改。

> **提醒：** 初始数据录入完成后，应当做一次数据备份。

至此，通用财会软件中最基础的工作——期初建账过程结束。下一节将介绍凭证处理以及结账工作。

## 4.4.8　凭证录入

凭证处理是会计工作中最繁多也是最重要的工作之一。这里，凭证是指记账凭证，其中凭证处理包括录入、修改、审核等功能。

完成新凭证的录入并保存凭证，是财务软件中使用最频繁的功能。一般的软件在录入过程中，都提供快捷键等工具。在熟练以后，如果使用快捷键录入，可以比使用鼠标录入速度更快。具体流程如下。

**Step 01** 要打开凭证录入窗口，单击"凭证"按钮，弹出账务处理凭证的窗口，单击凭证录入图标，如图 4.45 所示。

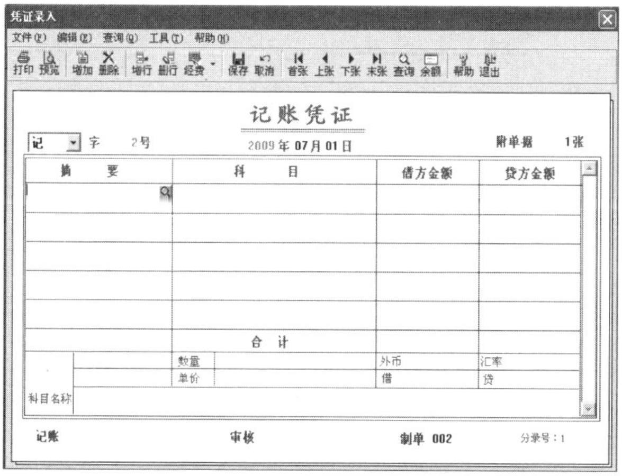

图 4.45　电子凭证录入

**Step 02** 从窗口中可以看到，凭证格式与手工状态基本相同。现在可以像填写手工凭证一样输入电子凭证。

（1）在录入凭证之前，对凭证录入屏幕格式进行简单的说明。凭证录入窗口是典型的 Windows 风格的窗口，如图 4.45 所示，该窗口中有菜单、工具栏和工作区，下面分别进行说明。

（2）年月日：输入凭证的日期，系统默认为登录日期，"年"必须为账套的年度。

（3）附单据（张）：输入所附原始单据张数，系统默认设置为 1。

（4）摘要：选择相应的汉字输入方法输入分录项的摘要，最多可输入 20 个汉字。当增加新的分录项时，系统自动将上一分录项摘要带下来，常常只需稍做修改，即可成为新分录项的摘要。如果用户整张凭证都使用一个摘要，可直接进入科目代码的输入。

> **提醒：** 一般的软件都提供"常用摘要"的功能，在输入时，可从保存的常用摘要里选择所需的摘要，避免多次录入。

（5）自定义摘要：可以自己定义本单位常用的摘要。

（6）科目：直接输入相应分录项的末级明细科目，可在科目栏直接输入科目名、代码或简码，按【Enter】键后，系统自动显示对应的会计科目。

> **提醒：** 录入的是记账凭证，所以必须要求分录项中的科目为末级明细科目，才能确定明细账户。

（7）科目辅助信息：输入核算的有关信息，也可以不填列。输入分录项的借贷方金额。在同一分录中，借方金额必须等于贷方金额，否则无法正常保存。审核系统自动填入审核该凭证的用户名。此项功能在凭证审核时才显示。

（8）制单：系统自动填入录制该凭证的操作员的用户名。

（9）增加凭证：新增一张凭证。

（10）删除凭证：删除当前凭证。

（11）插入分录：在当前分录项前插入一空分录项。

（12）删除分录：删除当前分录项。

（13）凭证查询：对已输入的所有凭证按一定条件进行检索，并将检索出的凭证显示在屏幕上。

（14）上张、首张、下张、末张凭证：打开记账凭证窗口后，如果已经录有凭证，系统默认将所有的凭证都显示在屏幕上，用户可通过"首张""上张""下张""末张"按钮来翻看所查到的凭证；在进行修改时，用户查询到一批凭证后，也可通过"首张""上张""下张""末张"按钮来翻看所查到的凭证。"首张"将该类凭证的第一张凭证显示在屏幕上；"上张"将该类凭证中比当前凭证号小一号的凭证显示在屏幕上；"下张"将该类凭证中比当前凭证号大一号的凭证显示在屏幕上；"末张"将该类凭证中最后一张凭证显示在屏幕上。这四个按钮对应的功能热键分别为【Home】、【PgDn】、【PgUp】和【End】。

（15）保存：将当前凭证存盘。在存入凭证时，系统会对每张存入的凭证自动进行平衡检查，还要进行科目是否为最明细科目的检查以及是否出现资金赤字情况的检查，检查通过才正式存入凭证，否则要求继续修改。

（16）取消编辑：取消对当前凭证所做的最新操作。

（17）打印：将凭证输出到打印机。

（18）退出：结束凭证录入并且关闭该凭证窗口，如果存在没有保存的凭证，系统会提示是否保存。

（19）存草稿：将当前没有录入完毕的凭证保存起来。

（20）取草稿：将上一次保存下来的凭证调出来，可以继续录入未录完的分录。

存样和取样以及存草稿和取草稿，都是为减轻用户录入凭证工作量而提供的简便工具。可以将常用的凭证作为样本保存起来，以后当要输入类似的凭证时，取出所存的样本，稍加修改，即可完成新凭证的录入。

# 4.4.9　凭证录入操作

## 实例 4-5　某公司凭证录入具体操作

某公司 2×20 年 7 月 1 日从中国建设银行基本账户提取现金 2 000 元人民币备用，现金支票单据号 2005。其具体操作流程如下。

**Step 01** 录入一下分录：

　　借：库存现金　　　　　　　　　　　　　　　　　　2 000

　　　　贷：银行存款——中国建设银行　　　　　　　　　　　　2 000

**Step 02** 单击"增加"按钮，光标停在"摘要"栏。

**Step 03** 在摘要栏输入"提现"，按【Enter】键。

**Step 04** 在科目栏输入"1001 库存现金科目"，按【Enter】键，科目栏显示相应的科目名称。如不知科目代码，在科目栏按【Enter】键，屏幕弹出选择科目窗口，操作方法请参见前述。

**Step 05** 在借方金额栏输入 2 000，按【Enter】键，将光标移到摘要栏，系统自动将摘要带到下一个分录。

**Step 06** 进行下一分录的科目、贷方金额的输入，科目处录入"1002 银行存款"，再按【Enter】键，开始科目辅助信息的录入。选结算方式为："现金支票"，结算号为"2005"，按【Enter】键，在贷方金额栏输入 2 000，按【Enter】键，单击"保存"按钮即可生成一张新凭证。

注意，这里的结算方式和结算号将作为支票管理和银行对账的标志。如图 4.46 所示。

图 4.46　提取现金

### 实例 4-6　光华公司发生的业务和会计分录

购入库存物品 10 个，物品单价 200 元 / 个，用中国建设银行存款支付货款 2 000 元，银行结算单据号 1002。其具体操作如下。

借：库存商品　　　　　　　　　　　　　　　　　　　　2 000

　　贷：银行存款——中国建设银行　　　　　　　　　　　　2 000

该凭证与上面凭证的录入方法相同，但在录入第一个分录中的库存物品科目时，会自动弹出辅助核算项"采购货物"及"数量"、"单价"的录入提示，在

"采购货物"项点击放大镜选择核算项"存货"（操作方法同初始账中核算项的选择），并在数量栏录入"10"个，单价栏录入"200"，这样输入数量和单价，作为进行辅助核算的依据，然后生成凭证如图 4.47 所示。

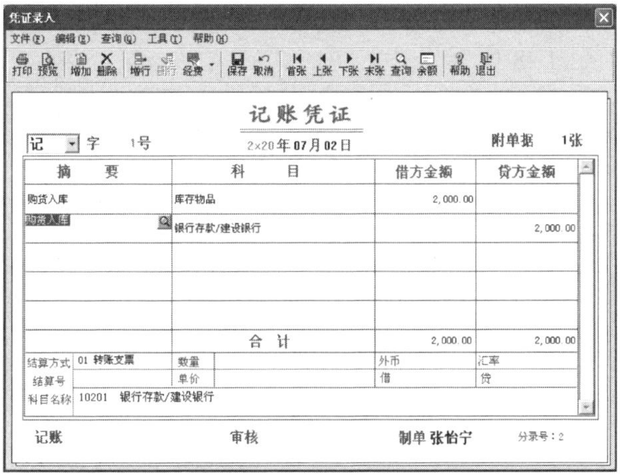

图 4.47　凭证的录入

# 4.4.10　凭证修改、删除与审核

凭证的修改用于修改已经录入但尚未审核、记账的凭证，注意：已记账的凭证不能修改，如有错误，只能通过红字凭证冲销。

若在当前会计期内则可以通过反记账、取消审核，再进行修改。在本软件中，凭证修改也在凭证录入窗口中进行，通过"查询凭证"找到要修改的凭证，然后进行修改。

> **注意：** 凭证修改时，凭证年、凭证号、凭证字不能修改。

凭证的删除。可以通过"编辑"菜单中的命令删除凭证或工具条中的"删除"按钮删除该凭证。

凭证的审核。所录入的凭证，必须经过审核才能进行记账。审核凭证和修改凭证的屏幕格式基本一样。

凭证审核的过程。

● 找到要审核的凭证。

● 对凭证进行审核。

**实例 4-7　对 1 月份所有的凭证进行审核**

对 1 月份所有的凭证进行审核，具体操作流程如下。

**Step 01**　单击凭证处理窗口中的凭证审核图标，打开凭证审核窗口。

**Step 02**　单击"凭证查询"按钮，出现"未记账凭证查询条件"对话框，如图 4.48 所示。

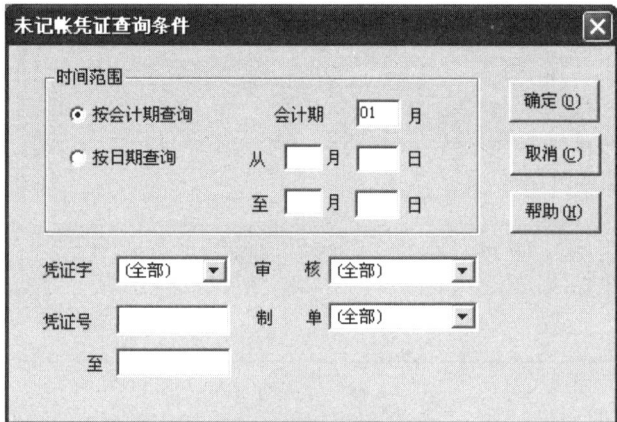

图 4.48　凭证的审核

**Step 03**　单击"按会计期查询"单选按钮，在"会计期"文本框中输入"01"，单击"确定"按钮，系统将 1 月的所有未记账凭证提取出来，当前凭证是 1 月的第一张凭证。

**Step 04**　单击"审核"按钮，可对当前凭证进行审核，审核时，在"审核"栏写入当前用户名，表明该凭证已通过审核。

**Step 05**　单击"下张凭证"按钮，依次调出满足条件的凭证进行审核。

**Step 06**　凭证审核后，单击"消审"按钮可取消审核，并且将"审核"栏清空。

**Step 07**　单击"编辑"菜单，选择"全审"命令，出现提示信息："本功能将对所有非您制单的凭证进行审核，是否继续？"，单击"是"按钮，系统将审核本月的所有凭证。

**Step 08**　单击"编辑"菜单，选择"全消"命令即可取消本月所有的凭证审核。

**注意：** 系统要求审核与制单不能为同一用户，同时，"谁审核，谁取消"，所以凭证消审与凭证审核必须为同一用户。

## 4.4.11　凭证查询、汇总与记账

### 1. 凭证查询

凭证查询是说可以对已输入的凭证按一定的条件进行检索，并将检索的结果显示出来。

在凭证录入中使用查询可查到所有的凭证，其中，已审核记账的凭证不可以修改，供凭证冲销时查看；只有未审核和记账的凭证可以修改。

### 2. 凭证汇总

凭证汇总实现对所有录入的记账凭证按一定条件范围进行汇总，并生成和输出记账凭证汇总表，以便了解某一科目的业务发生量。凭证汇总表也要单独装订成册。

### 3. 凭证记账

执行"记账"操作后，生成各种明细账、总账，同时凭证中的银行分录项，将可以供对账使用；凭证中的往来分录项，可以供往来核销使用；如果没有凭证可以登账，系统将给予提示。处理完成之后，退出凭证记账功能。

**实例 4-8　光华公司凭证记账**

光华公司财务人员需要对 1 月凭证进行记账处理，其具体操作流程如下。

**Step 01**　单击凭证记账图标，屏幕会弹出凭证记账窗口，如图 4.49 所示。

**Step 02**　再根据需要记账的内容单击"记账"按钮即可。

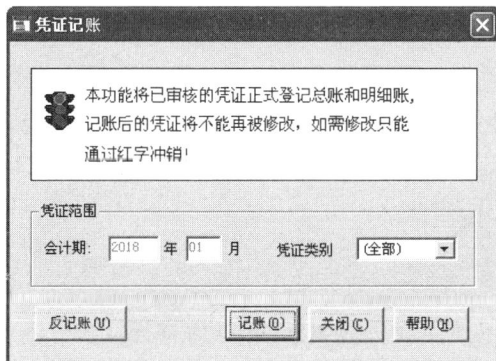

图 4.49　电子凭证记账

凭证一旦记账，就不能再被修改，如果已经记账的凭证出现错误，只能用红字凭证冲销而不能直接修改。

但是，如果是在当期想要修改已经记账的凭证，也可以直接反记账，也就是将凭证记账取消后，再取消审核，然后在凭证录入模块中进行修改。但是此操作

在结账以后不能使用。

## 4.4.12 凭证打印

凭证打印的内容分为两类，即凭证的打印和账簿的打印。打印前应进行设置，包括设置纸张、打印边距、栏目宽度和打印字体。

- 每张标准打印纸 A4 最多可打印两张凭证，如果需要修改，在凭证打印设置中可进行修改。
- 每张凭证的分录数设置为 6 行，如某张凭证分录数超过 6 行时，系统自动把它分成多张凭证来打印。
- 在打印的凭证下方会自动生成"财会主管""制单""审核"等字样。但是要注意的是，要求现金凭证上面应该有"出纳"字样。
- 凭证也可以实现套打。也就是按固定的纸张和固定的格式将选定的多张凭证连续地打印出来。

必须先为套打进行打印设置，然后选择要打印的凭证种类和凭证的时期，比如打印 12 月份的所有现金付款凭证，或者选择由某位财务人员制单的 1 月凭证号 15~25 号的银行收款凭证。

## 4.4.13 凭证冲销

凭证记账后，如果在当年内发现填写错误，与手工凭证一样，可以用一张与原内容相同的冲销凭证，需要在摘要栏内注明"冲销某月某字号某种凭证"字样。

凭证的冲销和凭证的录入是一样的，只是一个反向操作。在输入冲销凭证的时候，首先打开要冲销的凭证，然后做凭证冲销，软件会自动生成一张新的凭证，该凭证和要冲销的凭证内容一样，只是凭证金额变为负数，用红字显示出来，再单击"保存"按钮即可。

### 实例 4-9　光华公司凭证冲销

光华公司的财务人员发现 11 月的银行付款凭证有错误，因为重复记账，现在需要冲销 11 月银行付款第 3 号凭证。

其操作流程如下。

**Step 01** 单击凭证录入图标，打开凭证录入窗口。

**Step 02** 查找到 11 月银行付款 3 号凭证，首先要查看该凭证的内容，是否为要冲销的凭证。

**Step 03** 选择“编辑”菜单的“冲销凭证”命令，然后屏幕会自动弹出冲销凭证窗口，这时输入会计期为 11 月，凭证号为 3，单击“确定”按钮，即可生成一张冲销凭证。

**Step 04** 冲销所新生成的凭证可用凭证查询功能进行查看。最好查看一下银行存款的科目余额，以确保做账的正确性。

**Step 05** 退出凭证录入窗口。

### 4.4.14　生成科目汇总表

在记账完毕以后需要生成该月份的科目汇总表。科目汇总表反映的是该月所选科目的期初余额、借贷发生额、累计借贷发生额和期末余额。这样可以很好地检查录入和保存是否存在错误。生成科目汇总表的流程如下。

**Step 01** 单击科目汇总表图标，屏幕上弹出科目汇总表设置框。需要选择科目级次和币别为“人民币”，以及要检查的会计期（比如 10 月）。

**Step 02** 选中“包括本年累计数”复选框，□出现符号√，表示所输出的科目汇总表包括本年累计数，若不选，则表示所输出的科目汇总表中不包括本年累计数。

**Step 03** 选中“包括未记账凭证”复选框。如果不选中，那么未记账的凭证在科目汇总表里无法显示。

**Step 04** 单击“确定”按钮，输出包括明细科目的汇总表，其显示出来的账页如图 4.50 所示。

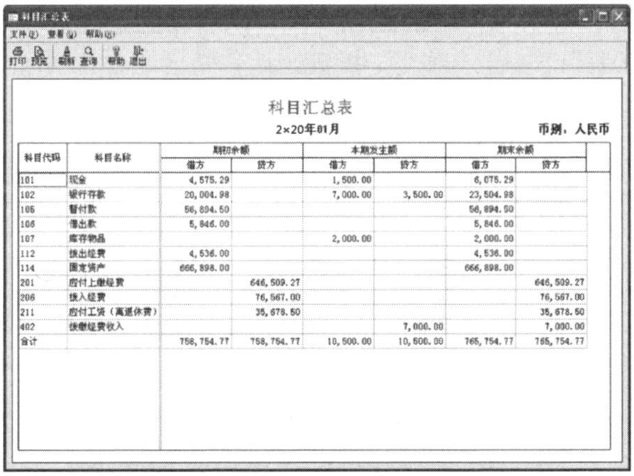

科目汇总表

2×20年01月　　币别：人民币

| 科目代码 | 科目名称 | 期初余额 | | 本期发生额 | | 期末余额 | |
|---|---|---|---|---|---|---|---|
| | | 借方 | 贷方 | 借方 | 贷方 | 借方 | 贷方 |
| 101 | 现金 | 4,575.29 | | 1,500.00 | | 6,075.29 | |
| 102 | 银行存款 | 20,004.98 | | 7,000.00 | 3,500.00 | 23,504.98 | |
| 105 | 暂付款 | 56,894.50 | | | | 56,894.50 | |
| 106 | 借出款 | 5,846.00 | | | | 5,846.00 | |
| 107 | 库存物品 | | | 2,000.00 | | 2,000.00 | |
| 112 | 拨出经费 | 4,536.00 | | | | 4,536.00 | |
| 114 | 固定资产 | 666,898.00 | | | | 666,898.00 | |
| 201 | 应付上缴经费 | | 646,509.27 | | | | 646,509.27 |
| 206 | 拨入经费 | | 76,567.00 | | | | 76,567.00 |
| 211 | 应付工资（离退休费） | | 35,678.50 | | | | 35,678.50 |
| 402 | 拨缴经费收入 | | | | 7,000.00 | | 7,000.00 |
| 合计 | | 758,754.77 | 758,754.77 | 10,500.00 | 10,500.00 | 765,754.77 | 765,754.77 |

图 4.50　科目汇总表

## 4.4.15 生成账簿

在记账完毕以后，需要生成账簿，以保存和归档。其中内容包括怎么生成日记账、明细账、总账、余额表以及账簿打印。

### 1. 日记账

可以从电子系统中直接输出现金科目和银行科目的日记账。

内容包括"借方发生额"、"贷方发生额"和"余额"三栏，还包括"对方科目"和"本日合计"栏。

**实例4-10　光华公司现金日记账**

光华公司财务人员10月记账完毕以后需要输出10月的现金日记账。其操作流程如下。

**Step 01** 单击日记账按钮，打开账务处理中的日记账窗口。

**Step 02** 单击现金日记账图标，出现"现金日记账设置"对话框，如图4.51所示。

图4.51　现金日记账设置

**Step 03** 输入现金科目101后，科目名称和币别自动显示，输入会计期间为"07月—07月"，单击"确定"按钮，屏幕弹出现金日记账如图4.52所示。

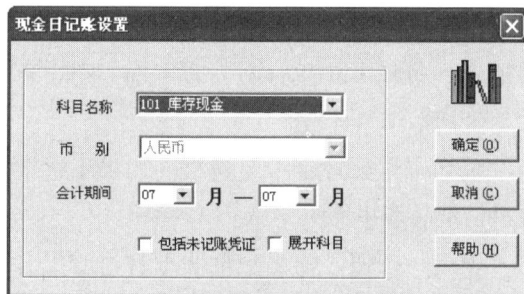

图4.52　电子现金日记账

**Step 04**　单击"退出"按钮关闭现金日记账窗口。

**Step 05**　关闭日记账窗口。

如果想要输出全年的现金日记账那么只要在会计期间中输入"1 月—12 月"即可。

如图 4.51 所示，"现金日记账设置"对话框中有"包括未记账凭证"复选框，用户用鼠标单击复选框前的□时，□中出现√符号，表示所输出的现金日记账包括未记账凭证，在账簿中未记账凭证的摘要前注有 *；再次用鼠标单击□，□的√消失，表示所输出的现金日记账不包括未记账凭证。

> **注意**：此复选框还出现在账簿的其它选项中，操作方法相同。

现金日记账窗口如图 4.52 所示，包含以下按钮。

（1）刷新：该功能重新从数据库取数，生成现金日记账。

（2）查询：单击该按钮会弹出"现金日记账设置"对话框，供用户重新设置会计期间，生成新的现金日记账。

（3）凭证：调入凭证查询窗口，显示账页中当前分录对应的凭证。

输出银行日记账的操作方法和现金日记账相同，这里不重复介绍，输出的账页格式如图 4.53 所示。

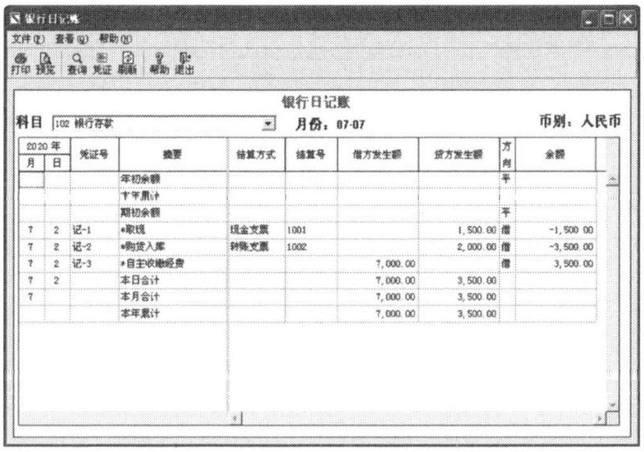

图 4.53　电子银行日记账

**2．总账**

输出银行和现金日记账等明细账以后，需要输出总账。总账是它所属明细账的总括，总账有不同的类型，一般分为科目总账、数量总账、核算项科目总账等。用得最多的是科目总账。

**实例 4-11　光华公司科目总账**

光华公司财务人员在 1 月末记账完毕以后，需要输出按科目汇总的科目总账，其操作流程如下。

**Step 01** 单击总账图标，打开总账窗口。

**Step 02** 单击科目总账图标，弹出"科目总账设置"对话框。单击放大镜图标选择会计科目。如果不选则默认为全部，显示出来的科目总账会包括全部科目的内容，然后选择会计期间为"01"。如果不选择会计期间一般默认为当期。录入科目级次，选中"包括未记账凭证"复选框。

**Step 03** 单击"确定"按钮，科目总账账页如图 4.54 所示。

图 4.54　电子科目总账

**Step 04** 在"科目"项中选择不同的科目，可得到相应科目的科目总账。

**3. 余额表**

生成的余额表包括科目余额表、数量余额表等。用得最多也是最重要的是科目余额表。

科目余额表账页的内容包括如下。

- "年初余额"
- "期初余额"
- "本期发生额"
- "累计发生额"
- "期末余额"

上面的栏目下包括"借方"和"贷方"两个栏目。

科目余额表账簿显示如图 4.55 所示。

图 4.55　电子科目余额表

### 4. 账簿的打印

凭证的打印前面已阐述，打印账簿和打印凭证相同，此处不再赘述。

# 4.4.16　结账

因为要求出纳人员做到日清月结，所以需要每天对账、结账，在电子系统的结账方面有日结、撤销结账、月结、日报表等几项功能。

### 1. 日结

**实例 4-12　光华公司结账**

光华公司财务人员在上月结账以后，在 10 月需要将出纳账结账至 10 月 10 日。其操作流程如下。

**Step 01** 先单击"结账"按钮，打开"日结账"窗口，如图 4.56 所示。

**Step 02** 日结工作可以每天进行，但是如果连续几天没有业务发生，也可以几天结一次账，在结账终止日期框中录入最近的结账日期即可。单击日结图标，打开"日结账"对话框，当前的出纳日期为"2020/10/01"，然后需要把账截止到 2020 年 10 月 10 日，所以在结账的终止日期录入"2020/10/09"。

**Step 03** 单击"确定"按钮，将出纳账结账至"2020/10/10"。

**2. 撤销结账**

既然需要结账，那么有的时候，因为需要更改当期的一些凭证，需要撤销结账。撤销结账是与日结和月结相反的操作。但是平时尽量不要采取撤销结账的方式。因为在撤销的时候系统会提示"撤销结账日期以后的所有记录将被删除，是否继续？"，单击"是"按钮，系统进行结账；单击"否"按钮，系统停止结账操作。

在撤销结账日期框中输入当前结账日期以前的任意日期均可，而撤销结账以后，该日期以后输入的所有记账记录将被删除，同时撤销结账，如图 4.57 所示。

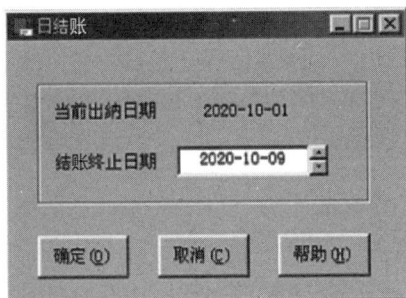

图 4.56　"日结账"窗口

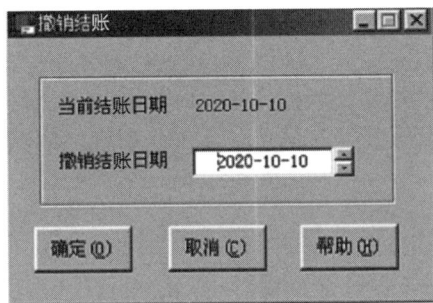

图 4.57　撤销结账

**3. 月结**

除日结以外，还需要在每月月底进行月结工作。

首先双击月结图标，单击"确定"按钮，即可对当前的账务进行月结账。

月结和日结并不会冲突，所以如果月结的时候有未进行"日结"的工作日，月结账仍可进行，系统会同时把当前月所有工作日结账。同样，月结账后仍可在"撤销结账"中撤销结账，但是尽量不要撤销结账，月结如图 4.58 所示。

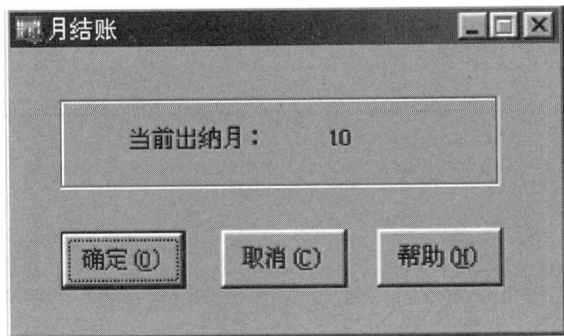

图 4.58　电子月结

### 4. 日报表

日报表是一种专门针对出纳的报表，顾名思义，每天都可以生成日报表，它反映的是当天的资金情况。在做完出纳日记账以后，在电子系统中打开现金和银行日报表，输入查询日期，单击按钮，就可以轻松地查看当天的现金和银行科目的发生额和余额。

## 4.5　会计账簿的装订和归档

会计账簿的装订和归档，与前面章节中的凭证装订一样，会计账簿在年度结账后，应按时整理装订，进行归档。

**注意**：如果像现金日记账等本来就是订本式的账簿，可以不用装订，但是要进行逐页逐本的检查，然后予以归档。

### 4.5.1　装订和归档的基本要求

#### 1. 账簿的检查

**Step 01** 按翻开账簿的扉页，按账簿启用表的使用页数核对，看账页数是否齐全，序号排列是否连续，是否有断号，漏号的情况。

**Step 02** 如果需要装订，要在检查无误后按账簿封面、账簿启用表、账户目录、该账簿按页数顺序排列的账页、账簿封底的顺序装订。

#### 2. 账簿装订要求

考虑到出纳人员实际工作中会遇到账簿装订的问题，所以此处作进一步介绍。

**注意**：因为有的企业采用订本式账簿，直接手工记账，这样不用装订账簿，但也有很多企业采用电子记账的方式，所以打印出来的账簿需要进行装订。

**Step 01** 整理已登记的账页，账页数填写齐全，用牛皮纸做封面、封底，装订成册。这里的装订方法可以参考前面章节介绍的"凭证的装订"。账簿的装订也可以采用外包的方式到专门广告制作或者大型复印店进行装订。

**注意：** 装订出来的账簿应该牢固而且不能有毁损折角、订错、漏掉页码等情况。账簿的封口处也要加盖有关的公司印章。

**Step 02** 按照年为单位，对账簿的册数进行编号，并且写在封面上。账簿封面以银行日记账为例，如表4.4所示。

**实例4-13  银行日记账账簿封面**

表4.4  账簿封面

_____有限公司

_____有限公司_____分公司

银行日记  账

年　度 2020年　　全 宗 号____　　类　别 银行日记账_____

保管期限____年　　会计处理号____　　卷　号_____

共　册　　　第　册　　　本册共　张

需要注意的是，多栏式账、三栏式账等不同类型的账不能混装，应按同类的业务、同类的账页装订在一起。

**Step 03** 在账簿的封面上填写好账目的种类，编好卷号，在账簿里会计主管人员必须签章。装订好的账簿，以明细账为例，如图4.59所示。

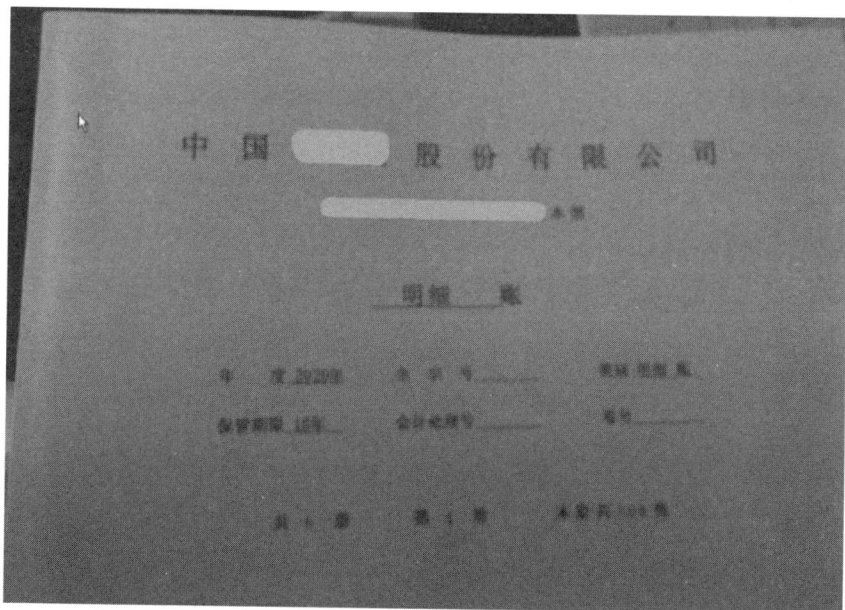

图 4.59　会计明细账簿

## 4.5.2　账簿的保管期限

不同种类的账簿有不同的保管年限，大部分的账簿保管期限是 30 年，账簿在保管期限届满以后，可以根据程序进行账簿的销毁。

## 4.6　老出纳支招

出纳人员在一个年度开始时，该如何启用新账以及如何修改错登记的账簿呢？下面具体来做出解答。

## 4.6.1　年度开始时怎样启用新账

出纳人员为什么到了年初经常都在购买新的账本，这和账簿本身的新旧没有关系，而是为了能够完整清楚地反映各个会计年度的财务状况和经营成果。所以，在每个年度开始时，都要启用新的账簿，并把上年度的会计账簿归档保管。

企业需要每年更换新账的账簿种类包括了现金日记账、银行存款日记账，像固定资产明细账或固定资产卡片这些可以跨年使用，所以不必每年更换新账。

那么如何启用新账呢？具体步骤如下。

**Step 01** 在一个年度年终结账的时候，把有期末余额的账户的余额结转到下年度新账簿的相应账户中去。

**注意**：账户必须对应，不能出现错误。也就是将有余额的账户的余额直接记入新账簿中对应账户的余额栏内，这里不需要编制记账凭证。

**Step 02** 在下年度新开账户的第一行，填写日期是 1 月 1 日时，"摘要"栏注明"上年结转"字样，这里就不是像后面的账页上是"承上页"的字样。

**注意**：上年结转余额计入"余额"栏的数字，需要注意余额方向，如果上年度该账户为借方余额，那么转至本年度新账内仍为借方余额，如果上年度该账户为贷方余额，转至本年度新账内仍是贷方余额。在一个年度过后启用新账以后，应该对期初数进行检查。

## 4.6.2　登记账簿时写错怎么办

出纳人员在长时间的工作中，手写出错很正常，那么在不允许随意涂改的账簿上，把金额或者摘要写错该怎么办呢？

遇到这种情况不要着急，此时应该把红色的墨水笔拿出来，在写错的原始数字上打一个横杠划掉，然后在划掉的数字上方，用蓝色的墨水笔写上正确的数字。

这里需要注意的是，虽然用红笔划掉了原始数字，但是绝对不是乱画，不能来回地打横杠甚至把写错的数字遮掉，要保证改错后的账簿看起来依旧整洁，数字仍然清晰可见。

要达到这一要求，出纳的基本功就显得非常重要，平时如果写数字的时候只占空格的二分之一，那么改起错来就很方便，否则就会没有地方书写更正后的数字，如图 4.60 所示。

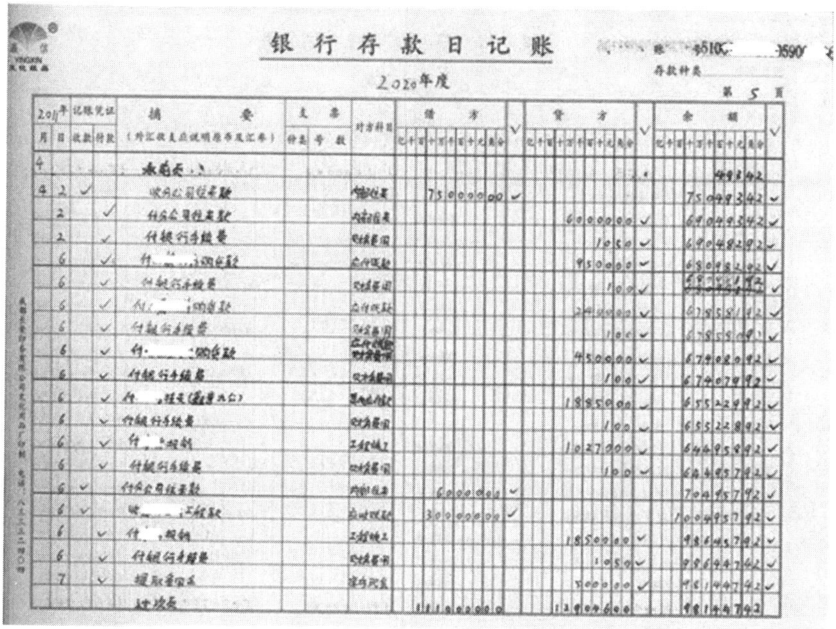

图 4.60　日记账错误改正范例

# 第 5 章

## 现金管理和现金收支

　　大家在正式经手出纳工作之后，不可避免的
会与现金打交道。现金管理是出纳工作中的重中
之重，当然，现金管理也是出纳工作中最为复杂
繁重的工作。本章就来学习如何管理现金。

## 5.1　现金管理概述

现金是企业资产中流动性最强的资产，所以企业持有一定数量的现金是为企业开展正常生产活动，保证企业一些零星的支出，这都是现金的优点。

但是，现金的缺点在于它是获利能力最弱的一项资产，不像银行存款那样还有利息，所以如果当企业持有过多的现金，会降低其获利能力，而且大量的持有现金也不安全。

现金的管理要与其持有现金的动机联系起来考虑，企业持有现金的动机有三种。

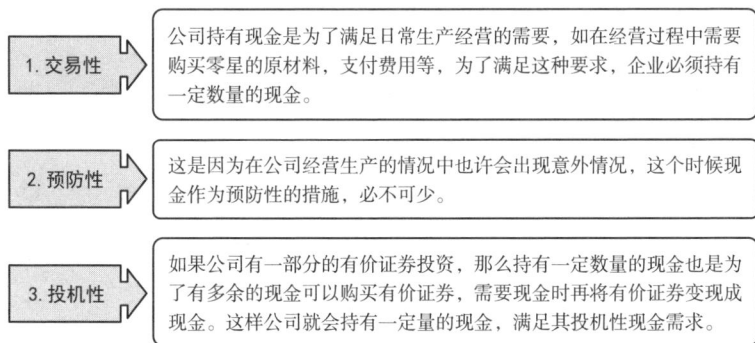

| 1. 交易性 | 公司持有现金是为了满足日常生产经营的需要，如在经营过程中需要购买零星的原材料，支付费用等，为了满足这种要求，企业必须持有一定数量的现金。 |
| --- | --- |
| 2. 预防性 | 这是因为在公司经营生产的情况中也许会出现意外情况，这个时候现金作为预防性的措施，必不可少。 |
| 3. 投机性 | 如果公司有一部分的有价证券投资，那么持有一定数量的现金也是为了有多余的现金可以购买有价证券，需要现金时再将有价证券变现成现金。这样公司就会持有一定量的现金，满足其投机性现金需求。 |

所以从上面可以看出，现金管理需要同时兼顾上面的几项需求动机，既要提高资产的获利能力，不要持有过多的现金，又要满足上面三种动机的需要，保证经营生产的正常进行。

所以，在进行现金管理的时候应该尽量做到以下两点。

- 在满足需要动机的基础上尽量减少现金的持有量。
- 在满足现金需要的情况下加快现金的周转，把现金用"活"用好。

## 5.2　现金管理的原则

我们从上面知道了现金管理的目标，那么现金管理的原则是什么呢？现金管理有哪些制度要求呢？

总的来说，现金管理有三项大的制度，作为出纳来说，这三项制度都非常的重要，可以说缺一不可，这三项制度如果在工作中哪怕只有一项理解和执行得不到位，都很容易给自己的工作带来相当负面的影响，大家一定要在工作中培养现金管理的意识，掌握工作的原则和尺度。

### 1. 钱账要分开

这项制度是出于内部控制的目的，它包括了很多措施，最基本的体现就是，出纳不得兼任稽核人员、会计档案保管人员和收入、费用、债权、债务账目的登记工作。另外，公司还可以让出纳登记一些和库存现金、银行存款不产生对应关系的账簿。简而言之，出纳管"钱"，就不允许再管"账"，不能出纳既经手现金和银行的收付，又经手全部账务的处理工作和档案的保管工作。

管"钱"的出纳和管"账"的会计应该是互相监督的关系，不是谁高谁低的关系。

### 2. 现金审批制度

这项制度绝大部分公司都很看重，一般都有细致规定，因为它关系到企业的切身利益，它包括如下方面。

（1）规定企业库存现金的开支范围；也就是哪些费用以及多少金额以下可以用现金支付，而哪些情况不允许。

（2）规定报销的流程，规定库存现金支付业务的报销手续；现金的支付一般都很严格，有严格的报销流程。

（3）规定现金支出的审批权限，也就是哪些职位哪些特定人员才有审批现金支出的权限。

### 3. 日清月结制度

这项制度是出纳的基本制度，可以说是对出纳工作考核的一个准绳，它要求每天的库存现金和现金日记账的余额相符，每月的月末银行日记账的余额和银行账户的余额核对无误。具体有如下方面内容。

（1）随时登记和清理现金日记账。

（2）清理现金收付款凭证，避免遗漏和重复，对于付过款的原始凭证及时打上标记。

（3）每天进行现金盘点，有不相符的情况马上查明原因，每月取得银行的对账单，与银行日记账核对。

## 5.3 现金开支范围

对于现金开支的范围，根据国务院的《现金管理暂行条例》的规定，只可以在下面规定的范围内使用现金。

（1）发给职工的薪酬和奖励，包括发放的职工工资和津贴，个人劳务方面的报酬，根据规定发给个人的各种奖金，如科学技术、文化艺术、体育，以及各种劳动保护，福利费用及对个人的其他支出。

（2）如果向个人收购农副产品或者其他物资，需要用现金支付的价款。

（3）有职工需要出差，需要携带的差旅费。

（4）在结算起点以下发生的零星支出，也就是说如果高于结算金额，而款项性质又不在前面所列的范围内，那么不能通过现金来支付。

从上面的规定可以看出，现金支出的范围主要用于支付日常的借款，也就是职工备用金、工资，以及小额费用的报销。其他的付款则以银行直接转账或者开出支票来支付。

## 5.4 现金收支的原则

按照现金管理的原则，财务人员一定要重视现金收支手续，出纳与会计要分清责任，严格执行账钱分管的原则，相互制约，加强现金收付业务的手续。

### 5.4.1 现金收支原则

（1）公司应按规定编制现金收付计划，并按计划组织现金收支活动，如果超过计划的支出要打报告说明，并且尽量避免计划外支出。

（2）公司的出纳工作和会计工作必须分工，做到相互制约，其中现金的收付和保管应由出纳人员专门负责办理，非出纳人员不得经管现金。

（3）现金收入必须当天入账，超过库存限额的当天送存银行，当日送存到银行实在有困难的，应取得开户银行同意后，按双方协商的时间送存。在取得现金收入的时候应开具收款收据；收入现金签发收据与经手收款，按要求也应当分开，由两个经办人分工办理，如销货收入应由销售人员负责填制发票单据，出纳人员出具收款收据，以防止舞弊。

（4）执行现金清查盘点制度，这样可以保证现金安全完整。出纳人员必须每天盘点现金数，与现金日记账的账面余额核对，保证账实相符。公司的会计部门必须定期或不定期地进行清查盘点，及时发现或防止差错以及现金被挪用、贪污、盗窃等。如果出现与账面不符的长短款情况，必须及时查找原因并且追究相关责任。

（5）不能利用银行存款账户代其他单位、个人存入或支取现金。公私一定要分明，不能把自己的现金和公司的现金混在一起，不能代替别的公司或者个人保管现金，这些都是很严重的违纪现象，一定要高度重视，予以杜绝。

（6）现金支出都要有原始凭证，上面必须有经办人和批准人员的签名，经过主管领导和有关人员的依次审核后，在最后出纳人员根据合法的票据才能付款，在付款后，应立即加盖"现金付讫"的戳记，妥善保管。

## 5.4.2 现金的支出与单据

现金的支出按不同的情况有不同的单据，应该按照不同的款项性质做不同的记录。

现金报销单上应该有报销人、财务部长、总会计师、总经理的签字审批（如果报销人有其他的直属领导也应该有该位主管领导的签字）、报销的日期、票据的张数（张数需要用中文大写）和票据的金额（中文大写和阿拉伯数字）。

报销单上还应该有列支的科目和该笔报销款的具体用途。在付款后加盖付款当天"现金付讫"章。现金报销单如表 5.1 所示。

表 5.1 费用报销审批单

费用报销审批单

_____公司

部门：（公章）　　　　　　20　年　月　日

| 报销人 | | 部门负责人 | | 分管领导 | |
|---|---|---|---|---|---|
| 财务部长 | | 总会计师 | | 总经理 | |
| 单据张数 | | 金额 | | 人民币<br>（大写） | ￥ |
| 列<br>支<br>科<br>目 | | | | | |
| 事<br>由 | | | | | |

稽核：　　　　　　　　　　　　　　　　　20　年　月　日

在这种情况下，支付现金应该做会计分录如下。

借：管理费用——办公费用 / 差旅费用（按照费用的事由性质划分）

　　贷：库存现金

现金借款单（挂支单）如表 5.2 所示。

表 5.2　现金借款单

借　款　单

部门或单位：（公章）　　　　　　　　　　20　年　月　日

借款人姓名：　　　　　　　　　　部门负责人：

借款事由：

借款金额（大写）　　　　　　　　　　Ұ

借款类别：　　　　　　　　　　票据号码：

主管领导：

领款人签章：

财务部长：

总会计师：

总经理：

从上面的现金借款单（挂支单）可以看到，有借款人的部门名称、借款事由、借款金额（中文大写和阿拉伯数字）、领款人、主管领导、财务部长、总会计师、总经理的亲笔审批。并且加盖借出现金当天的"现金付讫"章。

在这种情况下，应该支付现金并且作如下会计分录。

借：其他应收款——备用金（借款人姓名）

　　贷：库存现金

## 5.4.3　现金借款单实例

### 实例 5-1　填写现金借款单

小李是光华公司的出纳，今天一上班，职工小吴拿着单据来报销。小李先看单据上面有按照报销规定的签字，然后看单据上的发票无误后，按照单据金额支付给小吴 880 元的现金。因为小吴的单据是购买办公用品的发票，事由上写着购买新员工办公用品，所以小李在自己的现金账上做如下记录。

摘要：付小吴报销办公费

借：管理费用——办公费用　　　　　　　　　　　　　　880

　　贷：库存现金　　　　　　　　　　　　　　　　　　　　880

然后职工小黄拿着已经签完字的现金借款单来找小李，挂支差旅费用（备用金）1 000 元，小李看过借款单上的签字以后，按单据支付给小黄 1 000 元现金，然后根据借款单做如下记录。

摘要：付小黄挂支备用金

借：其他应收款——备用金——小黄　　　　　　　　　1 000

　　贷：库存现金　　　　　　　　　　　　　　　　　　　1 000

下午，司机小石拿着已签完字的加油费以及停车费用来找小李报销，其中加油费 600 元，停车费 37 元，小李先是确认了发票真实、金额正确，随后确认了各个签名无误后支付了司机小石 637 元现金。由于把两笔款项直接归集记为 637 不方便查账管理，所以小李把付司机小石的报销做成两笔分录。

摘要：付司机小石报销小车费

借：管理费用——差旅费　　　　　　　　　　　　　　600

　　贷：库存现金　　　　　　　　　　　　　　　　　　　600

摘要：付司机小石报销小车费

借：管理费用——差旅费　　　　　　　　　　　　　　37

　　贷：库存现金　　　　　　　　　　　　　　　　　　　37

## 5.5　现金的收入

我们看过现金支出的情况以后，再来看现金的收入。对于现金的支出，一定要严格按支付流程办事，一定要谨慎，支付的金额一定要当时做记录，不能堆积在一起，这样容易出现错误。现金的收入，需要分清楚钞票的真伪，以及搞清楚收入的来源。

### 5.5.1　库存现金收入来源与注意事项

库存现金收入的来源有三种：银行存款的提取、销货或者劳务等营业收入、应收账款和其他应收款的收回。

现金收入的注意事项。

（1）现金收入必须是经过规定的程序并附上被认定的收入票据以及凭证。

（2）现金收入票据的时间与凭证文件的日期，与出纳者的记账无异或无错误。

（3）所收入的现金，要在当天或第二天存入银行。

（4）如果是在公司的项目部、各营业所、工厂等分支机构的营业收入，应毫不迟疑地立刻送回总公司。

### 5.5.2　现金的收入业务与收据本填写

现金的收入业务，除银行转账之外，是一项重要但是同时也最具危险性的业务。收款经办者应该有专人，特别是收款业务较多的单位，收款人员应只负责处理收款业务，避免其他的业务，否则容易出现问题。特别是收款人员兼任付款业务甚至销售业务、购买业务，就会存在内部控制上的漏洞，应该极力杜绝。

对于收到的现金，根据收到款项的性质不同，如销售收入、押金、内部人员退还的预借差旅费等，应该在清点现金完毕后，开出收据。

收据本可以在一般的文具店购买，开出的收据如图 5.1 所示。

从图中可以看到，开出的现金收据上应该有收据开出的日期（和收到现金的日期应相同）、收到现金的事由，其中要写明缴款人的姓名，填列中文大写金额和阿拉伯小写数字金额。

图 5.1　现金收据

需要注意的是，如果大写数字后几位有零，应该依次写"零"，不能直接划掉或者不填来代替，在收据的下方应该有会计、出纳、经手人的亲笔签字，加盖收款单位的印鉴，并且一式三联，其中一联留底，另外两联撕下来，一联做账，一联给予缴款人作为收款凭据。

## 5.5.3　收据填写实例

现金的收入有不同的情况，如收到他人备用金返还的时候，应该在现金清点无误后，开出收据，并且做如下会计分录。

借：库存现金

　贷：其他应收款——备用金（借款人姓名）

下面来看一个实例。

### 实例 5-2　填写收据

光华公司的出纳小李上班后，收到职工小黄出差归来，来返还差旅费用。小黄向小李提供了差旅费报销的票据共 700 元，小黄一共挂支 1 000 元，这次缴回现金 300 元。在清点现金无误以后，小李做如下记录。

摘要：收小黄返备用金

借：库存现金　　　　　　　　　　　　　　　　　　　300

　贷：其他应收款——备用金——小黄　　　　　　　　　　300

另外，收到的小黄报销差旅费用的单据还应该做一笔转账凭证将小黄的借款冲销，分录如下。

摘要：小黄报销差旅费

借：管理费用——差旅费　　　　　　　　　　　　700

贷：其他应收款——备用金——小黄　　　　　　　　　700

## 5.6　现金的核算

对于现金，应该怎么核算呢？首先，要知道，现金是序时核算的。

所谓序时核算，指根据现金的收到和付出，按照业务顺序发生的先后，逐日逐笔地记录现金的增减及结存情况。按照这种方式登记现金日记账来记录现金的收到和付出，以及结存情况。

现金日记账一般采用借方、贷方及余额三栏式格式。现金日记账有三栏，已经在三栏式账簿图片中见过。其中，现金日记账的收入和付出，是由每天根据现金的收付款凭证登记的。要注意的是，需要根据手续完备，签字完全的原始凭证和记账凭证入账。

为简化现金日记账的登记手续，出纳人员对于同一天发生的相同经济业务，也可以汇总一笔登记。

每日终了时，出纳人员应做好以下各项工作。

（1）在每天工作结束的时候，应该根据当天的发生额，结出"本日收入"合计，"本日付出"合计，然后计算出本日现金余额，然后将现金余额计入"结余"栏。

（2）接下来需要将得出的现金余额与库存现金的实际余额相核对，正常情况下二者应该完全一致。如果出现不一致，应及时查明原因，如果是差错应该及时更正，使账实相符。

（3）应该将现金结存量保持在一个固定的数量内，如果现金的余额超过库存现金的限额，应该根据规定及时送存银行。如果库存现金存量太少，那么应该及时到银行揙取现金，以备不时之需。在每月终了时，还应在现金日记账上结出月末余额，并同现金总账科目的月末余额核对相符。

现金日记账的格式也可以采用多栏式现金日记账。在此种格式下，每月月末，要结出与现金科目相对应各科目的发生额合计数，并据以登记有关各总账科目。如果有外币现金的企业，应分别按人民币现金、各种外币现金设置"现金日记账"进行序时核算，不能混同。

## 5.7　现金的提取

出纳人员在需要现金的时候，应该怎么提取呢？下面来看现金的提取程序。

### 5.7.1　签发现金支票

有关现金支票的格式、使用范围、填写要求等参见本书第7章的有关内容。

提取现金应该填写专门的提款单，经过财务主管（或者规定的审核人）签字以后，才能领取现金支票，在填写完现金支票后，应该把现金支票的回单联粘贴在提款单上，作为原始凭证据以入账。

现金提款单如表5.3所示。

表 5.3　现金提款单

| 单位： | 20　年　月　日 |
|---|---|
| 提款用途 | 备用金 |
| 提款金额（大写） | |
| 提款金额（小写） | ￥ |

审核：　　　　　　　　　　　　　　　　　　　　提款人：

### 5.7.2　取款步骤与清点钞票注意事项

出纳人员拿着签发的现金支票到银行取款时，具体步骤如下。

**Step 01** 出纳人员把现金支票交给银行对公部门有关人员进行审核，在审核无误后会领取到号牌。

**Step 02** 根据自己所领取的现金号牌等待取款，银行的出纳人员对支票进行审核，核对印鉴和密码，办理规定的付款手续，手续齐备后送到对公取款柜台。

**Step 03** 对公取款柜台的人员会呼叫领取单位或者相应的号牌，取款人应立即回答，并回答银行经办人员所要取款的数量，核对无误后银行柜台人员直接付款。

**Step 04** 在领取现金的时候，一定要在银行柜台当面点清金额，不能离柜。

**Step 05** 出纳人员回单位后要进一步清点。清点现金时，一般应先检查封签、类别和把数是否相符，然后再具体点钞。

一般点钞都是先看钞票的捆数是否正确，比如提取 20 万元现金，一般银行都是一捆钞票用皮筋或者纸条封装，一捆一万元，要先看钞票是不是有 20 捆。在捆数正确的情况下，再开始具体核对每捆钞票里面的具体全额。

清点的时候应当注意以下几点。

（1）如果有条件的话，清点现金不要一个人进行，应该由两位及两位以上的财务人员清点。

（2）出纳人员在清点钞票的时候应该将每捆钞票分清楚，把每张清点清楚，清点过的捆数应该做好记号放到一边，不要混淆。不要急着把捆钞的封装纸或者皮筋丢掉，要等清点完毕，钞票入库以后，再扔掉。

（3）出纳人员在清点中发现有残缺、损伤的票币以及假钞应立即向银行要求调换。

（4）所有现金应清点无误后才能发放使用，切忌一边清点一边发放，否则一旦发生差错将无法查清。

（5）出纳人员在清点过程中，特别是回单位清点过程中，如果发现确有差错，比如银行付款与实际取款额有误，应将所取款项保持原状，通知银行人员，妥善进行处理。

## 5.7.3　记账与记账实例

各单位用现金支票提取现金，应根据支票存根编制银行存款付款凭证，其会计分录如下。

借：库存现金

　　贷：银行存款

该银行付款凭证见第 3 章的图 3.3。

下面来看一个例子。

**实例 5-3　记账**

光华公司的出纳小李根据今天现金支出的需要，到银行提取备用金 10 000 元。在开出 10 000 元的现金支票后小李做如下记录。

摘要：提取备用金

借：库存现金　　　　　　　　　　　　　　　　　　　　10 000

　　贷：银行存款——（银行开户行名称）　　　　　　　10 000

## 5.8 现金的送存

我们在了解如何提取现金以后，还需要懂得现金的送存。为什么要把取来的现金又送存回银行账户呢？那是因为库存现金有一个库存限额。

**1. 什么是库存限额**

库存限额是为了保证日常支付按规定允许留存的现金的最高额。库存限额不是自己规定的，是由基本户开户行按照 3~5 天日常零星开支所需现金确定要求核定的。

**2. 库存限额存在情况**

（1）如果远离银行机构或交通不便，银行可以依据实际情况适当提高库存限额，但根据银行规定，库存限额的用量最高不得超过 15 天。

（2）如果有一些临时性的机构，如营业网点、分公司、项目部等，因为是独立核算而且需要保留一定量的现金，所以也要核定库存现金限额。

（3）如果没有单独开立账户，这部分的库存现金限额可以包含在银行统一核定的库存现金限额里。

（4）如果有零售门市部，也需要保留备用金找零使用，这部分的限额可根据业务经营需要核定，就不包括在银行给核定的库存现金限额之内。

**3. 库存限额的结算公式**

库存现金限额的计算方式一般是：

库存现金＝前一个月的平均每天支付的数额（不含每月平均工资数额）× 限定天数

**4. 办理库存现金限额的程序**

**Step 01** 填制现金库存限额申请批准书。

**Step 02** 报送开户银行签署审查批准意见和核定数额。

**5. 库存现金限额注意事项**

（1）库存现金限额一旦确定以后，应严格遵守。

（2）每日现金的结存数不能超过核定的限额。

（3）超过的及时送存银行。如果因生产和业务发展、变化需要增加或减少库存限额时，可以向开户银行提出申请，经批准后，方可进行调整，自己不能擅自超出核定限额增加库存现金。

## 5.9　现金的保管要求

出纳人员在现金的保管方面有如下的要求。

（1）如果有超过库存限额以外的现金，应在下班前送存银行。

（2）为加强对现金的管理，除工作时间需要的小量备用金可放在出纳人员的抽屉内，其余则应放入出纳专用的保险柜内，不得随意存放。

（3）限额内的库存现金当日核对清楚后，一律放在保险柜内，不得放在办公桌内过夜。

（4）库存现金的纸币和铸币，应实行分类保管。出纳人员应对库存票币分别按照纸币的票面金额和铸币的币面金额，以及整数（大数）和零数（小数）分类保管。

## 5.10　现金的清查与现金盘点表

如果出现库存现金余额和账上金额对不上的情况，应该怎么办呢？这个时候，出纳人员不要着急，先看看是不是有以下的情况。

- 接连收到几笔款项，然后缴款者登记错的情况。
- 收款清点后，发生加错金额、看错金额、看错小数点，点错尾数等差错。
- 用机器点完一把钞票，拿起来捆扎时，没有看清接钞台上是否仍留有人民币，或者在捆人民币的时候，产生一把多、一把少的现象。
- 逐笔核对付出的现金情况，看是否存在付出有差错的问题，如果发现立刻纠正。

在每月月末还有不定期进行抽查的时候，盘点现金后填列一张库存现金盘点表，如表 5.4 所示。

表 5.4　库存现金盘点表

**库存现金盘点表**

| 单位： | |
|---|---|
| 　截止日期：　　年　月　日 | |
| 　盘点日期：　　年　月　日 | |
| 实有现金盘点记录 | |

库存现金盘点表

| 面值 | 张（枚）数 | 金额（元） |
|---|---|---|
| 100 元 | | 0.00 |
| 50 元 | | 0.00 |
| 20 元 | | 0.00 |

库存现金盘点表

| 单位： | |
|---|---|
| 截止日期：　　年　　月　　日 | |
| 盘点日期：　　年　　月　　日 | |

实有现金盘点记录

| 面值 | 张（枚）数 | 金额（元） |
|---|---|---|
| 10 元 | | 0.00 |
| 5 元 | | 0.00 |
| 2 元 | | 0.00 |
| 1 元 | | 0.00 |
| 5 角 | | 0.00 |
| 2 角 | | 0.00 |
| 1 角 | | 0.00 |
| 5 分 | | 0.00 |
| 2 分 | | 0.00 |
| 1 分 | | 0.00 |
| 合计 | 0 | 0.00 |

会计主管：　　　　　　监盘人员：　　　　　　出纳员：

　　参考上表，可以看到库存现金盘点表上应该有盘点的时间、与实际金额核对的现金账面的时间、盘点单位的名称、钞票的张数和各自的金额、会计主管、监盘人员、出纳员的确认签字和加盖的财务印鉴。

　　这样才表示现金余额与账面金额已经一致，现金盘点表应该在每月月末进行盘点现金的时候放在现金支付凭证的最后一页。在不定期盘点现金的时候，也应该放入此表。

## 5.11 老出纳支招

　　现金业务经常遇到内部员工的借款，这是现金管理中的难点和重

点。因为各种原因，有的职工会拖欠归还备用金。如果挂支的备用金金额较大，那么会带来较大的风险。

## 5.11.1　内部员工借款挂支的注意事项

（1）如果是外部单位的人员借款，或者虽然是内部人员但是非公务，一律不准申请借款。

（2）内部人员借款时，要看借款的员工是否有权限借现金。这需要遵守公司的管理规定。对于没有权限借款的人，不能予以借款。如果是有权借款的内部人员，也需要填写借款单，并且得到领导的批准。

（3）在用报销票据报销的时候，一定要先结清借款，财务上有个原则，"前不清、后不借"，也就是说，一个人先还清以前的借款，才能继续报销或者借支。这是为了杜绝有的人借款后不及时归还，甚至出现其他严重问题。

（4）借款要及时清查，催促其尽快还款或者报销，并且把情况及时向领导汇报，尤其涉及金额重大的，更要注意。

（5）如果是试用期或者临时员工的借款，应该由部门经理负责审核并签署视同担保的意见，总经理签准后才能借支。

（6）如果有员工离职，也必须先结清借款后才能结算离职工资。

同时，在借出去资金以后，及时清理备用金是重点工作。

在月末，季末都需要清理备用金，查清现在借出的备用金的款项和性质，并且催促借款人及时归还或者按财务手续予以报销，如果确实不能归还或报销的，需要写明具体的原因。

## 5.11.2　清理备用金通知及相关表格

下面以某个总公司财务部下达的清理备用金通知以及相关表格为例，如表 5.5 所示。

表 5.5　清理备用金的通知

| 签发： | | | 部门核稿： | |
| --- | --- | --- | --- | --- |
| | | | 办公室核稿： | |
| 编号 | 2020-090 | 拟稿人 | 杨 | 电话 |
| 主送：管内各单位 | | | | |
| 标题：关于清理备用金的通知 | | | | |

为进一步规范备用金管理，提高资金使用效率，有效地控制非生产性资金占用额度，满足审计署的审计要求，经研究，决定在 2020 年 9 月份备用金清理工作基础上，在全局范围内再次组织清理备用金挂账工作。

具体要求通知如下：

一、加强领导

各单位领导要高度重视清理备用金挂账工作，加强组织领导，由总会计师（财务负责人）牵头，财务部门负责，指定专人协调相关部门进行全面清理，并对每名挂支人员提出具体清理意见。

二、清理范围

凡是 2020 年 2 月 28 日前挂列在备用金账下或虽未显示在备用金账下，但实质是备用金性质的挂支，均在这次备用金清理范围之内。

三、相关要求

（1）本次清理要求在 2020 年 2 月 28 日之前全部完成。

（2）做到"前账不清，后账不挂"，避免备用金滞留在个人名下时间过长，影响当期经营结果。自 3 月份起，没有合理的原因，备用金挂账金额从挂款人工资中扣款，直至清理结束为止。

（3）施行"问责制"。以"谁挂支，谁负责，谁清理"为原则，将清账落实到人，避免推诿。

（4）各单位要填报备用金清理情况统计表；对清理未完的原因进行专题分析并形成分析报告，于 3 月 5 日前将报电子版资料报局机关财务科。

（5）局财务部将在各单位清理完毕后进行抽检，并对清理不彻底或前账未清、后账继续挂支的单位将予以通报批评。

（6）2020 年 9 月份起全局备用金清理工作完成较好的单位和部门有下列这些单位：

以下清理表要求在清理完备用金的时候提报。

附件：2020 年备用金清理情况统计表
备用金清理情况汇总表

填报单位：

| 序号 | 姓名 | 所在部门 | 截止至 2020 年 12 月末余额 | 截至 2020 年 2 月末余额 | 余额是否正确 | 能否清理 | 2 月 28 日前清理金额 | 不能清理金额 | 不能清理原因 |
|---|---|---|---|---|---|---|---|---|---|
| 1 | | | | | | | | | |

续上表

| 序号 | 姓名 | 所在部门 | 截止至 2020 年 12 月末余额 | 截至 2020 年 2 月末余额 | 余额是否正确 | 能否清理 | 2 月 28 日前清理金额 | 不能清理金额 | 不能清理原因 |
|---|---|---|---|---|---|---|---|---|---|
| 2 | | | | | | | | | |
| 3 | | | | | | | | | |
| 4 | | | | | | | | | |
| 5 | | | — | — | | | — | — | |
| 6 | | | — | — | | | — | — | |
| 7 | | | — | — | | | — | — | |
| 8 | | | — | — | | | — | — | |
| 9 | | | — | — | | | — | — | |
| 10 | | | — | — | | | — | — | |
| 11 | | | — | — | | | — | — | |
| 12 | | | — | — | | | — | — | |
| 13 | | | — | — | | | — | — | |
| 14 | | | — | — | | | — | — | |
| 15 | | | — | — | | | — | — | |
| 16 | | | — | — | | | — | — | |
| 17 | | | — | — | | | — | — | |
| | 合计 | | — | — | | | — | — | |

总会计师：　　　　财务部长：　　　　报表：　　　　联系电话：

光华公司集团财务部<br>二〇二年二月二十二日

# 第 6 章

## 账户的管理

　　管理现金和银行存款是出纳需要熟练掌握的基本技能，前面的章节学习了如何管理现金，现在来学习如何管理银行存款。在本章，大家一起来学习怎样办理银行账户的开立和撤销等事宜，怎样有效地管理银行账户。

## 6.1　银行账户的管理

我们在了解如何管理银行账户之前，先要了解国家对于公司账户的规定、银行账户管理的规定及账户的备案规定。

## 6.1.1　国家对于公司账户的规定

银行存款是公司存放在银行或其他金融机构的货币资金，如果有外币的话，还要包括外币。

**1. 公司银行账户的规定**

按照国家有关规定，独立核算的单位必须在当地银行开设独立的银行账户，并且在银行开设账户以后，除按核定的限额保留库存现金在公司外，超过限额的现金必须及时存入银行。

> **提醒：** 公司不能因为方便而把大量的现金存放于公司内部。

按照国家《支付结算办法》的规定，除规定的范围内可以用现金直接进行支付外，其他任何在经营过程中所发生的收付款业务，都必须通过开立的银行账户，在银行账户办理存款、取款和转账等结算，不得直接使用现金，同时办理银行结算业务要遵守中国人民银行颁布的《银行账户管理办法》的各项规定。

> **提醒：** 公司应该用银行按照事先规定的结算方式，将款项从付款单位的账户划出，再转入收款单位的账户。所以，公司不仅要在银行开立账户，还应该在账户内存入足够可供支付的存款。

**2. 银行存款账户的类型**

银行存款账户也有不同的类型，比如基本存款账户，它是办理日常结算和现金收付的主要账户。

比如员工的工资、福利费、零星的报销等现金的支取，只能通过基本存款账户办理而不能通过别的账户来办理。一个公司只能选择一家银行的一个营业机构开立一个基本存款账户。

（1）一般存款账户。也就是平时说的一般户，是企业在基本存款账户以外办理转存的账户。一般户是不能办理现金支取业务的。

（2）临时存款账户。它是公司因为临时经营活动而开立的账户，一般都开在公司经营活动的当地，其目的是通过临时账户办理转账结算和现金收付等业务。

但是临时账户只有一个比较短的有效年限。而专用存款账户是企业因特定用途而特别开立的账户。

在银行开立好账户后，就可以在开户银行购买银行的票据和结算凭证，如支票、电汇凭证、进账单等，用以办理银行存款的收付款项。并且按规定存库存现金，把其他所有货币资金都存入相应银行。

## 6.1.2 账户管理的规定

在银行办理支付结算时，应当认真按国家各项管理办法和结算制度执行。

### 1. 《支付结算办法》规定

按照中国人民银行 1997 年 9 月 19 日颁布的《支付结算办法》规定如下。

（1）不准签发没有资金保证的票据或支票，借以套取银行信用。

（2）不准签发、取得和转让没有真实交易或债权债务的票据，套取资金。

（3）不准无理拒绝付款，占用他人资金。

（4）不准违反规定开立和使用账户。

### 2. 账户的使用和开立的原则以及规定

（1）应该以实名开立银行结算账户，并对自己出具的开户以及变更、撤销等申请资料的内容的真实性负责。不能伪造，变造资料开户。

（2）应该在注册所在地开立银行结算账户。比如为了临时经营活动的需要可以按规定在异地（跨省、市、县）开立银行结算账户。

（3）可以自主选择银行开立银行结算账户，除法律规定以外，任何单位和个人不得强令到指定银行开立银行结算账户。

（4）不得利用银行结算账户进行偷税、逃税、逃避债务、套取现金等一切违法犯罪活动。

（5）应该加强对预留银行签章的管理，如果因为管理漏洞因此出现的经济问题由自己承担。

（6）在收到对账单和对账信息后，应及时核对银行存款余额并及时向银行回签对账回单予以确认，及时发现账务问题。

（7）不得出租、出借银行结算账户，不利用银行结算账户套取银行信用或进行洗钱活动。

（8）开立成功的银行结算账户，实行生效日制度，亦即在单位银行结算账户正式开立之日起三个工作日内，除资金转入和现金存入外，不能办理付款业务，三个工作日后方可开始办理付款业务。

## 6.1.3　关于账户的备案规定

在开立银行账户以后，根据《中华人民共和国税收征收管理法》的规定，应该在开立基本存款账户和其他存款账户之日起 15 天以内，将其银行账户的账号向主管税务机关以书面报告的形式备案。

如果是银行账户发生变化的，如账户名称、账号、账户性质发生改变，应该在变化之日起 15 天以内，向主管税务机关出具书面报告。除报送报告表外，同时应该报送银行开户许可证的复印件。

如果没有按照规定将开立的全部银行账号向税务机关报告，由税务机关责令限期改正的同时，可以处两千元以下的罚款；如果情节严重，处以两千元以上一万元以下的罚款。

## 6.2　银行账户管理模式

账户管理有不同的管理模式，一个科学的适合公司自身情况的银行账户体系是资金有效运作的基础。按照核算清晰、集中管理的要求，选择银行所能提供的账户模式。

账户管理模式的选择要依靠公司自身的业务需求来定。不同规模的企业有着不同的账户管理模式，一般来说，有三种账户管理的模式：收支两条线模式；二级账户联动模式；财务管埋集中模式。

### 1. 收支两条线模式

所谓收支两条线，顾名思义，收入和支出在不同的"线"上，就是说收入和支出要分开。收支两条线的管理模式要求开立一个或者一个以上的收入专户，一个或者一个以上的支出专户，实行收入和支出账户分开管理的模式。

在公司内部设置在"总公司结算中心→子公司"，或在"子公司→下属分支机构或者项目部"之间进行收支两条线管理。收支两条线的模式便于进行资金的来源管理和资金的支出用途控制。

### 2. 二级账户联动模式

如果公司有很多下属机构，比如临时经营的项目部、分公司，那么把总公司的账户设置一级账户，把下属的分公司、分支营业机构设置成二级账户。

为什么要区分一级和二级账户呢？因为一级账户是二级账户的上级，对二级账户起到统驭作用，二级账户就像一级账户的明细账户一样，可以进行自己独立的收付款业务。

同时，所有二级账户的资金收、付款业务可以在一级账户中查询到，这种模式便于资金集中和管控，也便于不同的账户分开独立地使用资金。特别是一些公司有很多异地的分支机构，更适用于这种模式。

### 3. 财务管理集中模式

财务管理集中模式，它针对的是比较大型的企业，其中又分为两种不同的形式。

（1）分级管理模式。由总公司对下面的分公司直接进行管理，并且对下面的二级及其子账户进行监控；各子公司下管一级、监控自己所属的子账户。利用与高级网上银行系统集中管理和调度子公司二级账户的资金，监控所有账户的资金状况；同时子公司也利用网上银行系统管理、调度和监控其下属分支机构的账户资金状况。

（2）扁平管理模式。即总公司结算中心直接下管和监控下面的两级子账户，子公司财务权全部上收至总公司的资金结算中心。总公司资金结算中心利用与网络银行系统直接管理和调度公司内部包括子公司及其下属分支机构账户的资金，直接监控所有账户的资金状况。

以上三种不同的模式各有特点，适合不同的情况，在需要管理下属的分支机构的时候，应该根据自身的实际情况予以选择。

## 6.3  银行账户的种类

下面来具体了解一下银行账户的种类，作为一名出纳人员，清楚地了解公司的银行账户情况及其相关的知识是非常重要的。首先，银行账户可以用不同的分类标准进行分类。

## 6.3.1  单位银行结算账户

银行账户按照账户性质来分类，可以分为四种。账户性质在开立账户的时候就予以确定，并且按照规定开立银行账户后，账户性质会标注在银行印鉴卡上。

1．**基本存款账户**

基本存款账户，是一个公司最"基本"的账户，也是开立银行账户时首先开立的账户，无论是申报税款，开立一般银行账户，都需要先开立基本存款账户。

只能选择一家银行的一个营业机构开立一个基本存款账户，不得同时开立一个以上的基本存款账户。现金支取，如发放员工工资，报销费用等，都只能通过基本存款账户办理，它可以说是最重要的账户。

2．**一般存款账户**

一般存款账户，是除基本户以外开立的用来办理银行结算业务的其他银行账户，所以这个账户只能办理银行的结算业务，而不能支取现金，但是可以办理现金缴存业务。一般银行账户可以办理多个。

3．**临时存款账户**

临时存款账户，指因为临时需要，如临时在异地进行的经营活动而开立的银行结算账户。

临时存款账户和基本户一样，可以办理银行结算业务和现金的缴存和支取业务，但是临时存款账户在开立账户的时候有时效限制。根据规定，有设立临时机构、异地临时经营活动、注册验资情况的，可以申请开立临时存款账户。

临时存款账户的有效期最长不得超过两年。在临时存款账户两年到期以后，如果还需要在当地办理银行结算业务，只有重新开立临时存款账户，没有办法到期续开。

4．**专用存款账户**

专用存款账户，顾名思义，指按照规定，对有特定用途的资金进行专项管理和使用而开立的银行结算账户。

对下列资金的管理和使用，可以申请开立专用存款账户。

（1）基本建设资金、更新改造资金。

（2）财政预算外资金。

（3）粮、棉、油收购资金。

（4）证券交易结算资金、期货交易保证金、信托基金、政策性房地产开发资金。

（5）单位银行卡备用金。

（6）住房基金、社会保障基金。

（7）党、团和工会的组织机构经费。

（8）其他需要专项管理和使用的资金。

## 6.3.2 核准类账户与备案类账户

银行账户按照是否需要中国人民银行的核准来分类，可以分为以下两类。

**1. 核准类银行账户**

核准类账户，指经过中国人民银行核准后才可以开立的银行结算账户。核准类账户包括以下四种。

（1）基本存款账户。

（2）临时存款账户（不包括注册验资和增资验资开立时需要开立的账户）。

（3）预算单位专用存款账户。

（4）中国人民银行按规定需要核准的一些专用存款账户。

**2. 备案类银行账户**

与上面的核准类账户相对应，只需要通过普通银行系统向中国人民银行营业管理部备案即可，不需要通过中国人民银行审核。

备案类账户包括以下三种。

（1）一般存款账户。

（2）非预算单位的专用存款账户。

（3）个人银行结算账户。

## 6.4 开立银行账户的条件

（1）开立单位银行账户需要营业执照，所以应该先办理工商注册登记，领取到营业执照，然后办理税务登记，领取税务登记证。

（2）开立银行账户需要公司的印章，包括公章和法人章。所以在领取到营业执照以后，应该先去刻制公司的印章，需要刻制的印章包括公司公章、财务专用章和法人章。

> **注意：** 刻制公司印章不是去刻章公司就可以直接刻制的，刻制公司公章需要携带营业执照原件及复印件、法人身份证原件及复印件、经办人身份证原件及复印件、法人授权书去所在地公安局申请办理，得到批准后方可去公安局指定的刻章公司刻制印章。

印章刻制好后，可以去公司注册办公地点就近的银行，或者选择合适的银行网点询问开立账户事宜。

选择在什么银行开立账户的时候，一定要考虑各种综合因素，包括开立基本账户的银行网点离公司的距离，不同银行的政策和特色，如有没有一些优惠政策，银行的服务水平。

不是所有的银行营业网点都可以开立公司银行账户，有一些银行的分支机构，营业网点较小，没有对公出纳部门，不具备开立公司银行账户的条件。

但是有一些银行营业网点，特别是像省分行网点这种大型的营业点，在那里开立银行账户的公司很多，在办理公司银行业务的时候一般需要等待较长的时间。

## 6.5　开立银行账户的流程

开立单位在开立银行账户的条件都已具备，印章刻制完毕，选定开户银行以后，便可以去选定的银行办理开户手续。

## 6.5.1　开立基本账户

首先，开立单位需要开立基本账户，在账户开立以后再开立银行账户。

### 1. 开立基本账户需要的资料

开立基本账户一般需要携带以下资料。

（1）营业执照原件和复印件。

（2）法人身份证原件和复印件。

（3）如果经办人不是法人，需要携带经办人身份证原件、复印件和法人的授权委托书。

（4）刻制好的单位公章、财务章、法人章。

> **注意：** 如果是社会团体、民办非企业单位、外地常设机构、社区委员会等这些没有营业执照的组织，在开立银行账户的时候应该出具主管部门的批文或者证明。

### 2. 法人授权委托证明书

法人授权委托证明书内容（样本），如图 6.1 所示。

编号：

委托人姓名：_____

委托人权限：_____

日期：____ 年 ____ 月 ____ 日

第　　　　　号

## 法人授权委托证明书

_____

　　授权我单位　　　　　　　同志现任　　　　　职务为我方授权代理人，其权限为　　　　　　　　　　　　在代理权限、　　　　　　　　　　范围内达成的协议，由我方承担责任，负责履行。

授权单位：　　　　　（公章）

法定代表人：　　　　　（签章）

二〇　　年　月　日

附我方情况：

企业性质：

企业资质：

核准经营（生产）范围：铁路、公路、市政、房屋建筑、水利水电、隧道、桥梁、城市轨道交通、钢结构、土石方、爆破、钢架、土木工程建筑、电力、信号、通信线路安装、电气化、环保水处理、装饰装修、暖通制冷、耳墙施工；锅炉安装（限分公司经营）；对外援助成套项目工程施工；承包境外工程及境内国际招标工程；上述境外工程所需的设备材料出口、对外派遣实施上述境外工程所需的劳务人员；检测试验、工程设计、特种设备安装、维护、保养、改造、租赁；周转材料、机械设备租赁；搅拌混凝土、预制构件（含桥梁构件）、建筑材料、钢材销售。

代理期限：20 年 月 日至20 年 月 日

说明：1. 委托书不准转让买卖。

　　　2. 委托书内容要填写清楚涂改无效。

　　　3. 委托签订的合同不能因法人代表和代理人职称等变动而失效。

　　　4. 委托书作为经济合同的附件提交对方。

图 6.1　法人授权委托证明

　　上面的授权委托书是自行填写委托内容，填写好代理期限，然后加盖公司公章，由法定代表人签字和盖法人章，方可生效。

**注意：**要在代理期限内尽快办理业务，避免过期作废。

### 3. 授权委托书样本图示

授权委托书的内容具体如何书写，如图 6.2 所示。

准备好上面资料以后，盖上单位的公章将复印件缴给开户银行，开户银行会对携带的证件原件和复印件进行核对。

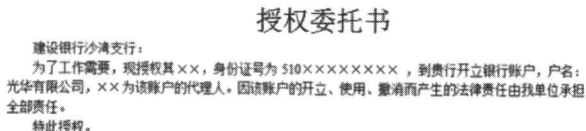

图 6.2　授权委托书

## 6.5.2　开立银行账户

在开户银行填写账户开立申请表以及银行提供的其他表格，如实填写完后盖上公司的印章，提交给银行。

### 1. 账户申请表

账户申请表，也就是银行结算账户申请书，如表 6.1 所示。

表 6.1　银行结算账户申请书（1）

| 开立单位银行结算账户申请书 | | |
|---|---|---|
| 存款人名称 | | 电话 |
| 地址 | | 邮编 |
| 存款人类别 | | 组织机构代码 |
| 法定代表人（　） | 姓名 | 电话 |
| 单位负责人（　） | 证件种类 | 证件号码 |
| 行业分类 | | |
| 注册资金 | | 地区代码 |
| 经营范围 | | |
| 证明文件种类 | | 证明文件编号 |
| 统一社会信用代码 | | |

续上表

| 关联企业 | | | | | |
|---|---|---|---|---|---|
| 账户性质 | 基本（ ） | 一般（ ） | | 专用（ ） | 临时（ ） |
| 资金性质 | | | 有效日期至 | | |
| 以下为存款人上级法人或主管单位信息： | | | | | |
| 上级法人或主管单位名称 | | | | | |
| 基本存款账户开户许可证核准号 | | | | 组织机构代码 | |
| 法定代表人（ ） | 姓名 | | | | |
| 单位负责人（ ） | 证件种类 | | | | |
| | 证件号码 | | | | |

### 2. 单位银行结算账户申请书

开立单位银行结算账户申请书由两部分组成。

（1）申请开户时填写的部分。

（2）由开户银行填写的部分。

由开户银行填写的部分，在填写完成以后在银行审核过后由开户银行填写，在盖上公章和法人章以后，由开户银行和人民银行盖章（如果是需要人民银行核准的账户），如表 6.2 所示。

表 6.2　银行结算账户申请书（2）

| 以下栏目由开户银行审核后填写： | | |
|---|---|---|
| 开户银行名称 | 开户银行代码 | |
| 账户名称 | 账号 | |
| 基本存款账户开户许可证核准号 | 开户日期 | |
| 本存款申请开立单位银行结算账户并承诺所提供的开户资料真实、有效 | 开户银行审核意见 | |
| | | 同意开立存款账户 |
| 单位（公章）　　　　法定代表人 | 经办人签章 | |
| 　　　　　　　　或负责人（签章） | | 银行（业务公章） |
| 　年　月　日 | 　年　月　日 | |
| 人民银行核准意见 | | |

续上表

| | |
|---|---|
| （非核准类账户除外） | |
| | |
| 经办人（签章） | |
| 人民银行（签章） | |
| 年　月　日 | |

### 3. 内设机构（部门）名称开立专用存款账户申请书

开立单位在开立申请书得到核准通过以后，会与开户银行签订一份结算协议，同样需要填写单位全称和账号，以及盖上公章和法人章。

如果是给分支机构的，如项目部、营业所等单独开立银行账户，那么除需要填写开户申请表（如表6.1和表6.2所示）以外，还需要填写内设机构（部门）名称开立专用存款账户申请书，如表6.3所示。

表6.3　内设机构（部门）名称开立专用存款账户申请书

| 存款人名称 | | 内设机构（部门）名称 | |
|---|---|---|---|
| 账户名称 | | | |
| 内设机构（部门）电话 | | | |
| 内设机构（部门）地址 | | | |
| 内设机构（部门）邮编 | | | |
| 内设机构（部门）负责人 | 姓名 | | |
| | 证件种类 | | 证件号码 |
| | | | |
| | | | |
| 内设机构（部门）公章 | | 存款人（公章） | |
| | | | |
| 年　月　日 | | 年　月　日 | |

### 4. 人民币支付结算服务协议

在申请表和提交的资料得到银行的批准以后，银行会与单位签订"×××银行人民币支付结算服务协议"，该协议里面包括使用银行账户中应该遵守的条款，与银行双方都应该履行的义务。

只要在确认无误以后，在银行人员指定的地点签字盖章就可以。支付结算服务协议的封面（以中国建设银行签订的结算协议为例）如表 6.4 所示。

表 6.4　人民币支付结算服务协议

| | | | 合同编号： | ____ |
|---|---|---|---|---|
| | | | 客户编号： | ____ |
| | 中国建设银行<br>单位人民币支付结算服务协议 | | | |
| | | | | |
| | 甲方名称：　　　　　　　____公司 | | | |
| | 法定代表人姓名： | | | |
| | 营业执照（或法人登记证书等）号码： | | | |
| | 组织机构代码证号码： | | | |
| | 通讯地址： | | | |
| | 邮政编码： | | | |
| | 联系电话： | | | |
| | 传真： | | | |
| | 其他信息： | | | |
| | | | | |
| | 乙方：　　　　中国建设银行股份有限公司____ | | | |
| | 负责人姓名： | | | |
| | 经办人姓名： | | | |
| | 通讯地址： | | | |
| | 邮政编码： | | | |
| | 联系地点： | | | |
| | 传真： | | | |
| | 其他信息： | | | |

## 6.5.3　填写银行要求的申请表

　　开立单位除填写上面的开立单位银行结算账户申请书、支付协议以外，申请开户的时候还要填写银行要求的申请表。

### 1. 密码支付器的申请

　　进行银行结算需要支付密码器，在开立账户的时候，应该填写申请支付密码器的表格并且盖上公章，财务专用章和法人名章，以中国招商银行为例，支付密码业务申请表（以城市商业银行为例）如表 6.5 所示。

表 6.5　支付密码业务申请书

| _____市商业银行支付密码业务申请书 | | |
|---|---|---|
| 申请单位名称 | | |
| 账号 | 单位地址 | |
| 企业代码 | 开户许可证号 | 对应支付密码协议编号 |
| 法定代表人 | 联系电话 | 对应支付密码协议编号 |
| 经办人姓名 | 身份证号 | 支付密码器型号、编号 |
| 单位填写 | 遵照与贵行签订的支付密码使用协议的规定，我单位就在贵行开的以下账户： | |
| | 1. 账号 | 账户性质： |
| | 2. 账号 | 账户性质： |
| | 3. 账号 | 账户性质： |
| | 因_____原因，申请办理以下 第_____项业务： | |
| | 壹、申请使用支付密码作为支付依据办理支付结算业务。 | |
| | 贰、申请对支付密码器进行注册。 | |
| | 叁、申请在支付密码器中增加上述账号。 | |
| | 肆、申请删除支付密码器中上述账号。 | |
| | 伍、申请将支付密码器中旧账号：_____变更为上述新账号。 | |
| | 陆、申请在上述同一账号下增加支付密码器，支付密码器编号为： | |
| | 柒、申请更换账号密钥。 | |
| | 捌、申请重新指定签名支付密码器，支付密码器编号为： | |
| | 玖、申请支付密码器解锁。 | |
| | 壹拾、申请支付密码器停用。 | |

续上表

| 单位填写 | 壹拾壹、申请支付密码器重新启用。 | | | |
| --- | --- | --- | --- | --- |
| | 壹拾贰、申请支付密码器挂失作废。 | | | |
| | 壹拾叁、申请停止使用密码器作为支付依据办理支付结算业务。 | | | |
| | 壹拾肆、申请开通通兑业务。 | | | |
| 单位法定代表人或负责人签字： | | | 单位公章 | |
| | | | 年　月　日 | |
| 银行填写 | 银行处理情况： | | | |
| | | | | |
| | 会计主管： | 经办人员： | 业务公章 | |
| | | | 年　月　日 | |

　　填写完成之后，经过银行审核无误后，会与开立单位签订一个支付密码使用协议，需要签名和盖章，然后银行会发给密码支付器。

　　开立单位在领取密码支付器的时候需要带上经办人的身份证，领取人要与支付密码申请表的申领人一致，并且向开户银行缴纳相应金额用以购买密码支付器。

　　注意：密码支付器是办理银行结算的重要工具，它的使用方法会在后面的章节予以讲解。

　　需要注意的是，支付密码器是可以一个密码器支持多个银行账号的，也就是说，在方便管理的情况下，可以只购买一个支付密码器，然后在开立账户的时候，向该开户银行出具已经持有的支付密码器，在银行输入相应的账户信息以后，就可以同一个支付密码器，多个银行账户使用。当然，如果认为这样不好管理，也可以不同的银行账户使用不同的支付密码器。

### 2. 签订银行账户扣费协议

　　开立单位申请开立账户的时候还需要与开户银行签订银行账户的扣费协议，也就是说同意开户银行从这个账户上扣取相应的账户管理费用、手续费等。银行账户扣费协议也需要签字盖章予以确认。

### 3. 签订银行对账协议

开立单位还需要与银行签订账户的银行协议，因为银行账户为了资金安全和资金监督管理，都会定期对账，与银行签订对账协议约定对账的频率和方式等，以商业银行的对账协议为例，如表 6.6 所示。

表6.6　对账服务协议（例表）

| _____市商业银行对账服务协议 |
| --- |
| |
| 甲方：　　　　商业银行_____支行 |
| 乙方：　　　　_____公司 |
| 为加强银行账户管理，维护存款人利益，甲乙双方本着自愿、平等、互利的原则，就定期 |
| 核对银行账务的有关事宜，依据相关法律、法规达成如下协议，并承诺遵守本协议中的各项条款。 |
| |
| 甲乙双方约定的对账方式与频率。 |
| 1. 甲乙双方同意选择下列方式之一进行对账（在□划√）： |
| _____市商业银行对账服务协议 |
| □纸质对账，　即指甲方打印纸式对账单及副本账页给乙方，由乙方核对后反馈纸式对账回单的对账方式 |
| □电子对账，　即指利用电子邮件，甲方向乙方确定的电子邮箱发送电子对账单。 |
| □电话银行对账，即指乙方通过家访的客户服务中心自助办理对账业务。 |
| 2. 甲乙双方共同约定，由甲方根据乙方的账户情况，确定对账频率和对账单送达方式（留行待取或由银行送达） |
| |
| 选择纸质对账方式，双方遵守下列约定： |
| |
| 选择电子对账方式，双方遵守下列约定： |
| |
| 选择电话银行对账方式，双方遵守下列约定： |

续上表

为保证对账的真实有效，经乙方确定以下人员为其对账人（并附加盖乙方公章的身份证复印件）

1. 联系人：＿＿＿＿＿＿　职务：＿＿＿＿＿＿　联系电话：＿＿＿＿＿＿

2. 联系人：＿＿＿＿＿＿　职务：＿＿＿＿＿＿　联系电话：＿＿＿＿＿＿

上述信息如有变化，由乙方以授权委托书形式在变更前通知甲方。

错账处理：　乙方对账中发现错账，应及时通知甲方核实，并作相应调整。

其他事项：

甲方（银行）　　　　　　　　　　　　乙方（企业）：

甲方机构负责人　　　　　　　　　　　乙方法定代表人
　　　　　　　　　　　　　　　　　　（负责人）

或授权代理人：　　　　　　　　　　　或授权代理人：

（盖章）　　　　　　　　　　　　　　（盖章）

年　月　日　　　　　　　　　　　　　年　月　日

### 4. 银行印鉴卡

在填写完申请表和完成协议的签订，并得到银行的核准以后，应按照银行要求，预留财务印鉴，也就是在银行印鉴卡上盖上财务专用章和法人章。银行印鉴卡（正面）以中国建设银行为例，如表 6.7 所示。

预留的银行印鉴（在上面的印模处）是在通过银行对外支付或者办理其他业务、购买支票等时，都必须要有的。银行会仔细核对，确认其印鉴与预留印鉴相符，然后才办理该业务，如支付结算业务等。

填写完预留银行印鉴之后，账户就算开立成功。开立基本银行账户因为需要经过人民银行的审批核准，所以办理完毕需要一到两周的时间。

表 6.7 银行印鉴卡（正面）

中国建设银行

单位全称：　　　　　　　　　　　　　　No.

---

单位名称：　　　　　　　　　账号：

地址：　　　　　　　　　　　邮编：

E-mail：

联系人：　　　　　　　　　　电话：

印模：

---

启用日期：　　年　　月　　日　　注销日期：　　年　　月　　日

## 6.5.4　账户身份证：银行开户许可证

开立完成银行账户以后，银行会发银行开户许可证，这就像账户的身份证一样。银行开户许可证只有基本账户和临时账户才有，一般户没有许可证，银行开户许可证（以基本户为例）如图 6.3 所示。

从图 6.3 可以看出，开户许可证上有人民银行的核准号、编号、公司的全称、准予开户的性质、法定代表人的名称、开户银行的名称、银行账户的账号和批准时间。

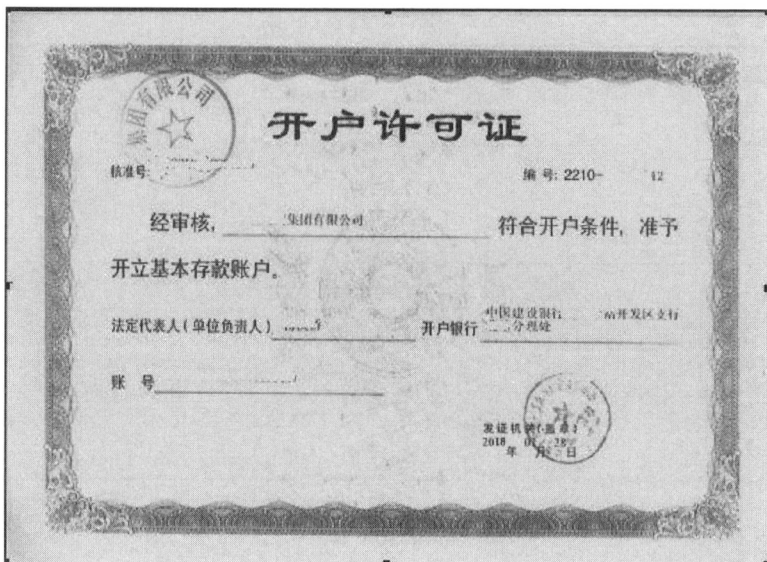

图 6.3　银行开户许可证

> **注意**：开户许可证是公司非常重要的证件，而且基本户的开户许可证会在开立一般账户和专用账户，以及账户年检中使用，所以一定要指定专人妥善保管。

## 6.5.5　开立一般账户、专用账户与临时账户

在银行基本账户开立完毕之后，才能开立一般账户、专用账户和临时账户。

（1）开立一般账户。需要提供的资料和流程与基本账户一样，只是需要额外向开户银行提供基本账户的开户许可证。

（2）开立专用账户。需要提交专用资金的用途证明文件，如开立住房公积金专用账户需要提供单位在当地公积金中心申请缴纳公积金的申请表。但因为备案类银行结算账户不需要人民银行审批，办理起来要快一些。

（3）开立银行临时账户。结算账户的基本流程也和开立基本账户一样，只是需要提供临时开立账户的原因和批准文件。

如临时成立的项目部（跨地区施工需要在当地开户）需要提供除上述资料以外的项目成立文件，如图 6.4 所示。

```
                            _____有限公司文件
                        人 [20    ] 号

    关于_____工程项目经理部的通知
    管内各单位：
    为保证集团公司承揽的_____工程_____施工任务的顺利完
成。经研究，_____公司_____项目经理部。编制组成人员及有
关要求如下：
    一、编制及组成人员
    1. 项目经理：
    2. 项目总工：
    项目经理的其他组成人员另行通知。
    二、有关要求
    1. 项目经理部受公司统一指挥和调度，并对所负责施工的工程项目成本、质量、安全、
进度指标负责，按照集团公司项目管理的有关要求，实行工程项目成本控制管理。
    2. 项目经理部及其组成人员在按照集团公司及建设单位对项目管理的有关要求，建
立健全项目管理制度和管理办法，合理分工，密切协作，确保工程项目施工任务的顺
利完成。
    本通知自公布之日起生效。


    二〇    年  月  日


    _____公司办公室  20  年  月  日印发
```

图 6.4　项目成立文件样本

## 6.6　银行账户的变更、合并、迁移和撤销

随着公司的发展和变化，银行账户也需要有相应的发展和变化，所以经常需要提出变更、合并、迁移或撤销银行账户

### 6.6.1　银行账户的变更

银行账户的变更指更换银行账户的名称。

（1）在公司的性质不发生变化的情况下，需要变更账户名称或者法人的名称，而不变更账号，这就需要变更印章。需要持新变更的营业执照与印章去开户银行，提出变更申请，说明变更的事由，然后预留新印鉴。

更换印章很多时候是因为公司的法人或者经理发生改变，所以需要向银行提交人事变更通知，变更在银行账户预留的法人章。

人事变更通知（更改法人章）的样式如图 6.5 所示。

_____有限公司

通知〔20 〕 号

人事变更通知

_____有限公司_____经理_____同志因为工作调动，任命_____同志担任该经理（或者法人）。

_____有限公司
二零 年 月 日

图 6.5　人事变更通知

（2）公司的名称发生改变，那么在银行预留的财务专用章就要发生改变，也应该向银行提出变更申请，填写申请变更银行账户印鉴的申请表，然后预留新的财务印鉴，废除旧印鉴。

具体怎么更换印鉴呢？其实银行印鉴卡的背面有这个用途，预留更改的新印鉴就是在原来盖有印鉴的银行印鉴卡的背面盖章，同时也要加盖更改前的印鉴章，银行印鉴卡的背面如图 6.6 所示。

图 6.6　银行印鉴卡（背面）

（3）银行账户的变更就是在公司的性质发生变化，如进行体制改革，所有制发生了变化，个体经营户经过联合变成合伙经营户等，这就不仅要变更账户名称，还要变更账号，所以不能在原有的银行账户上进行变更，只能先在银行撤销原来开立的账户，然后重新开立新账户。

## 6.6.2　银行账户的合并

银行账户的合并，指向银行申请合并相同资金来源和相同资金性质的账户，或是两个公司合并后，需要合并各自的银行账户。

合并账户需要下面的流程。

**Step 01** 依据合并账户的理由，向开户银行出示有关证件和有关证明文件，如新公司成立的文件等。

**Step 02** 与银行核对各自的账户账目，包括存款账户余额与贷款余额。

**Step 03** 核对无误后，再经过银行撤销被合并的账户，并将被合并的账户余额划转到保留的账户上。

> **注意：** 这里需要整理被合并账户剩余的支票等重要的空白结算凭证。

**Step 04** 清点无误后，交回开户银行，如果该开户银行同意继续使用的，可以在更改凭证账号后继续使用。

## 6.6.3　银行账户的迁移

银行账户的迁移，指因为公司的地址迁移等原因，向原开户银行提出申请，要求将账号迁往别的地点或者别的银行。

账户的迁移也分不同的情况。

（1）在同一个城市内迁移，需要向原开户银行提出申请，在开户银行同意后，撤销原开户银行账户，交回原账户的开户许可证；然后再在新的银行开立账户。

（2）异地迁户，应该在新的地点先办理新开立账户的手续。新账户开立后，原账户应在一个月内结清，然后注销。

## 6.6.4　银行账户的撤销

银行账户的撤销，指因一些原因，公司向开户银行提出撤销账户的申请。该销户申请经开户银行的审查，并核对其银行存款、贷款账户后，予以办理销户手续。

**注意：** 开户银行在 7 日内向当地人民银行申报，并交回销户者的《开户许可证》。

《银行账户管理办法》规定："开户银行对一年（按对月对日计算）未发生收付活动的账户，应通知存款人自发出通知起 30 日内来行办理销户手续，逾期视同自愿销户。"

基本账户的撤销，需要提供下列资料。

（1）开户许可证。

（2）销户申请书。

（3）剩余的支票等空白票据。

（4）银行预留印鉴卡。

（5）法人身份证原件及复印件。

（6）经办人身份证原件及复印件，法人授权委托书。

（7）公司公章。

（8）工商局出具的"企业注销通知书"，国税、地税注销通知书原件及复印件。

如果不再营业，可以将剩余的银行存款以现金形式取出，若继续营业，可以选择将剩余的银行存款转入别的账户。在销户程序上，基本账户是最后一个撤销的，撤销基本账户之前应该先将一般账户和专用账户撤销，将资金转入基本账户，然后再办理最后销户手续。

## 6.7 银行询证函、银行对账单和银行存款余额调节表

因为财务制度和规定以及监管资金的需要，公司在与银行打交道的过程中接触一些银行业务的单据，它们是银行询证函、银行余额调节表和银行对账单，出纳人员学会这些单据的处理在具体工作中非常的重要，下面一一详细介绍。

### 6.7.1 银行询证函

银行询证函指在被审计事务所审计的时候，以单位名义向开户银行发出的询证性书面文件。该文件用来查验银行存款与借款、投资人（股东）出资情况以及担保、承诺、信用证、保函等其他事项是否真实、合法、完整。银行询证函由出

纳送交开户银行，由开户银行核对并盖章后寄出。

以光华公司为例，银行询证函样本如下。

**银行询证函**

档案号码：C1026/BJA4061

农业银行　（银行）：

　　本公司聘请的德勤华永会计师事务所有限公司正在对本公司财务报表进行审计，按照《中国注册会计师审计准则》的要求，应当询证本公司与贵行的存款、借款往来及其他事项。下列数据出自本公司账簿记录，如与贵行记录相符，请在本函下端"信息证明无误"处签章证明；如有不符，请在"信息不符"处列明不符项目。如存在与本公司有关的未列入本函的其他项目，请在"信息不符"处列出这些项目的金额及其他详细资料。有关询证费用可直接从本公司存款账户（银行账号：）中收取。回函请直接寄至德勤华永会计师事务所有限公司北京分所。

回函地址：中国北京市东长安街 1 号东方广场东方经贸城西二办公楼 8 层

邮编：100738 电话：86（10）8520 7788 传真：86（10）8518 1218 联系人：刘虓

截至 2020 年 12 月 31 日，本公司的银行存款、借款账户余额等如表 6.8~表 6.19 所示。

表 6.8　银行存款

| 账户名称 | 银行账号 | 币种 | 利率 | 余额 | 起止日期（活期/定期/保证金） | 是否被抵押或质押或其他限制 | 备注 |
|---|---|---|---|---|---|---|---|
| 光华公司 | 749001040001756 | RMB | | 227 849.58 | 活期 | 否 | |
| | | | | | | | |

除以上所述，本公司并无其他在贵行的存款。

表 6.9　银行借款

| 银行账号 | 币种 | 余额 | 借款日期 | 还款日期 | 利率 | 其他借款条件 | 抵（质）押品/担保人 | 备注 |
|---|---|---|---|---|---|---|---|---|
| | | | | | | | | |
| | | | | | | | | |

除以上所述，本公司并无其他自贵行的借款。

表 6.10　截至函证日止的一个年度内已注销的账户

| 账户名称 | 银行账号 | 币种 | 注销账户日 |
|---|---|---|---|
|  |  |  |  |
|  |  |  |  |

除以上所述，本公司并无其他截至函证日止的一个年度内已注销的账户。

表 6.11　委托存款

| 账户名称 | 银行账号 | 借款方 | 币种 | 利率 | 余额 | 存款起止日期 | 备注 |
|---|---|---|---|---|---|---|---|
|  |  |  |  |  |  |  |  |
|  |  |  |  |  |  |  |  |

除以上所述，本公司并无其他通过贵行办理的委托存款。

表 6.12　委托贷款

| 账户名称 | 银行账号 | 贷款方 | 币种 | 利率 | 余额 | 贷款起止日期 | 备注 |
|---|---|---|---|---|---|---|---|
|  |  |  |  |  |  |  |  |
|  |  |  |  |  |  |  |  |

除以上所述，本公司并无其他通过贵行办理的委托贷款。

表 6.13　担保（如采用抵押或质押方式提供担保的，应在备注中说明抵押或质押物情况）

| 被担保人 | 担保方式 | 担保金额 | 担保期限 | 担保事由 | 备注 |
|---|---|---|---|---|---|
|  |  |  |  |  |  |
|  |  |  |  |  |  |

除以上所述，本公司并无其他向贵行提供的担保。

表 6.14　尚未支付之银行承兑汇票

| 银行承兑汇票号码 | 票面金额 | 出票日 | 到期日 |
|---|---|---|---|
|  |  |  |  |
|  |  |  |  |

除以上所述，本公司并无其他由贵行承兑而尚未支付的银行承兑汇票。

表 6.15　已贴现而尚未到期之商业汇票

| 商业汇票号码 | 付款人名称 | 承兑人名称 | 票面金额 | 票面利率 | 出票日 | 到期日 | 贴现日 | 贴现率 | 贴现净额 |
|---|---|---|---|---|---|---|---|---|---|
|  |  |  |  |  |  |  |  |  |  |

除以上所述，本公司并无其他向贵行已贴现而尚未到期之商业汇票。

表 6.16　托收的商业汇票

| 商业汇票号码 | 承兑人名称 | 票面金额 | 出票日 | 到期日 |
|---|---|---|---|---|
|  |  |  |  |  |

除以上所述，本公司并无其他由贵行托收的商业汇票。

表 6.17　未完成之已开具而不能撤销信用证

| 信用证号码 | 受益人 | 信用证金额 | 到期日 | 未使用金额 |
|---|---|---|---|---|
|  |  |  |  |  |

除以上所述，本公司并无其他由贵行开具而不能撤销之信用证。

表 6.18　未完成之外汇买卖合约

| 类别 | 合约号码 | 买卖币种 | 未履行之合约买卖金额 | 汇率 | 交收日期 |
|---|---|---|---|---|---|
| 银行卖予公司 |  |  |  |  |  |
| 公司卖予银行 |  |  |  |  |  |

除以上所述，本公司并无其他与贵行未完成之外汇买卖合约。

表 6.19　存放于银行之有价证券或其他产权文件

| 有价证券或其他产权文件名称 | 产权文件编号 | 数量 | 金额 |
|---|---|---|---|
|  |  |  |  |
|  |  |  |  |

除以上所述，本公司并无其他存放贵行之有价证券或其他产权文件。

其他事项（如信托存款、银行提供的担保等，若无除前面所述外的其他事项，则应填写"无"），如图6.7所示。

| 中国建设银行 | | | | | | | | | |
|---|---|---|---|---|---|---|---|---|---|
| **明细查询结果** | | | | | | | | | |
| 开户机构 | 中国建设帐 | 币种 | | 人民币 | | | | | |
| 账号 | | 利率 | | | | | | | |
| 账户名称 | | 账户状态 | | 正常 | | | | | |
| 交易日期 | 交易时间 | 凭证种类 | 凭证号 | 发生额/元 借方 | 贷方 | 余额/元 | 对方户名 | 对方账号 | 摘要 |
| 2020/7/1 | | | | 30,000.00 | -- | 4,240,458.17 | | | 转帐支取 |
| 2020/7/1 | | | | 10.5 | -- | 4,240,447.67 | | | 手续费 |
| 2020/7/1 | | | | 242,558.00 | -- | 3,997,889.67 | | | 转帐支取 |
| 2020/7/1 | | | | 15.5 | -- | 3,997,874.17 | | | 手续费 |
| 2020/7/1 | | 支票 | | 3,970,000.00 | -- | 27,874.17 | | | 往来款 |
| 2020/7/12 | | | | 2,000.00 | -- | 25,874.17 | | | 现金支取 |
| 2020/7/12 | | | | 1 | -- | 25,873.17 | | | 手续费 |
| 2020/7/13 | | | | 3,000.00 | -- | 22,873.17 | | | ATM取款 |
| 2020/7/18 | | 中国建设银行电子转账凭i | | 400 | -- | 22,473.17 | | | 报销 |
| 2020/7/18 | | | | 4,000.00 | -- | 18,473.17 | | | 备用金 |
| 2020/7/19 | | 建设银行进帐单 | | -- | 1,343,000.00 | 1,361,473.17 | | | 交换存入 |
| 2020/7/20 | | 中国建设银行电子转账凭i | | 88,508.27 | -- | 1,272,964.90 | | | 工资款 |
| 2020/7/21 | | 中国建设银行电子转账凭i | | 8,000.00 | -- | 1,264,964.90 | | | 报销 |
| 2020/7/22 | | 建设银行进帐单 | | -- | 1,443,085.00 | 2,708,049.90 | | | 交换存入 |
| 2020/7/23 | | 中国建设银行电子转账凭i | | 3,791.00 | -- | 2,704,258.90 | | | 报销 |
| 2020/7/23 | | 中国建设银行电子转账凭i | | 400 | -- | 2,703,858.90 | | | 报销 |
| 2020/7/25 | | 中国建设银行电子转账凭i | | 615,500.00 | -- | 2,088,358.90 | | | 转帐支取 |

图6.7　其他事项

## 6.7.2　银行对账单

在每一个月的月初，银行会生成一份银行对账单要求出纳予以核对。对账单上面有着该银行账户上个月的所有变动情况，包括每笔银行业务的发生日期、发生额以及存款余额。

出纳以此为依据，核对银行日记账是否正确，是否有遗漏或者差错，并且编制银行存款余额调节表。如果开户银行在月初没有把对账单交给出纳，出纳应该要求银行打印上个月的对账单，并且盖章。

应该把当月的银行对账单放在当月月末的最后一张银行付款凭证后，装订凭证的时候一起装订成册，也可以按照规定，把当年每个月的银行对账单单独装订成册。

银行对账单（以中国建设银行为例）如图6.8所示。

| 中国建设银行 | | | | | | | | |
|---|---|---|---|---|---|---|---|---|
| 明细查询结果 | | | | | | | | |
| 开户机构 | 中国建设银行 | 币种 | 人民币 | | | | | |
| 账　　号 | | 利　率 | | | | | | |
| 账户名称 | | 账户状态 | 正常 | | | | | |
| 交易日期 | 交易时间 | 凭证种类 | 凭证号 | 发生额/元 借方 | 贷方 | 余额/元 | 对方户名 对方账号 | 摘要 |
| 2020/7/1 | | | | 30,000.00 | — | 4,240,458.17 | | 转帐支出 |
| 2020/7/1 | | | | 10.5 | — | 4,240,447.67 | | 手续费 |
| 2020/7/1 | | | | 242,558.00 | — | 3,997,889.67 | | 转帐支出 |
| 2020/7/1 | | | | 15.5 | — | 3,997,874.17 | | 手续费 |
| 2020/7/1 | | 支票 | | 3,970,000.00 | — | 27,874.17 | | 往来款 |
| 2020/7/12 | | | | 2,000.00 | — | 25,874.17 | | 现金支取 |
| 2020/7/12 | | | | 1 | — | 25,873.17 | | 手续费 |
| 2020/7/13 | | | | 3,000.00 | — | 22,873.17 | | ATM收款 |
| 2020/7/18 | | 中国建设银行电子转账凭i | | 400 | — | 22,473.17 | | 报销 |
| 2020/7/18 | | | | 4,000.00 | — | 18,473.17 | | 备用金 |
| 2020/7/19 | | 建设银行进帐单 | | | 1,343,000.00 | 1,361,473.17 | | 交换收入 |
| 2020/7/20 | | 中国建设银行电子转账凭i | | 88,508.27 | — | 1,272,964.90 | | 工资款 |
| 2020/7/21 | | 中国建设银行电子转账凭i | | 8,000.00 | — | 1,264,964.90 | | 报销 |
| 2020/7/22 | | 建设银行进帐单 | | — | 1,443,085.00 | 2,708,049.90 | | 交换收入 |
| 2020/7/23 | | 中国建设银行电子转账凭i | | 3,791.00 | — | 2,704,258.90 | | 报销 |
| 2020/7/23 | | 中国建设银行电子转账凭i | | 400 | — | 2,703,858.90 | | 报销 |
| 2020/7/25 | | 中国建设银行电子转账凭i | | 615,500.00 | — | 2,088,358.90 | | 转帐支取 |

图 6.8　银行对账单

## 6.7.3　银行存款余额调节表

银行存款余额调节表，是在月末编制的显示实际银行存款余额和实际账目余额差额的调节表。

银行存款余额调节表是在银行对账单余额与企业账面余额的基础上，各自加上对方已收、本单位未收账项数额，减去对方已付、本单位未付账项数额，以调整双方余额使其一致的一种调节方法。

银行余额调节表编制步骤如下。

**Step 01** 按银行存款日记账登记的先后顺序逐笔与银行对账单核对，对双方都已登记的事项打"√"。

**Step 02** 对日记账和对账单中未打"√"项目进行检查，确认是属于记账错误，还是属于未达账项。

**Step 03** 对查出的企业记账错误按照一定的错账更正方法进行更正，登记入账，调整银行存款日记账账面余额；对银行记账错误通知银行更正，并调整银行对账单余额。

**Step 04** 编制银行存款余额调节表，将属于未达账项的事项计入调节表，计算调节后的余额。

银行余额调节表如表 6.20。

表6.20　银行存款余额调节表

银行名称：

银行账户名称：

银行账号：

年　月　日 单位：元

| 项　目 | 金额 | 项　目 | 金额 |
|---|---|---|---|
| 银行存款日记账余额 | | 银行对账单余额 | |
| 加：银行已收企业未收款 | | 加：企业已收银行未收款 | |
| 减：银行已付企业未付款 | | 减：企业已付银行未付款 | |
| 调解后存款余额 | | 调解后存款余额 | |

财务负责人：　　　　　　　　　稽核：　　　　　　　　出纳员：

从表6.20可以看出，通过出纳的核对和调节，"银行存款余额调节表"上的双方余额相等，这可以说明出纳和银行的记账都没有差错。

如果经调节仍不相等，要么是未达账项未全部查出，要么是一方或双方记账出现差错，需要进一步采用对账方法查明原因，以及时更正。

在出纳核对无误的银行存款余额调节表上应该有账户全称和账号，调节的日期和出纳，稽核和财务负责人的签字以及财务印章。

**实例6-1　编制银行存款余额调节表**

光华公司的出纳人员小李在2×20年6月1日取得了截止到5月31日公司账户的银行对账单，与自己的银行日记账核对，据此编制5月的银行存款余额调节表。

（1）经小李按顺序打钩核对银行日记账和对账单，现在小李的银行日记账余额为350 050.00元，发现5月28日银行发生的手续费50元在银行日记账上漏做，在月末补做后小李的银行日记账余额为35万元。

（2）小李发现5月31日自己开出的支票10万元已经确认付款，而银行尚未付款，小李把这笔10万元放到银行存款余额调节表的"企业已付银行未付"。

（3）小李发现 5 月 31 日银行自动扣取了 5 月的社保费用 2 万元，还未取得银行单据无法登记银行日记账，小李把这笔 2 万元放到银行存款余额调节表的"银行已付企业未付"。

（4）小李发现 5 月 30 日，银行账户收到一家服装公司划来的存款 5 万元，没有取得单据，未知该笔款项的性质，小李把这笔 5 万元放到银行存款余额调节表的"银行已收企业未收"。

（5）小李发现 5 月 20 日自己确认的一笔收入 30 万元银行账户尚未收到，把这笔 30 万元放入银行存款余额调节表的"企业已收银行未收"。

（6）小李目前的银行日记账余额 35 万元，加上"银行已收企业未收"5 万元，减去"银行已付企业未付"2 万元，得到调节后的存款余额 38 万元。

（7）小李从银行取得的银行对账单上显示，5 月月末银行存款为 18 万元，加上"企业已收银行未收"30 万元，减去"企业已付银行未付"10 万元，调节过后的存款余额为 38 万元。

经过以上环节，也就是错账更正以及未达账项的调整以后，调节过后的存款余额数达到一致，都为 38 万元，如表 6.21 所示。

### 表 6.21　银行存款余额调节表

银行名称：中国建设银行

银行账户名称：光华公司

银行账号：5101005

2×20 年 5 月 31 日　　　　　　　　　　　　　　单位：元

| 项　　目 | 金额 | 项　　目 | 金额 |
|---|---|---|---|
| 银行存款日记账余额 | 350 000.00 | 银行对账单余额 | 180 000.00 |
| 加：银行已收企业未收款 | 50 000.00 | 加：企业已收银行未收款 | 300 000.00 |
| 减：银行已付企业未付款 | 20 000.00 | 减：企业已付银行未付款 | 100 000.00 |
| 调解后存款余额 | 380 000.00 | 调解后存款余额 | 380 000.00 |

财务负责人：吴部长　　　　　稽核：傅会计　　　　　出纳员：小李

## 6.8 老出纳支招

白条，是出纳人员在实际工作中经常遇到的术语，那白条是什么呢？经常在财务制度里面可以看到"禁止白条抵库"，这是为什么呢？

### 6.8.1 白条

一般所说的白条，指开具不符合财务制度和要求的发票、票据、收款证据或者付款凭证，并以其他不符合要求的票据作为代替。

**注意：**白条是一种舞弊，按照财务相关要求，只有从税务部门领取的发票这种正规的报销票据才不是白条。

### 6.8.2 白条出现的情况

白条的出现，大多是因为在实际工作中，有的单位和个人借用单位的现金或银行存款，由于种种原因，钱花掉了，又无法取得正式发票，为弥补库存现金或银行存款出现的短缺，只好用不符合财务制度规定的"白条"来作凭据。

因为白条没有取得合法的票据，没有经过正规的审批，甚至直接在白纸上写上收支款项金额和领取货物等，作为发票来充当原始凭证，不开具正规发票，不盖章，不经过领导和经办人员的签字行为，严格违反财务制度，在工作中要严格禁止"打白条"情况的出现。

# 第 7 章

## 银行结算票据

　　大家在上面的章节学习了如何管理银行账户，在办理完银行账户的相关手续以后，学习怎样通过银行办理结算，怎样转账汇款。这一章的内容在实务工作中非常重要，掌握起来难度较大，尤其是怎样办理银行结算，所以大家在学习的过程中需要认真对待。

## 银行结算票据的管理

首先要知道银行结算票据怎么管理，因为银行票据涉及的金额一般都很大，所以需要重点了解银行票据的风险，加强自身的风险意识，先要掌握怎么规避风险，怎么管控票据。

## 7.1.1　银行票据的风险

要办理银行的结算业务，就要使用各类的银行票据，在使用这些票据以前，一定要清楚银行票据的风险和防范。风险意识是作为一名财务人员一定要具备的意识，因为票据非常重要，如果出现问题，无论是个人还是公司，损失都是巨大的。

**1. 票据**

票据作为银行结算中一种重要的支付凭证，在实际中使用十分广泛。由于票据种类多，特别是当出纳遇到一些没有接触过的票据时，缺乏鉴别能力，所以在票据的使用过程中存在着许多风险。

**2. 票据风险原因**

票据的风险造成的原因有如下方面。

● 有人对银行票据进行伪造和变造。

● 票据的取得不当，出于恶意或者因人员的重大过失取得。

● 票据行为无效或者存在缺陷。

● 一些人员工作上经验不足、责任心不够。

**3. 票据的伪造**

票据的伪造，指假借他人名义而签发票据的行为。

例如，伪造出票人的签名、印章或利用管理漏洞盗用他人的印章，都属于票据的伪造行为。

票据如果伪造成功，在流通转让过程中是不易被发现的，只有在票据到期后，经持票人作提示付款时，才被发现。但是因为票据的债务人不能及时了解该票据已发生伪造，会使许多人继续接受该票据，成为该票据的直接或者间接的受害者。

而票据发生伪造后，该票据无效，其损失本来应由伪造者来承担。但是，在实际中，伪造票据的人，他们往往在行骗得手以后便大肆挥霍，该票据到期以后，发现伪造，即使抓到伪造人，也会因他把票款挥霍殆尽而无力弥补持票人的损失。

所以，许多国家规定，票据发生伪造后，不影响真正签名的效力。伪造人和被伪造人对该票据虽然可以不负票据责任，但在被伪造的票据上确有真正签名或盖章的人，仍应依票据的有关规定负责。

但是这样，最后承担票据责任的人就要落在第一次进行背书的人，也就是接受伪造票据的人身上。在这种情况下，若该接受伪造票据的人不能向伪造者追回欠款时，这部分损失只好由接受该票据的人自己承担了。

### 4. 票据的变造

除票据的伪造以外，还有一种情况是票据的变造，它指未经授权或无权变更票据内容的人，擅自变更票据的行为。票据发生变造以后会影响到当事人的利益，从而引起票据风险。

### 5. 票据权利存在缺陷的情况

票据权利存在缺陷的情况指持票人对票据享有的所有权有缺陷。例如，票据的持有人采取欺诈、胁迫、暴力或恐吓手段，或以不合法的支付对价，或在票据的流通转让过程中违反诚信原则，或在相当于欺诈的情况下取得票据。这类票据取得和流通的过程中会损害相关者的利益，从而也产生票据风险。

简而言之，如果票据的取得是出于恶意或重大过失的情况，就会带来票据的风险。"恶意"取得票据，指票据取得人如果明明知道票据转让者并没有处分或交付票据的权利，而仍然接受其票据。

如 A 公司从 B 公司偷窃来一张支票转让给 C 公司，C 公司明知 A 公司给予的票据是偷窃得来的，却仍然接受，那么 C 公司就是恶意取得。

### 6. 重大过失

重大过失，是票据受让人虽不是明确地知道，但如果稍加注意和核查，就可知道票据让与人是没有处分权的。

如 A 公司在受理 B 方盗窃得来的支票时，明明知道 B 没有经济能力，不可能有数额巨大的支票，稍加追究取证即可知道这是不法取得，却不闻不问，依然受理，这就是重大过失。

### 7. 票据欺诈

票据欺诈的类型大致有以下几种情况。

第一种是伪造国外银行汇款凭证。这种情况最为普遍，在国内许多分行均有发现，其目的是诱使国内公司发货，制造预付款项等优厚条件以骗取货物。

第二种问题是伪造大额银行汇票。这种情况是钻"立即结汇"结算方式的空子，在收款后立即调出资金，而在银行退票追索时，欺诈者已逃之夭夭，或已骗取了货物或货款并转移出境，或为了骗取佣金。

## 7.1.2　银行票据结算的管理

为了应对票据的风险，一定要做好风险的防范措施，对银行的票据结算加强管理，明确其结算纪律和责任。

### 1. 银行结算纪律与责任

银行结算纪律与责任的主要有以下内容。

* 办理银行结算，必须严格遵守银行结算办法的规定。
* 不准出租、出借账户，不准签发空头票和远期支票；不准套取银行信用。
* 如果公司办理结算，由于填写结算凭证有错误而影响资金使用，如果自己管理的票据和印章丢失，被他人使用等管理不善造成损失的，由其自行负责。
* 允许背书转让的票据，因不获付款而遭退票时，可以对出票人、背书人和其他债务人行使追票权，票据的各债务人对持票人负连带责任。
* 如果单位和个人违反银行结算规定和纪律，银行可以根据有关规定予以经济处罚，情节严重的，应停止其使用银行结算，由此造成的后果，由公司自行承担。
* 如果银行办理结算，因为银行的工作差错，发生延期等，影响的资金使用，应按存（贷）款的利率计付赔偿金；同违反结算制度规定，发生延误、挪用、截留结算资金，影响公司和他行资金使用的，应按结算金额每天3‰ 计付赔偿金；因错付或被冒领的，应及时查处，如果造成他人的资金损失，应该负责经济赔偿。

### 2. 票据结算管理和控制措施

为避免发生丢失、盗窃等管理漏洞，防止由于管理不善而给自身带来经济损失，应该建立健全票据结算的内部管控制度，加强对支票结算的管理和控制，具体措施应该包括如下方面。

（1）所有支票的管理都应该由财务部门专门负责，财务部门中也只能由指定的出纳员专门负责，对支票妥善保管在专门的地点，严防丢失、被盗。支票和预留银行印鉴、支付密码器也应该专门保管，并且分别存放，支付密码器的使用密码应该由出纳人员保管，严禁泄密。

（2）应该有专门的"支票领用表"，有关人员在领用支票时必须填写专门的"支票领用单"，写明领用支票的用途、日期、金额，由经办人员签字，并且得到有关领导的批准。

（3）票据应该由指定的出纳员专人签发，出纳员根据经领导批准的"支票领用单"按照规定要求签发，并在支票登记簿上加以登记。一旦发生支票遗失，立即向银行办理挂失并且通知银行和收款单位，协助防范。

（4）一般情况下严禁携带盖好印鉴的空白支票外出，但是如果采购金额事先无法确定，实际情况又需用空白转账支票结算时，必须得到单位领导的同意后，出纳员方可签发具有下列内容的空白支票。

- 填写好支票日期。
- 填写好收款单位名称。
- 填写好支票用途。
- 填写好限定的金额（在支票的右上角加注"限额××元"字样）。

同时，在签发空白支票的时候要让领用人填写"空白支票签发登记簿"，实行空白支票领用销号制度，严格控制空白支票的签发。

"空白支票签发登记簿"应包括：支票的领用日期、支票完整号码、领用人、领用用途、收款单位、限额、批准人、销号日期。领用人领用支票时要在登记簿"领用人"栏签名或盖章；领用人将支票的存根或未使用的，支票交回时，应在登记簿"销号"栏销号并注明销号日期。

（5）根据银行结算制度，禁止签发空头支票。为避免签发空头支票，要定期与开户银行核对往来账，了解未达账项情况，准确掌握银行存款余额，避免出现空头支票的情况。

（6）建立收受支票的审查制度，避免收受空头支票和无效支票，防止发生诈骗和冒领。如果是收款，应该规定必须收到支票几天后才能发货，以便有足够的时间将收受的支票提交银行，办妥收账手续，避免不法分子诈骗。

## 7.1.3　银行结算票据的填写要求

这是在具体填写票据前应该掌握的内容，银行结算票据的填写要求如下。

**Step 01** 应该在票据上写明所要记载的内容，如签发票据时应写明票据的种类、金额、支付命令、支付密码，签发票据的日期以及其他需要明确的内容，如果是承兑汇票时写上"承兑"字样，保证时应写上"保证"或"担保"字样。

**Step 02** 签名和盖上在银行预留的财务印鉴，这说明对该票据承担责任。按照《票据法》规定，在票据上的签名应当为该当事人的本名，而不能用笔名、艺名等。

**Step 03** 应将填写好并且盖好印章的票据交付给执票人。只有票据交付给了对方，票据才能发生法律效力。

银行结算凭证的规范填写有以下要求。

（1）为了防止填好的票据被修改，填写票据日期时，使用规范的中文填写。填写金额的大写和小写等都不准更改。

（2）对于大写金额数字要一律用正楷或行书书写，小写的阿拉伯数字不得连笔写。

（3）在中文大写金额的前面不留空白，即顶格书写，中文大写金额数字前应标明"人民币"字样，票据大写金额数字前未印有"人民币"字样的，在填写时应在大写金额前加填"人民币"字样。

（4）中文大写金额后面应该加"整"字，中文大写金额数字到"元"为止的，在"元"字后面加"整"字；中文大写金额数字到"角"为止的，在"角"之后可不写"整"字；中文大写金额数字有"分"的，"分"后不写"整"字。

（5）阿拉伯小写金额前加"￥"人民币符号。小写的分位和角位为"0"时，一定要写上"0"，不能空着，也不能用划线代替。

（6）填写出票日期的基本规定是：在填写月、日时，月为壹月、贰月、拾月的，日为壹日到玖日、壹拾日、贰拾日、叁拾日的，应在大写汉字前加"零"字。如果为11、12月，日为11~19的，应在其大写的汉字前加"壹"字。

例如，11月19日，应写为壹拾壹月壹拾玖日；12月30日，应写为壹拾贰月零叁拾日。

## 7.2 银行结算的种类和方法

在熟悉基本知识以后，下面就来了解银行结算有哪些种类，他们的结算方法是什么，因为银行结算票据的种类很多，所以对于比较常用的结算方式，也就是前面的几种结算方式讲得更详细一些，而对于比较少见的结算方式只作基本介绍。

## 7.2.1　支票的概念与种类

支票是财务人员签发的，委托办理业务的开户银行在见票时无条件支付支票上确定的金额给收款人或者持票人的票据。

> **注意：** 支票是常见的一种十分重要的支付结算票据，一定要熟练掌握具体操作。

支票结算方式是实际应用中很广泛的一种结算方式，支票也是商务活动中使用最多的一种票据，在同一票据交换区域（也就是同城）的各种款项结算，均可以使用支票。

支票由发行银行统一印制，类别有如下几种。

- 支票上印有"现金"字样的为现金支票。
- 支票上印有"转账"字样的为转账支票，转账支票只能用于转账。
- 未印有"现金"或"转账"字样的为普通支票，普通支票可以用于支取现金，也可以用于转账。
- 在普通支票左上角划两条平行线的，为划线支票，划线支票只能用于转账，不得支取现金。

现金支票（空白）如图 7.1 所示。

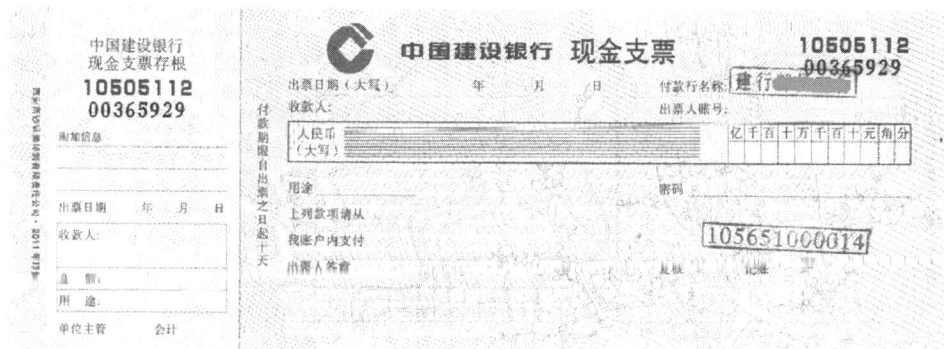

图 7.1　现金支票（空白）

转账支票（空白）如图 7.2 所示。

需要注意的是，支票的提示付款期限为自出票日起 10 日内，中国人民银行另有规定的除外。支票的提示付款期限在支票上有说明，如果超过提示付款期限的，持票人开户银行不予受理，支票作废。

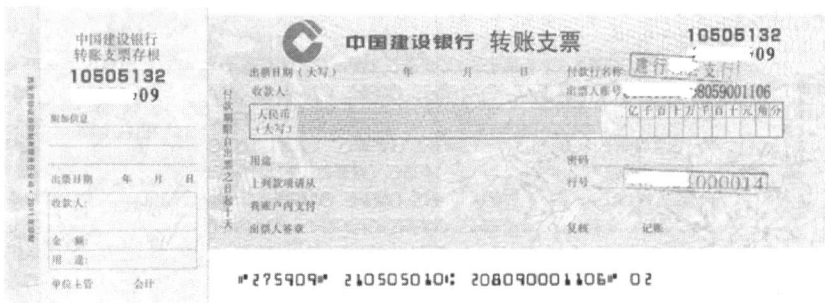

图 7.2　转账支票（空白）

## 7.2.2　支票的领购与注意事项

　　财务人员在开户银行领购支票，领购支票必须填写"票据和结算凭证领用单"，写明购买的支票种类和张数，并加盖预留银行印鉴，银行一般会从其存款中扣去相应的支票购买费用。

　　存款账户结清，也就是要进行银行账户的合并或者注销时，将剩余的空白支票全部交回银行注销。

　　在拿到银行递交的所购买的空白支票时，应该仔细核对支票的张数，支票的起始号码，和中间有无断号的情况，以及有无票面的损伤，字迹模糊等。一本支票的编号应该是连续的，如果有问题，当面交还给银行予以更正，以免为自己以后的工作带来不便。

## 7.2.3　支票的签发填制与注意事项

### 1. 在签发支票之前

　　财务人员应该认真查明银行存款的账面结余数额，防止签发超过存款余额的空头支票。签发空头支票，银行除退票外，还按票面金额处以 5% 但不低于 1 000 元的罚款。

### 2. 在签发支票时

　　财务人员应使用黑色墨水笔，将支票上的各要素填写齐全，然后在支票上加盖其预留银行印鉴。

填写步骤如下。

填写支票的顺序是从左至右，从上到下。先用中文大写填写出票当日的时间。注意，只能用中文大写。

**Step 01** 填写收款人的全称，再用中文大写填写人民币金额以及小写金额，大写金额和小写金额要一致，填写的规范前面已经讲过，这里不再重复。

**Step 02** 再填写用途，然后用支付密码器计算支付密码并且用阿拉伯小写字母填写在密码区。

> **注意**：其他要素，如账号、开户银行名称等，银行在发给的支票上已经盖好，所以不须再填写。

**Step 03** 接下来填写虚线左边，也就是存根部分。最上面是备注，紧接着用阿拉伯小写字母填写出票的日期、收款人名称、金额和用途，下面是财务主管和会计的签字。

**Step 04** 填写好，盖上预留印鉴后要沿虚线把左边的存根联和右边的票据联拆开，存根联作为存根使用，票据联交给持票人，或者自己去银行进行结算业务的办理。按照会计基础规范的要求，存根联上也需要盖上财务专用章。

**3. 在填制好上面的转账支票之后**

财务人员还需要填制银行进账单，一并递交开户银行，银行才会予以办理。填写进账单，需要填写以下的内容。

（1）办理业务当天的日期。

这里需要注意的是，如果不是在出票日当天去办理该笔转账业务，那么这里的日期就会和转账支票上的日期不同。进账单上的日期必须和办理银行结算的日期相同，而不是一定和转账支票的出票日日期相同。

（2）填写出票人和收款人的全称、账号和开户银行。

（3）填写人民币大写金额和阿拉伯小写金额，要求和转账支票的要求一样。

填写完这些就可以和支票一起送交给银行办理。

进账单是多联复写的，如果是出票人，那么银行受理业务办理完后，会在进账单的第一页盖上"付讫"章后交回，作为该笔业务办理的银行回单。但是其他进账单联和支票不再返回。

进账单如图 7.3~ 图 7.5 所示。

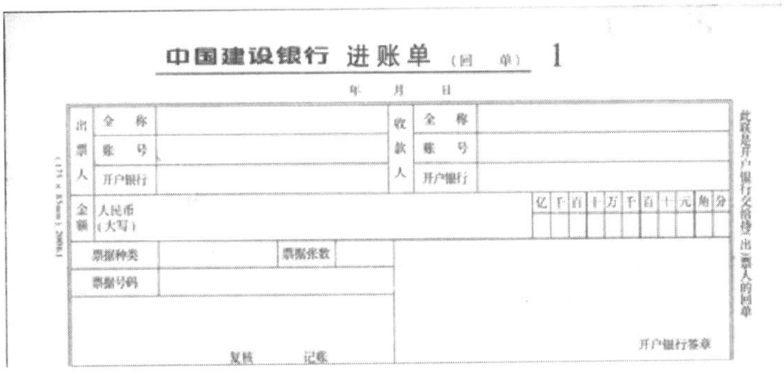

中国建设银行 进账单（回 单） 1

年 月 日

出票人 全称 / 账号 / 开户银行

收款人 全称 / 账号 / 开户银行

金额 人民币（大写） 亿 千 百 十 万 千 百 十 元 角 分

票据种类 票据张数

票据号码

复核 记账

开户银行签章

此联是开户银行交给持（出）票人的回单

图 7.3　进账单第一联（回单）

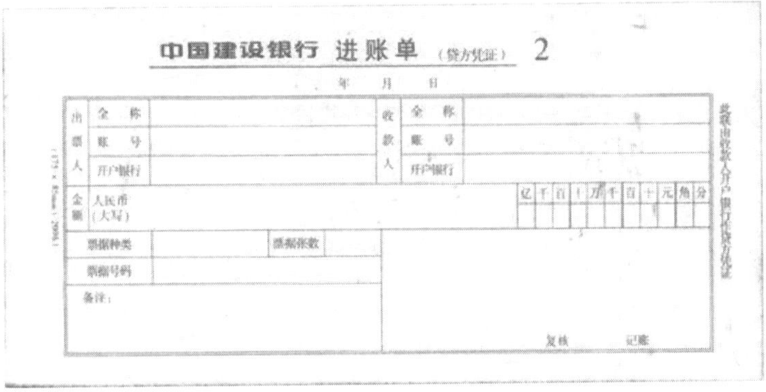

中国建设银行 进账单（贷方凭证） 2

年 月 日

出票人 全称 / 账号 / 开户银行

收款人 全称 / 账号 / 开户银行

金额 人民币（大写） 亿 千 百 十 万 千 百 十 元 角 分

票据种类 票据张数

票据号码

备注：

复核 记账

此联由收款人开户银行作贷方凭证

图 7.4　进账单第二联（贷方凭证）

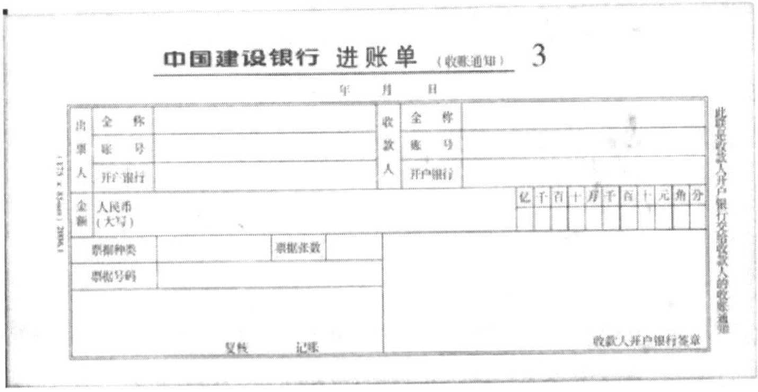

中国建设银行 进账单（收账通知） 3

年 月 日

出票人 全称 / 账号 / 开户银行

收款人 全称 / 账号 / 开户银行

金额 人民币（大写） 亿 千 百 十 万 千 百 十 元 角 分

票据种类 票据张数

票据号码

复核 记账

收款人开户银行签章

此联是收款人开户银行交给收款人的收账通知

图 7.5　进账单第三联（收款通知）

假设给光华公司转账付款，转账业务发生时银行会把第一联（回单）退还作为做账的凭证，第二联（贷方凭证）为银行保存，第三联（收款通知）由银行转交给光华公司即收款单位。

无论是填写支票，还是填写进账单，不允许有一个错别字，不得涂改，如果一个字写错只得整张单据重新填写，无论是日期写错，还是收款人、付款人、账号和密码写错或者漏掉任何一个字，字迹模糊，或者印章盖得不够清楚或者用圆珠笔填写，这些情况银行都不予受理。

开支票时，一定要先看账户里有没有足够的金额，如果账户里的钱不够，而却开出了支票，就成"开空头支票"。这种事情发生，一方面影响公司在客户中的信誉。另一方面导致金钱损失。如果账户上没有钱或者钱不够，应该向客户说明情况，以及多久可以付款，千万不要开空头支票。

**4. 收支票时注意事项**

在实际操作中，如果是收票的一方，应该注意以下几点。

- 没有签名盖章的支票。这样的支票是"不完全票据"，这种票据无法律效力，必须请出票人补盖印鉴方可接收。
- 出票签名和盖章模糊不清的支票不要收取，这种支票会被银行退回，造成公司的损失。
- 支票上的签名能以盖上名章的方式代替，但不能以按指印的方式代替签名。
- 图章颠倒的支票是有效的，可以收受。
- 可以在盖错或者模糊的印鉴上打"？"对印鉴予以涂销，然后再盖上正确清晰的印鉴，如果所盖的印鉴经银行鉴定正确，那么这张支票是有效的。
- 票据上没有填写出票年月日的支票是无效的，不要收取。
- 票据大写金额栏内没有写"元"字的支票，因为只写了数字金额，没有人民币货币单位其金额是无法确定的，该票据无效。
- 大写金额经涂改的支票是无效支票，绝对不能接收。
- 票据上大写金额多写"零"字的支票，不要接收。在金额位数连续有几个零时，无论有多少个零，都应只写一个零字。比如人民币 100 001.00 元，应写成"壹拾万零壹元整"，而不能写成"壹拾万零零零壹元整"。
- 票面金额填写"拾元整"的支票，不可收受。按照前面的书写规范，对有关支票金额的写法有特别要求，10 元应写为"壹拾元整"。

# 7.2.4　汇兑

汇兑是汇款人委托银行将其款项支付给收款人的结算方式。各种款项的结算，均可使用汇兑结算方式。

### 1. 汇兑种类

汇兑分为信汇、电汇两种。

• 信汇指付款人委托银行，通过邮寄的方式将支付的款项划转给收款人。

• 电汇指付款人委托银行，通过电报的方式将支付的款项划给收款人。

以上这两种汇兑方式根据需要选择使用。汇兑结算方式和上面的转账支票的结算方式不同在于，它适用于异地之间的各种款项结算。这种结算方式划拨款项简便、灵活。

### 2. 电汇填制步骤

目前一般采用电汇的方式，下面主要讲一下电汇凭证的填制。电汇凭证如图 7.6 所示。

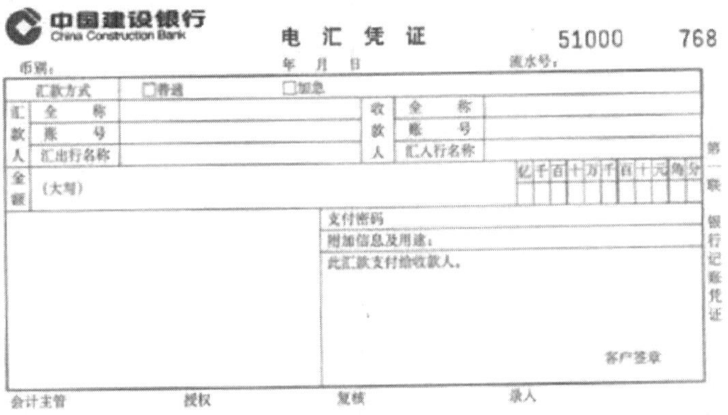

图 7.6 电汇凭证（空白）

财务人员采用这一结算方式时，具体填制步骤如下。

**Step 01** 应填写出票的日期。

> **注意**：此处用阿拉伯小写字母填写即可，汇款方式可以根据实际情况勾选普通或加急。

**Step 02** 填写汇款人和收款人的全称、银行账号、银行开户行名称、金额的中文大写和阿拉伯小写、支付密码和用途。

**Step 03** 盖上预留财务印鉴。电汇凭证是多联的，需要在银行记账凭证一联上盖章。

**Step 04** 送达开户银行，委托银行将款项汇往收款行，收款行会将收到的金额支付到收款人的银行账户。

> **注意：** 电汇凭证的日期必须是办理日期的当天，这与支票不同。

**Step 05** 电汇业务需要支付手续费。在银行审核电汇凭证无误后，在回单联盖章，连同业务收费凭证一并交还付款人。

## 7.2.5　银行汇票

银行汇票指汇款人将款项交存当地出票银行，由出票银行签发的，由其在见票时，按照实际结算金额无条件支付给收款人或持票人的票据。银行汇票使用灵活、票随人到、兑现性强，适用于先收款后发货或钱货两清的交易。

银行汇票可以用于转账，填明"现金"字样的银行汇票也可以用于支取现金。银行汇票的付款期限为自出票日起 1 个月内。超过付款期限不获付款的，持票人须在票据权利时效内向出票银行作出说明，并提供身份证件或单位证明，持银行汇票和解讫通知向出票银行请求付款。

在支付购货款等款项的时候，应向出票银行填写"银行汇票申请书"，其中填明收款人名称、支付金额、申请人、申请日期等事项并签章，签章要与预留银行印鉴相同。银行受理银行汇票申请书，收妥款项后签发银行汇票，然后将银行汇票和解讫通知一并交给汇款人。

## 7.2.6　银行本票

银行本票指银行签发的，承诺自己在见票时无条件支付确定的金额给收款人或者持票人的票据。

银行本票由银行签发并保证兑付，而且见票即付，信誉高、支付功能强。银行本票分定额本票和不定额本票。如果是定额本票，面值分别为 1 000 元、5 000元、10 000 元和 50 000 元。在票面划去转账字样的，为现金本票。

银行本票的付款期限为自出票日起最长不超过两个月，在付款期内银行本票见票即付。超过提示付款期限不获付款的，在票据权利时效内向出票银行作出说明，并提供本人身份证或单位证明，可持银行本票向银行请求付款。其流程和银行汇票相同。

## 7.2.7　商业汇票

商业汇票指出票人签发的，委托付款人在指定日期无条件支付确定的金额给收款人或者持票人的票据。

### 1. 商业汇票注意事项和种类

商业汇票的付款期限由交易双方商定，但最长不得超过 6 个月。商业汇票的提示付款期限为自汇票到期日起 10 日内。

财务人员需先领购商业汇票，在开户银行填写"票据和结算凭证领用单"并加盖预留银行印鉴，存款账户结清时，必须将剩余的空白商业汇票全部交回银行注销。

商业汇票可以由付款人签发并承兑，也可以由收款人签发交由付款人承兑。如果是持票人，那么应当在汇票到期日前向付款人提示承兑；见票后定期付款的汇票未按规定期限提示承兑的，持票人丧失对其前手的追索权。付款人应当自收到提示承兑的汇票之日起 3 日内承兑或者拒绝承兑。付款人拒绝承兑的，必须出具拒绝承兑的证明。

商业汇票按承兑人不同分为两种。

- 商业承兑汇票。
- 银行承兑汇票。

它们有一定的区别：商业承兑汇票和银行承兑汇票的承兑人是不同的，因为商业承兑汇票是商业信用，银行承兑汇票是银行信用。

目前银行承兑汇票一般由银行签发并承兑，而商业承兑汇票可以不通过银行签发并背书转让，但在信用等级和流通性上低于银行承兑汇票，在银行办理贴现的难度较银行承兑汇票高。

### 2. 商业承兑汇票

商业承兑汇票是由银行以外的付款人承兑。商业承兑汇票按交易双方约定，由销货企业或购货企业签发，但由购货企业承兑。承兑时，购货企业应在汇票正面记载"承兑"字样和承兑日期并盖章。承兑不得附有条件，否则视为拒绝承兑。在汇票到期的时候，购货企业的开户银行凭票将票款划给销货企业或贴现银行。

销货企业应在提示付款期限内通过开户银行委托收款或直接向付款人提示付款。对异地委托收款的，销货企业可估算邮程，提前通过开户银行委托收款。汇票到期时，如果购货企业的存款不足支付票款，开户银行应将汇票退还销货企业，银行不负责付款，由购销双方自行处理。

### 3. 银行承兑汇票

银行承兑汇票由银行承兑，由在承兑银行开立存款账户的存款人签发。承兑银行按票面金额向出票人收取万分之五的手续费。

购货企业应于汇票到期前将票款足额交存其开户银行，以备由承兑银行在汇票到期日或到期日后的见票当日支付票款。销货企业应在汇票到期时将汇票连同进账单送交开户银行以便转账收款。

承兑银行凭汇票将承兑款项无条件转给销货企业，如果购货企业于汇票到期日未能足额交存票款时，承兑银行除凭票向持票人无条件付款外，对出票人尚未支付的汇票金额按照每天万分之五计收罚息。

## 7.2.8　信用卡

信用卡指商业银行向个人和企业发行的，向特约企业购物、消费和向银行存取现金，且具有消费信用的卡片。按使用对象分为企业卡和个人卡；按信誉等级分为金卡和普通卡。

在银行开立基本账户的，可申领单位卡。企业卡可申领若干张，持卡人资格由申领单位法定代表人或其委托的代理人指定和注销，持卡人不得出租或转借信用卡。企业卡账户的资金一律从基本存款账户转账存入，不得交存现金。

企业信用卡不得用于 10 万元以上的商品交易、劳务供应款项的结算，不得支取现金。

信用卡，所谓的信用，是在规定的限额和期限内允许善意透支，透支额金卡最高不得超过 10 000 元，普通卡最高不得超过 5 000 元。透支期限最长为 60 天。透支的利息按照银行规定按日计算，如果超过规定限额或规定期限，并且经发卡银行催收无效的透支行为为恶意透支，持卡人使用信用卡不得恶意透支。

## 7.2.9　委托收款

委托收款是收款人委托银行向付款人收取款项的结算方式。可凭已承兑商业汇票、债券、存单等付款人债务证明办理收取同城或异地款项。委托收款还适用于收取电费、电话费等付款人众多、分散的公用事业费等有关款项。

委托收款结算款项划回的方式分为邮寄和电报两种。

## 7.2.10  托收承付

托收承付是一种先有购销合同，然后根据购销合同，由合同中的收款人发货以后委托银行向异地的付款人收取款项，然后由付款人承认付款的一种结算方式。

使用托收承付结算方式的收款单位和付款单位，必须是国有企业、供销合作社以及经营管理较好、经开户银行审查同意的城乡集体所有制工业企业。这是较少遇到的一种结算方式。

## 7.2.11  信用证

信用证结算方式是国际结算的一种主要方式。经中国人民银行批准经营结算业务的商业银行总行以及经商业银行总行批准开办信用证业务的分支机构，也可以办理国内商品流通小企业之间商品交易的信用证结算业务。

采用信用证结算方式的，如果为收款方，在收到信用证后，即备货装运，签发有关发票账单，连同运输单据和信用证，送交银行，根据退还的信用证等有关凭证编制收款凭证；付款方在接到开证行的通知时，根据付款的有关单据编制付款凭证。

## 7.3  网上银行业务

随着网络的发展，越来越多的银行开始普及网上银行业务，可以说，网上银行带来某种"变革"，下面来看一下什么是网上银行业务以及如何操作网上银行业务。

## 7.3.1  便捷的网上银行功能

网上银行业务，指银行依托互联网推出的新一代电子银行服务。它非常便捷，能提供非常全面及时的服务，满足全方位、多层次的需求，所以网上银行业务已经越来越普及。下面就来介绍一下网上银行业务的功能。

（1）强大的账户查询功能。通过网上银行，可以在联网的电脑上查询账户的余额、明细账、等待进行的交易等，这种查询快捷及时。

（2）快捷的转账汇款和缴费支付功能。通过网上银行进行转账汇款和缴纳税费等支付功能，可实现不同银行账户之间的转账汇款，大大节省了去银行排队办理业务和填写银行票据的时间。

（3）便利的代发代扣功能。通过网上银行可以很方便地发放职工的工资和报销款。把核对无误的工资卡号和工资金额输入电脑后，银行可以直接把银行存款发放到员工的工资卡上，省时又省力。

（4）网上对账功能和账户管理功能。通过网上银行可以进行网上的对账和对不同的账户进行管理，比如有下属的分公司，那么可以通过网上银行进行对分公司银行账户的监管。

## 7.3.2　申请开通网银

### 1. 没有开通过网上银行业务

公司要先申请网上银行，需要提供营业执照、开户许可证、法人的身份证、经办人身份证并且加盖公司公章等银行要求的证件后，到开户行会计柜台填写申请表，签署网银协议即可轻松开通。

为保证账户资金的安全，在柜台签约以后，银行会发给专用的网银盾，也就是所说的电子密钥或者证书载体，并且在开通网银的第二天可以开始使用。

### 2. 以前申请过网上银行业务

只是要把新的账户开通网上银行业务，那么带开户资料到相应的开户行会计柜台填写申请表办理就可以追加账户。

### 3. 追加其他法人单位账户

这种情况在公司有分支公司、项目部和营业部等分支机构时会发生，还需要提供该法人的《授权书》（法人授权书在 6.5 节里有具体样式）。

### 4. 开通同一个银行账户的不同网银功能

在上面已经介绍过网银的多种功能里，可以根据自己的实际需要开通。但是开通同一个银行账户的不同网银功能，都需要填写相关的申请表，与银行签订协议，而不是只开通网银就可以直接使用。

如上面提到的代发代扣功能，开通的时候填写《中国建设银行单位网上银行代收代付业务申请表》，签署《人民币结算协议》时勾选网银代收代付功能，带开户资料到开户的会计柜台即可开通。

### 5. 中国建设银行的网银业务

以中国建设银行为例，根据申请的功能不同，网银业务又分为两种。

● 简版单位网银

● 高级版单位网银

它们的区别在于，高级版网银具有简版网银的所有功能，但是简版网银没有高级版网银的转账支付等功能。简版网银一般用来进行查询业务，所以下面主要介绍可以办理银行支付业务的高级版网银。

申请的单位网银，其证书有一定的有效期，比如中国建设银行网银的网银证书有效期为五年，从申领的时间算起，也就是说，在使用该证书办理业务五年以后，需要到期换证。

换证有下面两种情况。

证书到期前一个月以及到期后三个月的时间范围内，可以在登录界面看到证书到期的提示，可以直接点击该提示中的"到期换证"链接，转到"到期换证"页面进行证书更换。

也可以可直接登录 www.ccb.com，点击左上角的"网上银行服务"链接进入下一个页面，并在该页面右下方点击"到期换证"链接进行证书更换。

> **提醒：** 在证书到期 3 个月后，不能再自行更换证书，此时，需要按证书恢复流程申请证书恢复。即需要填写证书恢复的申请表，到银行柜台办理，申请证书的继续使用。

## 7.3.3　网银业务操作：操作员角色

在财务人员第一次使用网络银行业务的时候，要先对电脑进行必要的设置，还要了解相关的基本知识，才能顺利地使用网银。出于安全的考虑，最好使用固定的电脑进行网银操作。

网银系统有不同的操作员角色，其中，网银系统"主管"角色只有一个，而包括副主管在内的操作员可根据实际需要设置多个。

各个角色根据主管的权限管理，均可实现查询、统计、打印、文件下载等功能，但在账务性交易，包括转账汇款、代收代付、理财等交易中，根据角色权限的不同，需要处理不同的业务。

（1）制单：主要在账务性交易中，担任"出纳"工作，制作账务性交易的单据。

（2）复核：主要在账务性交易中，担任"会计"工作，复核制单提交的单据。

（3）制单、复核：操作员登录后可选择自己的角色，分别担任制单或复核。但在同一笔交易中不能既制单又复核。

（4）副主管：有一部分的主管权限，协助主管进行管理。常用于大型的集团客户。

（5）主管：每个网银客户只有一个主管，可管理所有操作员、流程、给副主管分配空卡等，还可以在账务性交易中作为最后一级复核，即最终审批。

从上面可以看出，可以根据自身的情况，自己申请网银盾，也就是电子证书或者电子密钥的个数。

一般说来，财务主管持有一个密钥，也就是所说的"主管"，出纳员（制单员）持有一个密钥，审核人员持有一个密钥，或者出纳员或者审核人员有多少个，都可以统一称呼为操作员，他们都受"主管"的管理。

"主管"通过网银盾登录中国建设银行相关页面，可以直接进行"操作员"的管理，比如给不同的操作员授权，增加或者减少权限，修改操作员的密码，冻结操作员的网银盾，更改操作员的名字或者信息，恢复的操作员网银盾使用等。

可以根据自己公司的情况和付款的流程增加密钥的个数，但是主管网银盾和出纳（也就是操作员）网银盾这两个网银盾必不可少。

一些业务和人员较少的公司可以根据需要到银行填写《流程优化申请表》单独申请开通"单一授权"，开通后，制单角色可不经复核，直接提交银行处理，也就是说一个财务人员可以全权处理付款等业务，但是因为这样，该角色有一定的操作风险，一般不推荐使用。

如果需要增加网银盾和增加操作员，需要填写《中国建设银行网上银行企业客户证书载体申请登记表》送交到开户行会计柜台即可申领空卡。次日由主管进行操作员新增，给予相应的授权即可。

## 7.3.4　网银业务操作：网银业务初始设置

其具体流程如下。

**Step 01** 输入地址。把银行密钥插入电脑的 USB 接口以后，打开 Internet，输入中国建设银行单位银行的网址：简版单位网银登录地址为 www.ccb.com，打开以后点击页面上方的"公司机构客户"→"电子银行"链接，单击"企业网上银行登录"按钮，在打开的页面中单击"企业网银简版登录"按钮。高级版单位网银登录地址为：https：//b2b.ccb.cn。

**注意**：http 后面还有一个 s，这和平时使用的大部分网址 http：// 不同。

**Step 02** 安装驱动。在输入中国建设银行的电子银行网址以后，使用网银需要安装。目前，中国建设银行使用的网银盾属"无驱"类型，也就是无须手动安装，网银盾驱动将自动安装以便使用，但是如果安装失败，也可以按如下步骤手动安装：手动安装时，使用网银盾配送的光盘，插入电脑光驱后根据提示双击"企业网银"图标即可安装。同时也可在建行网站 www.ccb.com 下载安装程序。

**Step 03** 进行必要的电脑设置。在安装好驱动以后，由于电脑程序各不相同，不同程序间可能兼容性等性能也有差别，所以需要在使用前先对 IE 浏览器进行以下设置。

（1）清理临时文件。因为 IE 浏览器的设置不同，如果没有及时清理临时文件，可能会影响登录使用网银，所以需手动清理，具体操作步骤为在打开 IE 浏览器后，在工具（或选项）菜单下选择"Internet 选项"命令，在"常规"选项卡中间部分单击"删除"按钮即可，如图 7.7 所示。

图 7.7　设置浏览器（清理临时文件）

（2）设置安全级别：在图 7.7 所示的"Internet 选项"对话框中选择"安全"选项卡，选择"可信站点"图标，然后单击"站点"按钮添加单位网银的登录地址：https：//b2b.ccb.com（高级版本网银的地址为例），如图 7.8 所示。另外，还需要单击"自定义级别"按钮，该选项也在"安全"选项中，将 ActiveX 控件改为"启用"或"提示"。这是相当重要的一点。

如果在后面发现网银系统无法使用，很有可能和这里的设置有关系，还有，需要关闭弹出窗口阻止程序，以免中国建设银行自动弹出的网页被禁用而无法显示。这也同样在设置里面可以看到，如图 7.9 所示。

按照要求更改电脑 Internet 设置，把银行的网页加入的可信站点，降低安全性，关闭阻止弹出窗口程序后，才能顺畅地使用网银，否则会出现一些网络银行的内容被禁止而无法使用的情况。

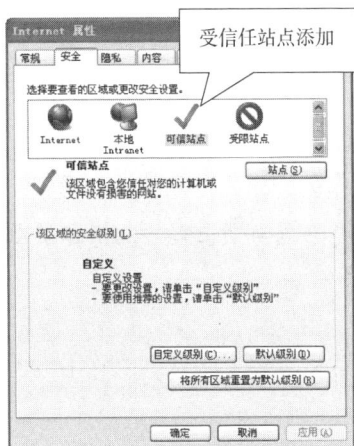

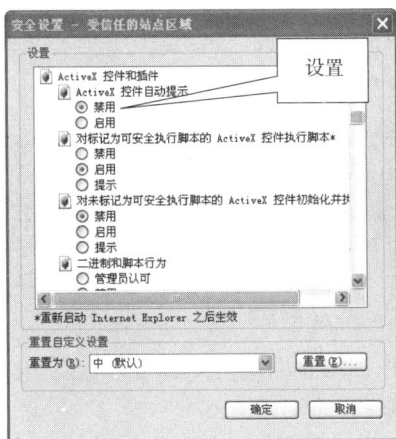

图 7.8　设置浏览器（设置安全级别）　　　　图 7.9 设置浏览器（设置控件）

# 7.3.5　网银业务操作：网银的登录

前面的都设置完毕后，用网银盾登录中国建设银行单位银行网址的时候会出现图 7.10 所示的画面。

在这个弹出的对话框里输入的网银盾密码。

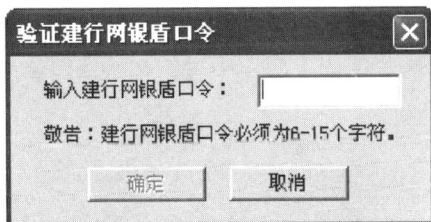

图 7.10　建行网银登录窗口

注意：这里输入的是网银盾密码，不是网上银行密码。

# 7.3.6　网银业务操作：网银的密码

高级版单位网银有以下三种密码，这些密码的初始密码以及遗忘密码的处理方式都各自不同，请大家一定不要混淆。

## 1. 网银盾密码

在上面弹出的对话框中输入的密码，首次登录时有一个初始密码，这个密码和的网银盾是配套使用的。

第一次登录网银盾的时候，银行会自动提示更改初始密码。自己设定的密码需要妥善保管，因为在登录和支付的时候，都必须使用，否则等于网银盾不能使用，一旦遗忘，申请恢复比较麻烦，需要填写《证书恢复申请表》到银行重新申领新的网银证书。这也是平时登录网银需要输入的第一道密码。

## 2. 登录密码

即在登录页面输入中，除客户号、操作员号之外要输入的内容，界面如图7.7。

其中，主管的初始密码为999999，其他操作员的初始密码由主管设置。如该密码遗忘，主管需填写《证书恢复申请表》交经办行申请重置，而操作员则只需请主管以主管身份登录到相应界面进行管理和重置。

## 3. 交易密码

也称设置密码，是在进行设置、交易确认时需要输入的密码。其中，主管的初始密码也是999999。

> **提醒**：主管的登录密码、交易密码重置后，是客户号"#"前6位，不足6位的是111111。

为保证账户的安全，可在登录后网银界面的"服务中心"→"服务管理"→"修改密码"菜单中进行初始密码修改。修改界面如图7.11所示。

图7.11 登录建行网银修改登录密码

使用网银要注意密码不能输错多次，输错多次就会被锁定或者冻结。输错多次密码被锁定/冻结后该怎么办？

网银盾密码，连续输错 10 次密码会被锁，此时需要填写《单位网银证书恢复申请表》到开户行会计柜台办理重置。

如果是登录密码、交易密码各连续输错 6 次也会被锁定，登录时提示："操作员已被冻结或注销，不能进行交易。请向主管咨询有关情况"。这时被锁定的网银盾的操作员可以让主管为其解锁。但是，如果是主管输错密码超过 6 次，被锁，那么只能到开户行会计柜台填写证书恢复申请表重置，其所需手续与签约相同。

在输入网银盾密码以后会出现网络银行的登录界面，如图 7.12 所示。

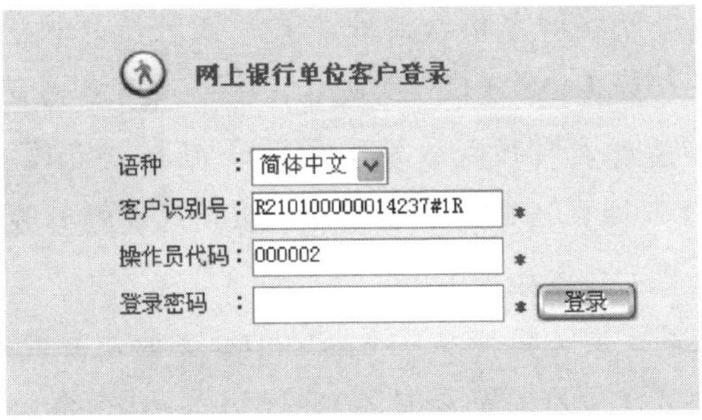

图 7.12　中国建设银行网银登录界面

登录电子银行以后的界面如图 7.13 所示。接下来，就可以进行需要的具体操作了。

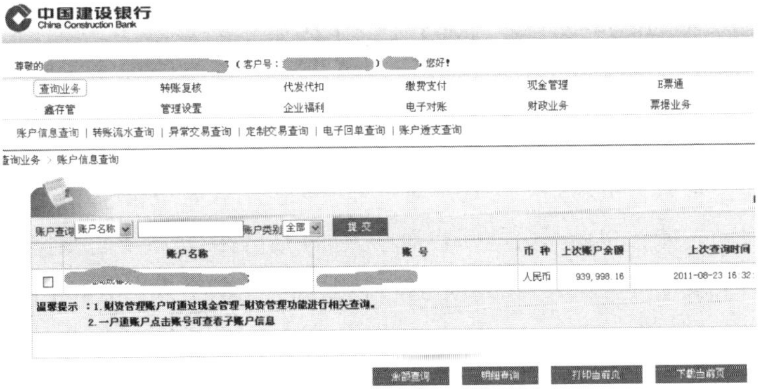

图 7.13　中国建设银行网银操作界面

## 7.3.7　网银业务操作：设置转账流程与实例

先设置转账流程，设置好转账流程以后，才能进行相应的转账支付业务。下面来看转账流程怎么设置。

要注意的是，只有用主管身份才可以设置流程，而操作员是无法设置的，也就是第一次登录网银的时候需要先用主管的网银盾登录，先设置流程。

针对同一个账户，主管可根据需要设置多个流程，根据流程金额，银行系统将自动选择通过哪个流程处理。

如果同时开通了银行转账业务和代发代扣业务，那么对于转账业务和代发代扣，都需要设置相应的流程。设置流程完毕以后，才能办理支付业务。

这里需要注意的是，大于设置的流程金额的金额，都需要由主管审批。

### 实例 7-1　　设置转账流程

一家公司办理网上银行业务，其网银账户有制单人员（出纳）A、B 两名，复核人员（会计）C、D 两名，主管（财务部长）一名，分别都有网银盾。主管对该网银账号设置了两个流程，流程金额分别为 100 万、500 万。100 万设置 A 制单，C 复核；500 万设置 B 制单、D 复核。

以上设置后具体如下：

（1）如果这家公司的交易金额 ≤ 100 万的交易就由 A 制单，C 复核；

（2）如果这家公司的交易金额 >100 万而 ≤ 500 万的交易由 B 制单、D 复核；

（3）如果这家公司的交易金额 >500 万则由 B 制单、D 复核，再交给主管审批。

## 7.3.8　网银业务操作：网上银行转账操作

设置好流程以后，接下来就可以按照转账流程进行相应的网上转账操作了。网银的支付业务分为两大类。

- 公对公转账，也就是公司账户对另外一家公司或者机构账户的支付。
- 公对私转账，也就是公司账户对个人账户进行的转账支付操作，比如公司给员工发工资，从公司的账户直接转账到员工的个人工资卡里。

#### 1. 公对公转账

具体流程如下。

**Step 01** 让流程里面有权限的操作员按照上面的提示登录网银系统，输入密码。

**Step 02** 点击"转账制单"按钮。可以看到制单下面的菜单栏里面可以选择"快速制单"、"自由制单"和"实时跨行转账"选项。

"快速制单"针对的是以前已经支付过的账户，因为已经保存对方收款账户的账户信息，所以直接选择该账户而不用再次输入收款账户的信息。

**Step 03**　第一次制单，应该选择"自由制单"，如果收款单位是中国建设银行的账户，那么就选择"收款单位为建行"单选按钮，如图 7.14 所示。

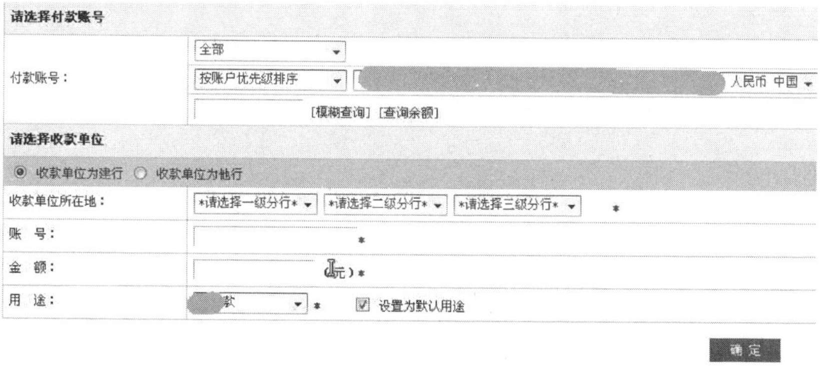

图 7.14　中国建设银行网银付款（同行）

由图 7.14 可知，在这个界面选择付款账户，然后选择输入收款单位的信息。分别输入收款单位开户银行的所在地、银行账号和付款的金额以及用途。从这里可以看到，因为是同行转账，所以不用输入收款账户的全称。

**Step 04**　在输入完毕以后，单击下面的"确定"按钮，网银界面会再次显示收款方和付款账户的信息以及金额，再次核对以后，需要输入操作员的交易密码。单击"确定"按钮，制单成功。

如果收款方账户不是中国建设银行，而是其他银行，那么在制单的时候选择"收款方为他行"单选按钮，如图 7.15 所示。

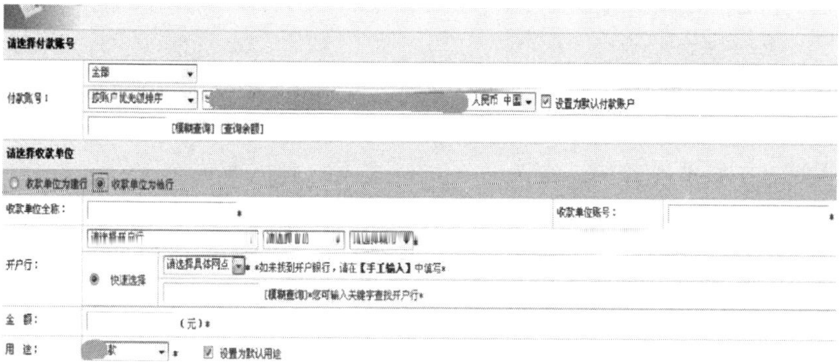

图 7.15　中国建设银行网银付款（他行）

他行转账和同行转账的输入流程一样，只是他行转账需要输入收款单位的账户全称，还有该收款单位开户行的具体名称，也就是需要输入收款账户的开户银行具体网点的名称，如某支行或者某营业部。如果在快速选择里面无法找到该网点，必须手工输入，则先点击"手工输入"选项，然后将该银行网点的名称直接输入该对话框中。然后和同行付款制单一样单击"确定"按钮。

### 2. 审批

具体流程如下。

**Step 01** 需要相应权限的审批人员（包括复核人员和主管），用网银盾登录网上银行。要注意的是，在制单完毕以后，只要没有审核，制单人员可以对于已经填制的单子进行删除。

> **注意：** 制单人员只能对已经有的付款制单进行删除，已经制好的单子不能更改，如果有错误需要先删除以后再重新制单。

**Step 02** 审批人员在登录以后选择"转账审批"选项，可以看到制单人员已经制好的单据，里面会显示单据的全部信息，然后在核对无误以后，单击"审批通过"按钮，然后输入审核人员的交易密码，单击"确认"按钮。审批成功如图 7.16 所示。

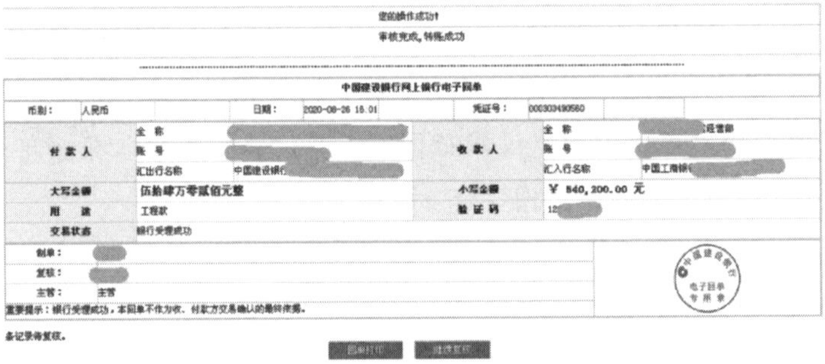

图 7.16　中国建设银行网银付款审批

**Step 03** 如果设置的转账流程审批有多个，则需要多个审批人员依次登录网银系统，然后依次审批。这里的依次，指在制单完成以后，必须上一级的审批人员审批通过以后，下一级的审批人员再审批。如果上一级的审批人员没有通过，那么下一级的审批人员是看不到该笔单据的。

**Step 04** 审批完成以后，会显示银行已经受理，这相当于已经将支付的口令和信息提交给了银行，工作就算是完成。但是，银行受理不一定等于支付，因为开户行会根据银行自身的情况予以处理，可能会延后一些才支付出去，如果不是工作日，则会等到下一个工作日银行才予以支付。可以稍后在网上查询到支付的结果。

### 3. 公对私转账

如果不同意支付该笔业务，也就是不通过审批，那么不通过的结果会返回给制单员，进入不了下面的支付流程。接下来看看公对私转账，它的支付操作分为以下步骤。

与公对公转账一样，首先需要网银的操作员制单。需要在"代发代扣"菜单中选择"代发"制单（代扣功能用得较少，这里不单独讲述）。

公对私有两种常用的制单方式。

- 单笔制单：指一次支付给一个私人账户的制单方式。这种方式适合于给少量的账户支付时使用。它的制单和审核查询都非常的方便。
- 批量制单：一次性支付给多个私人账户的制单方式。这种方式适合于给数量较多的私人账户支付时使用。它需要将制单信息输入一个表格，然后再将该表格上传，银行系统将根据上传的表格里面的支付金额总数予以显示，并且同时按照每一个明细账户的金额予以支付。

单笔代发业务办理流程如下：需要填写收款人的姓名和账号，以及要支付的金额还有用途。要注意的是，收款人的银行卡，必须是中国建设银行，不能是其他银行，否则，没有办法公对私支付。单笔代发制单界面如图 7.17 所示。

图 7.17　中国建设银行网银付款代发制单（单笔）

> **注意**：如果高级版单位网银证书损坏、丢失该怎么办？
>
> 一般操作员（非主管）损坏、丢失：这时应该由主管登录网银，在"操作员管理"菜单中删除已丢失证书的操作员，操作界面见图 7.18，进行相应的空卡删除。
>
> 删除之后由经办人带开户资料、证书遗失说明、《网银盾申请表》到经办行柜台，重新申领网银盾。证书关联后，由主管登录网银，重新分配操作员以及设置流程。

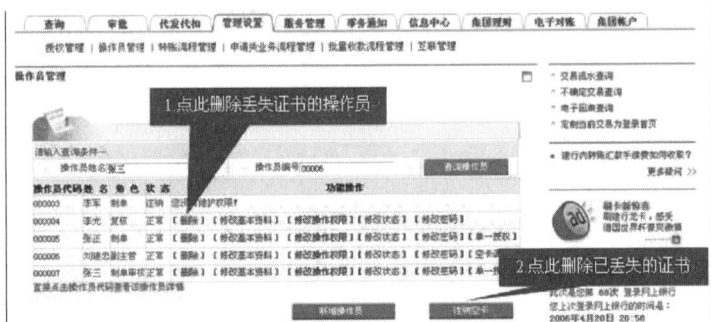

图 7.18　中国建设银行网银删除证书界面

## 7.3.9　网银业务操作：出现问题的处理解答

（1）上面所介绍的，都是现有的 Windows XP 系统，但是如果计算机的操作系统是 Vista 系统或者 Windows7 系统，那么怎么使用网银呢？

如果是 Win7 的客户，需要从中国建设银行网站 www.ccb.com 下载安装网银盾驱动程序，再从 http：//www.ccb.com/cn/jump/download.htm 下载新版的 E 路护航安全组件，之后直接运行 CCB_Security_Client.exe，完成安装即可。

如果是使用 Vista 的客户，则需要先使用管理员身份登录，插入网银盾，弹出"用户账户控制"对话框，询问您是否允许"HDZB_USB 网银盾_Setup.exe"程序运行，选择"允许"选项；或者选择将 UAC 管理功能关闭后插入 USB 网银盾。关闭 UAC 的方法是：打开控制面板→用户账户，点击你的用户，点击"打开或关闭用户账户控制（UAC）"选项，取消 UAC 管理功能，然后按系统提示重启计算机。

（2）如果本来可以正常登录，但是这次登录时却提示"该页无法显示"怎么办？在使用网银的时候，很容易遇到这种情况。所以出现类似下面的几种情况时，可以一一排查。

- 可能是证书未连接到电脑，可以打开浏览器中的"Internet 选项"菜单，看是否浏览器已读到证书信息，是否证书没有插好，在确认证书连接到电脑后，再打开浏览器。

- 可能是载体管理工具文件损坏，检查客户的载体管理工具，通过工具检查证书状态、密码校验，看是否能成功，如确认损坏，直接安装驱动即可。

- 可能是证书到期。需要通过载体管理工具或浏览器中的"Internet 选项"菜单检查，如已到期，在到期日 3 个月内，可自行在 www.ccb.com 网站上进行到期换证，如到期已 3 个月后，须联系经办行重置证书。

- 可能是根证书丢失。需要联系经办行复制根证书安装即可。

- 可能是其他程序冲突，需要自查是否同时在使用其他银行，或证书等程序，部分程序可能会有冲突，如有其他证书在同时使用，建议暂时关闭其他证书或程序。

- 可能是浏览器控件问题，请检查浏览器 ActiveX 控件，改为"启用"状态。

- 可能是网址输入错误，或者使用了收藏夹的内容。请客户输入 https：//b2b.ccb.cn 登录高级版；或输入 www.ccb.com 登录简版。

（3）如果在转账的时候出现"错误代码 B917，该账号没有可供选择的操作员或操作员对该账号没有转账权限"怎么办？

可能的原因是主管未授予该操作员该账户的转账权限。需要请主管登录，在"操作员管理"→"操作员权限管理"中将该账号选中，并勾选相应的转账权限。若操作员对该账户有查询权限，应选择"修改"增加转账权限；操作员对该账户无任何权限，应选择"新增"增加转账权限。

可能操作员权限不对，需要让主管在"操作员管理"中检查所设置的操作员类型，是否未设置操作员，或只有制单（或只有复核），不能形成完整的流程。

正常情况下至少需要 1 个制单、1 个复核；如须一个人操作，需要通过经办行申请"单一授权"；开通单一授权后，设置操作员"单一授权"权限，无须设置流程。

（4）登录报错"输入信息有误，请核实后重新填写"是怎么回事？怎么处理？

- 如果是当日签约，次日才能使用。

- 可能是客户号输入错误，可以对照柜台打印的确认书，重新检查所输入的客户号是否正确；并输入正确的客户号进行登录。

- 可能是操作员号输入错误，第一次登录必须使用主管角色，操作员代码999999，其他操作员角色应由主管登录后设置相应的信息。

- 可能是临时文件未清理，需要打开浏览器，在"工具"或"选项"菜单下，进入"Internet 选项"菜单，点击删除文件。

- 对照柜台打印的确认书，检查所使用的网银盾及证书是否是主管角色。如经核实证书绑定有误，需要通过经办行申请证书重置。

（5）如果在办理网银业务的时候，遇到"签名数据错误"报错，如何处理？

这时需要下载"企业客户签名通"安装即可，其方法是打开 www.ccb.com 中国建设银行网站首页，然后点击页面左上方"网上银行服务"下面的"下载"按钮。

如果有已制单未复核或者已复核未审批的单据，那么可以删除吗？

只要下一级复核或者主管未复核、审批，就可以由制单、复核人员删除。

（6）做批量代发代扣或批量制单业务时，出现"上传文本格式错误"，应怎么解决？

**Step 01** 格式内容应按以下模版。

- 公对私批量代发文本格式内容为：序号 | 账号 | 姓名 | 金额 |
- 公对公批量代发文本格式内容为：收款账号 | 收款账号户名 | 收款方开户机构代码 | 转账金额 | 摘要 |
- 公对私批量代扣文本格式内容为：扣款账号 | 扣款账号户名 | 转账金额 |
- 公对公批量代扣文本格式内容为：序号 | 扣款账号 | 扣款账号户名 | 转账金额 | 摘要 |

最好使用中国建设银行客户端或 txt 文本格式制作批量代收代付文件，并检查文件内容，避免出现空格、空行等多余信息。

如姓名中有生僻字、特殊姓名（如英文、符号）等情况，建议使用单笔代收或单笔代付功能。

**Step 02** 如需使用 Excel，请注意不要添加任何不必要格式。特别是从其他系统中下载的内容、其他文件中复制的内容，如图 7.19 所示，通过"选择性粘贴"命令只粘贴文本，或只粘贴数值，以避免同时粘入其他格式。

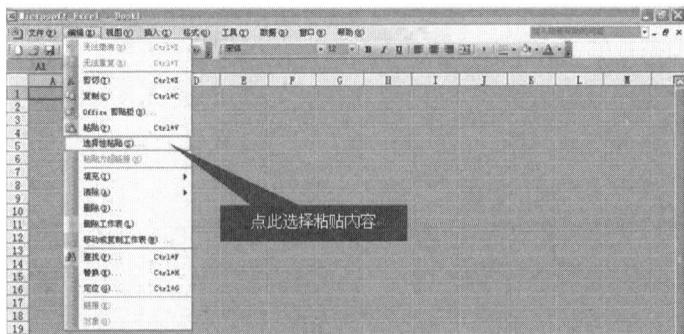

图 7.19　中国建设银行网银代发代扣注意事项

**Step 03** 复制文本时，如图 7.20 所示，在框中选择文本，以避免粘入其他格式。

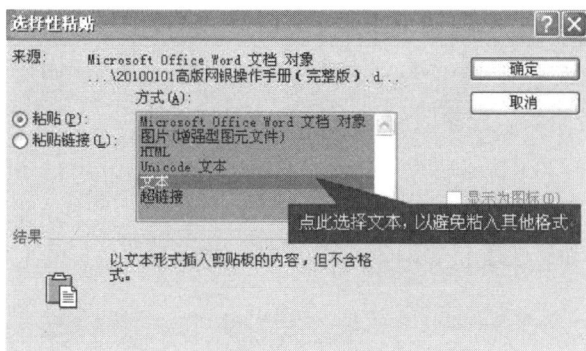

图 7.20　中国建设银行网银代发代扣注意事项

在"选择性粘贴"对话框中选择"数值"单选按钮，如图 7.21 所示。

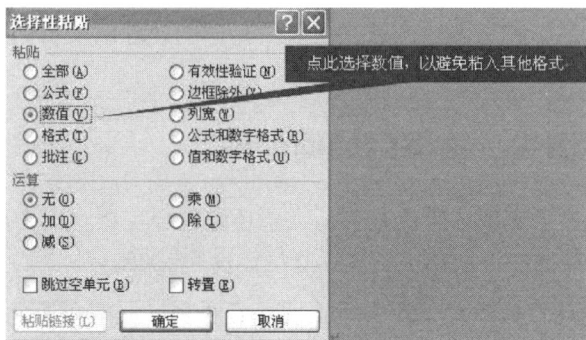

图 7.21　中国建设银行网银代发代扣注意事项

**Step 01**　在选择性粘贴数据时，须先将 B 列选为文本格式，如图 7.22 所示，否则，所粘贴账号可能显示不出完整的内容。

图 7.22　中国建设银行网银代发代扣注意事项

（7）需要掌握网银的时间，如果在节假日，或者上班时间以外，还可以使用网银吗？其实，这个时间有一些业务是可以使用网银的，比如查询业务，网银系统是 24 小时服务系统，任意时间点、任意地点均可使用。

有一部分需银行柜台处理的内容，包括跨行转账、凭证打印等操作需等待柜台营业时才可以完成，也就是双休日等国家法定假日，无法办理此类业务。如果在法定假日做了如转账支付等网银操作，那么需要等到最近的工作日，银行才会自动给办理。

## 7.4　老出纳支招

在平日的实际工作中，经常听到空头支票一词，下面来具体解释一下什么是空头支票，还有支票遗失、被盗后具体的处理以及密码支付器的使用方法。

### 7.4.1　支票遗失、被盗后如何处理

如果已经签发了支票，无论是普通支票还是现金支票，因为遗失、被盗等而丧失的，应立即向银行申请挂失。那么具体应该怎么做呢？

首先应当出具公函或有关证明，证明已经丢失，同时填写两联挂失申请书，加盖预留银行印鉴，向开户银行申请挂失止付。开户银行若查明该支票确未支付，经收取一定的挂失手续费后受理挂失，在挂失人账户中用红笔注明支票号码及挂失的日期。这样，丢失的支票就没有办法得到银行的付款，可以避免资金损失。

如果丧失的支票在挂失之前已经由付款银行支付票款的，由此所造成的一切损失，均由失票人自行负责。

### 7.4.2　空头支票是什么

空头支票是一个财务中经常可以看到的术语。它指公司签发了支票，但是支票上面的票面金额，超过银行存款账户的余额或透支限额，该支票失去效力。

签发空头支票是破坏结算纪律的行为，所以支票存根的背面，都写着如果签发空头支票，银行可以按规定对签发空头支票的公司按票面金额的一定比例且不低于一定的金额进行处罚。而且对签发空头支票骗取财物的，情节恶劣的，依法追究刑事责任。如果签发空头支票骗取财物的行为情节轻微，不构成犯罪，票据

法规定要依照国家有关规定给予行政处罚。

　　近年来，中国人民银行在规范支付结算秩序方面制定有关规定和措施，一般的银行也积极配合中国人民银行，虽然如此，空头支票案件仍时有发生，所以需要特别注意。

## 7.4.3　支付密码器的使用方法

　　在填写票据的时候都需要填写一个支付密码，这个支付密码是在申请开立该银行账户的时候向银行申请领取的一个支付密码器生出的。

　　这个支付密码通过把票据上的出票时间、票据金额、票据号码等要素输入支付密码器后生成一串 16 位的支付密码，票据交给银行后，银行会核对所填写的支付密码，也就是对照在票据上填写的要素与填写的支付密码翻译过来的要素是否一致，只有完全一致，银行才会付款。

　　下面来认识一下密码器，以及怎样生成支付密码。密码器如图 7.23 所示。

　　密码器使用步骤如下。

**Step 01**　左下角的按键是开机键，按开机键后如图 7.24 所示。

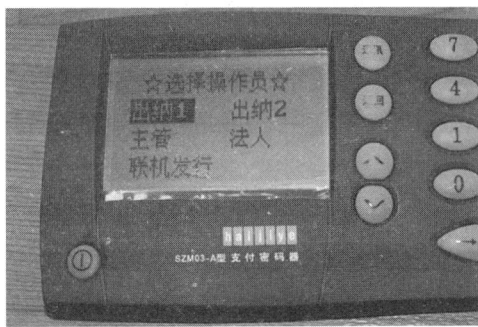

图 7.23　密码器　　　　　　　　　图 7.24　密码器开机画面

**Step 02**　选择出纳 1（银行会帮助设置权限，主管可设置出纳权限，法人可设置主管权限）并输入密码后，会显示出纳界面，如图 7.25 所示。

　　现在使用的各种支付密码器在外观上有一定区别，但功能大致相同，如有防拆功能（即不能随意拆卸）、都使用电池等特点。

　　选择"计算密码"选项，选择支付方式，如图 7.26 所示。选择"支票"选项，各个业务之间相差不大，只要按提示输入即可，如图 7.27 所示。

　　按提示录入各要素后，点右下角的确认键，需要的支付密码就出来了，一共

16 位。抄写到支票上的时候请注意一定要正确无误，因为在支票上是不允许涂改密码的。密码如图 7.28 所示。

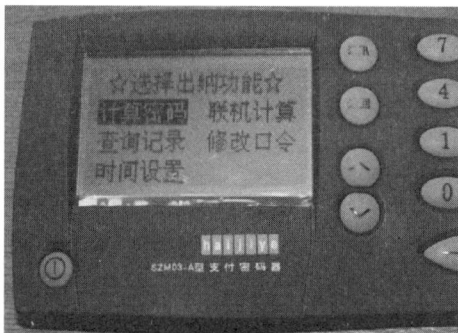

图 7.25　密码器出纳界面

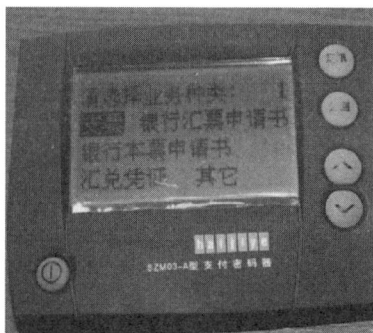

图 7.26　密码器业务种类选择

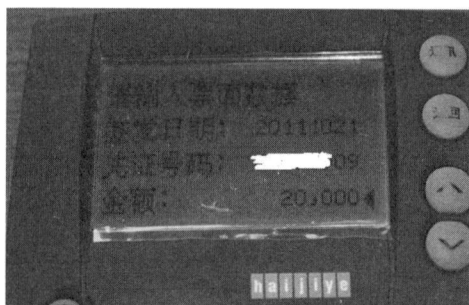

图 7.27　密码器要素录入

图 7.28　密码器支付密码

# 第 8 章

## 工商操作指南

前面章节所讲到的很多事项，都有一个基础，那就是先要成立一个公司，现在，来简单地看一下如何注册一个公司，注册公司应该注意哪些事项。

## 8.1　企业申请公司的登记流程

一个企业要成立，第一件事情就是到所在的工商局注册登记，拿到营业执照，才能开始以后的工作。

注册一个公司，应该按照下面的程序办理。

**Step 01**　在注册大厅名称核准科申请名称预先核准，领取注册表格。

**Step 02**　然后需要向工商部门提供准备好的公司注册的各种资料。包括有关部门对公司成立的审批文件等，工商部门会根据该文件办理审批。在这几步做完，材料备齐后到注册大厅受理窗口申报注册。

**Step 03**　在工商部门受理申报以后，申请者应该在通知的时间内按时到注册大厅发照科查询结果，领取营业执照。

营业执照分为正本和副本。正本应该按要求悬挂在营业场所，副本由专人保管，在办理相关事项时出示。

营业执照正本如图 8.1 所示。

营业执照副本如图 8.2 所示。

图 8.1　营业执照（正本）

图 8.2　营业执照（副本）

## 8.2　企业年检

在每　年的年检期间，企业应该定期到工商机构去办理营业执照的年检，因为企业年检是工商部门对企业资质的复核行为，只有通过才可以进行次年的企业经营活动。企业年检非常重要，所以应该有专人负责此事，注意不要过期。

现在来看一下普通企业申报营业执照年检的流程。

## 8.2.1　企业网上申报年检流程

企业年检可以通过网上申报年检和手工申报年检两种方式进行。网上申报年检非常方便和快捷，如果具备上网条件，最好采取网上申报年检的方式，其流程如下。

**Step 01** 在互联网上先搜索"企业网上年检系统"。要根据具体注册地进入主管工商局的年检系统网站，再按照网页里的提示进行网上注册和网上申报。

**Step 02** 在网上搜索到所属工商局的"网上年检系统入口"，然后看到登录界面的主要内容如图 8.3 所示。

**Step 03** 在登录成功后需要一步步地填制网站表格，首先是填制登记事项，逐项核对登记事项原状与现状是否一致，若登记事项原状与现状一致，则选"一致"单选按钮，否则选"不一致"单选按钮。选"不一致"单选按钮时，右侧出现文本框，按要求输入登记事项现状。其填制的内容如图 8.4 所示。

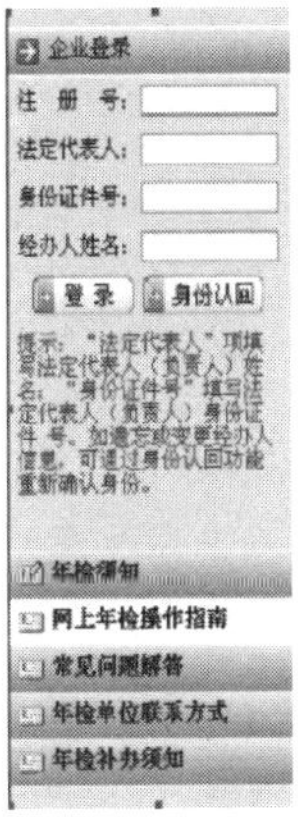

图 8.3　年检登录界面

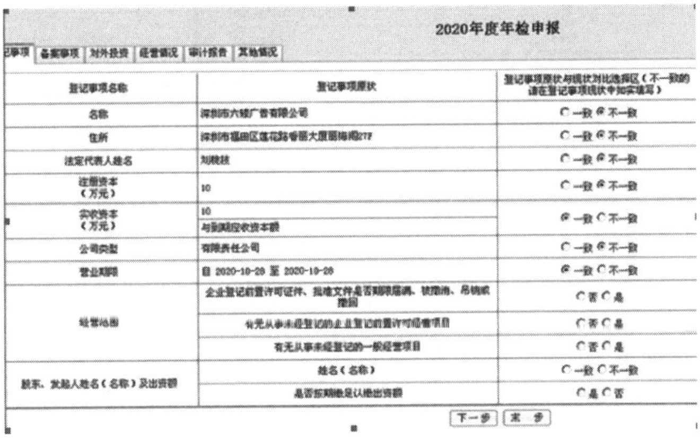

图 8.4　年检申报登记事项

**Step 04** 需要填列备案事项，如果企业在 2018 年度设立了分公司，则在"是否新设立分公司"项选择"是"单选按钮，然后在右侧出现的"分公司"项的下拉列表中选择"与备案一致"或"与备案不一致"选项；否则，在"是否新设立分公司"项选择"否"单选按钮。

**Step 05** 如果企业已进入清算，则在"公司是否进入清算"项中选择"是"单选按钮，然后在右侧出现的"公司清算组成人员及负责人"项的下拉列表中选择"与备案一致"或"与备案不一致"选项；否则，在"公司是否进入清算"项选择"否"单选按钮。其内容如图 8.5 所示。

**Step 06** 还需要填写对外投资情况、经营情况、审计报告（企业需要年度审计的时候填列）、财务报表（企业不需提交审计报告时，需填报财务报表，其实就是资产负债表和利润表）、其他事项等网络表格，经营情况如图 8.6 所示。

**Step 07** 在网上年检的流程中填完上面的表格以后，需要先通过初审。在注册和相关信息提交成功几个工作日后，查看年检结果，如果初审通过年检，按照提示打印相关材料。

图 8.5　年检申报备案事项

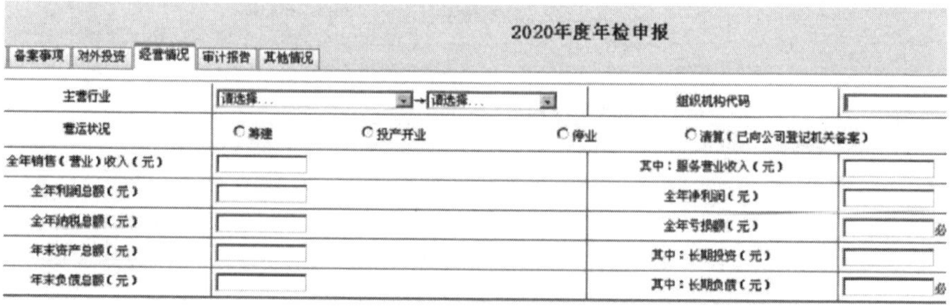

图 8.6　年检申报经营情况事项

## 8.2.2　企业年检审核内容

每年的工商年检都是需要企业认真准备的重要事情，虽然现在年检的流程已经得到极大的简化，但应该清楚工商年检中审查的具体内容，做到心中有数。

| 1 | 两年内是否有不良行为记录。 |
| 2 | 营业执照期限届满，届满需要重新办理。 |
| 3 | 有没有过去年度没有参加年检的情况。 |
| 4 | 经营场所是不是继续存在。 |
| 5 | 如果成立的时候需要经营项目的审批文件、许可证件，那么今年批准文件是否被撤销、吊销以及到期，经营活动是否在登记的经营范围之内。 |
| 6 | 是否有多次被消费者投诉举报的情况。 |
| 7 | 是否有案件未办结。 |

如果存在公司需要办理但没办理变更登记的情况，这就是说如果出现有变更的情况，要先办理变更，再进行当年的年检，因为年检时对提供的公司资料有以下审查内容。

| 1 | 是否按照规定使用公司名称，如果改变名称，是否有按照规定办理好变更登记。 |
| 2 | 如果改变了公司的注册地址是否按照规定办理变更登记。 |
| 3 | 如果变更了法定代表人或者单位负责人，是否有按照规定办理变更登记。 |
| 4 | 是否有虚报注册资本行为；在成立以后，股东和发起人是否按照规定缴纳出资，以及有无抽逃出资等违规行为。 |
| 5 | 如果股东和发起人转让了股权，是否按照规定办理变更登记。 |
| 6 | 如果需要修改公司的章程，变更了董事、监事、经理，是否按照规定办理备案手续。 |
| 7 | 如果设立了下属的分支机构，是否按照规定办理备案手续，是否有分公司被撤销、吊销营业执照等情况。 |
| 8 | 如果公司进入破产清算程序，是否按照规定办理备案手续。 |

如果有下属的分支机构，那么的年检材料主要审查下列内容。

| 1 | 是否按照规定使用名称，改变名称是否按照规定办理变更登记。 |
|---|---|
| 2 | 如果有营业（经营）场所的改变，是否按照规定办理变更登记。 |
| 3 | 如果负责人变更是否按照规定办理变更登记。 |
| 4 | 如果成立的时候需要经营项目的审批文件、许可证件，那么今年批准文件是否被撤销、吊销以及到期，经营活动是否在登记的经营范围之内。 |
| 5 | 隶属机构其他变更是否按照规定办理变更登记。 |

## 8.3 公司的合并、分立、解散清算

在知道成立注册流程和办理年检以后，下面我们来看一下办理公司合并、分立、解散清算的流程。

### 8.3.1 公司的合并

什么是公司的合并呢？公司合并指两个或两个以上的公司，订立了合并协议，然后依照规定，直接结合为一个公司的法律行为。

公司合并有不同的形式，一种是吸收合并，指一个公司，将其他公司吸收后继续存续，除了吸收的公司以外，被吸收的公司予以解散；另外一种是新设合并，指两个或两个以上的公司合并设立成为一个新的公司，合并各方全部解散。

依照《公司法》的相关规定，公司的合并流程有以下几项。

（1）要决定合并的对象，也就是做出合并决定或决议。如果是股份有限公司的合并，必须经过国务院授权的部门或者省级人民政府的批准，经批准同意才能合并。

（2）在决定并且得到合并的批准同意以后，需要和合并方进行商谈，然后签订合并协议。合并协议应当包括的主要内容有合并各方的全称、注册地址以及其他情况，还有合并后公司的名称、注册地址、资产状况及其处理办法；尤其重要的是合并后各方债权债务应当由合并存续之后的公司承继。

（3）在合并协议签订好后，应该清点资产和负债，编制资产负债表和财产清单，进行财产的盘点。

（4）清理债务情况后通知债权人。按照规定，应该自做出合并决议之日起的10天内发出通知书通知债权人，在30天内在报纸上公告。债权人在接到通知书

之日起 30 天内（如果没有接到通知书，那么从在报纸上公告之日起 45 天内），有权要求本来的公司清偿债务，如果不能清偿债务则应该提供相应的担保。如果不清偿债务或者不提供相应担保的，不能合并。

（5）在处理好上面的事项后，就可以办理合并登记手续。按照规定，公司合并应当自合并决议或者决定做出之日起 90 天后申请登记。

## 8.3.2　公司的分立

下面来看一下公司怎么分立。公司的分立，指一个公司依法签订分立协议，不进行清算，而分为两个或两个以上公司的法律行为。

公司的分立也有两种形式：一种是派生分立，公司本身不变，但是以部分资产另设一个或数个新的公司，也就是说原公司存续。

还有一种是新设分立，将公司的全部资产分别划归为两个或两个以上的新公司，而原公司予以解散。应该根据合同法的规定，在公司分立以后，除和债权人另有约定的以外，原来公司的债权债务，由分立以后的法人继承，享受连带债权并且承担连带的债务。

## 8.3.3　公司的解散清算

一家公司如果因为种种原因不再继续经营下去，那么就要进入公司的解散清算流程。按照公司解散原因的不同分为不同的清算类型，下面来了解公司的清算流程。

### 1. 公司解散的原因

如果因为某种原因公司需要解散，按原因分两种，一种是一般解散，一种是强制解散。

（1）一般解散，指出现了解散公司的事由，那么公司即可解散。公司一般解散的原因，主要有以下三种情况。

| 1 | 公司的章程规定的营业期限已经届满，或者公司章程规定的其他解散事由出现。 |
| 2 | 经过股东大会决议解散。 |
| 3 | 公司需要合并或者分立。 |

（2）强制解散，指由于某种情况的出现，主管机关或人民法院命令公司解

散。按照法规强制解散公司的原因主要有主管机关决定解散，或者责令关闭，吊销营业执照。

### 2. 非破产情况下的公司清算流程

所谓清算程序，就是终结已解散公司的一切法律关系和处理公司所有剩余财产的程序。按照规定，除合并或者分立进行的解散无须经过清算程序，以及因为破产而解散适用的是破产清算程序以外，其他情况都应该按公司法进行清算。

**Step 01** 要成立清算组。根据公司法的规定，应当自公司解散之日起 15 日内成立清算组。清算组专门负责公司财产的保管、清理、处理和分配工作。

**Step 02** 清理财产清偿债务。成立的清算组除对公司资产进行清理以外，还应该对公司的债权债务进行清理。而在清算期间，不得开展新的经营活动，也只有清算组能够处分公司的财产，其他任何人如果没有得到清算组的批准，不能随意处分公司财产。

公司的清算组先清理公司的财产，然后编制资产负债表和列出财产清单后，如果发现公司财产不足以清偿债务的，应当向人民法院申请宣告破产。如果经人民法院裁定宣告破产后，清算组应当将清算事务移交给人民法院。如果公司财产能够清偿公司债务的，清算组应先拨付清算费用，然后按照下列顺序清偿。

优先清偿职工工资和劳动保险费用，然后清偿所欠税款，再清偿公司的债务（债权人的权利），再分配剩余财产也就是股东权利。

> **注意**：清算组在支付清算费用、职工工资和保险费用、税金，以及公司债务后，清算组才将剩余的公司财产按照股东的出资比例或者持有的比例分配给股东。

在清算结束后，清算组应当制作清算报告，提交有关部门和股东大会确认。

### 3. 公司的破产清算流程

还有一种清算，和解散清算不同，是破产清算。破产清算指如果丧失债务的清偿能力时，由法院强制执行其全部财产，公平清偿全体债权人。破产概念专指破产清算制度，即债务人宣告破产、清算还债的制度。

清算，是企业破产的主要工作，工作量大、涉及工作程序、法律法规很复杂，基本分为以下步骤。

**Step 01**　企业被人民法院宣告破产。如果企业因经营管理不善，导致严重亏损，无力清偿到期债务，而且经和解和整顿以后仍不能实现约定的清偿义务，在由人民法院裁定后，宣告破产。

**Step 02**　宣告破产以后，由人民法院主持成立破产清算小组，成员一般由法院从破产企业的上级主管部门、财政部门、银行、工商、审计、经委、税务、物价、劳动、社保、土地、国资、人事等部门和专业人员中指定，负责清理企业的财产，处理善后事宜包括民事诉讼活动。

**Step 03**　清算组在人民法院宣告企业破产之日起 5 日内组成，然后立即接管破产企业的账册、文书、资料、印章行使权利。

**Step 04**　清算组依法接管破产企业后，开始处理善后事宜，包括对企业财产进行保管、清算、估价、变卖、分配，交付属于他人的财产，并且追收破产企业在法院受理破产案件前六个月至宣告破产之日期间内非法处理的财产。

**Step 05**　清算组在清理破产企业的财产，处理完善后事宜和破产债权后，在确定破产企业财产的基础上编制财产分配方案，提交债权人讨论，通过后交给人民法院裁定。

**Step 06**　清算组编制的破产财产分配方案经人民法院裁定后，清算组根据方案的要求以现金或者实物偿还破产企业的债务。清偿结果如果有剩余财产，在企业所有者之间进行再次分配。另外，清算组在接管破产企业后，应定时或不定时地向人民法院报告清算工作的进度，向人民法院负责。

**Step 07**　在清算组清偿完破产企业的债务后，清算工作结束，应当向人民法院报告，请求终结破产程序，解散清算组。

**Step 08**　在清偿后，应该由监察和审计部门负责，查明企业破产的责任，对责任人依责任大小给予行政、刑事处罚。

**Step 09**　在人民法院终结破产程序后，清算组应当在原破产企业登记机关注销其登记，终止其法人地位。

**Step 10**　从破产程序终结之日起一年内，如果发现破产企业有故意损害债权人利益的非法处置的财产，由人民法院负责追回，并按原清算组拟定并经债权人讨论、人民法院裁定的方案进行分配，如有剩余，股东可进行再次分配。

## 8.4 企业资本的变更登记

一般说来，如果企业规模发生了变化，也就是资本发生了改变，那么应该进行企业资本的变更登记。

变更登记需要提交以下资料。

（1）公司法定代表人签署的《公司变更登记申请书》并且加盖单位公章,《公司变更登记申请书》如表 8.1 所示。

表 8.1　公司变更登记申请书

注册号

| 项　　目 | 原登记事项 | 申请变更登记事项 |
|---|---|---|
| 名称 | | |
| 住所 | | |
| 邮政编码 | | |
| 法定代表人姓名 | | |
| 注册资本 | （万元） | （万元） |
| 实收资本 | （万元） | （万元） |
| 公司类型 | | |
| 经营范围 | | |
| 营业期限 | | |
| 股东（发起人） | | |
| 备案事项 | | |

本公司依照《中华人民共和国公司法》《中华人民共和国公司登记管理条例》申请变更登记，提交材料真实有效。谨此对真实性承担责任。

法定代表人签字：　　　　指定代表或委托代理人签字：　　　　公司盖章：

　　　年　月　日　　　　　　　　年　月　日　　　　年　月　日

注：1. 申请变更登记事项只填申请变更的内容。

　　2. 提交的文件、证件应当使用 A4 纸。

　　3. 应当使用钢笔、毛笔或签字笔工整地填写表格或签字。

（2）《公司股东（发起人）出资情况表》并且加盖公章;《公司股东（发起人）

出资情况表》如表 8.2 所示。

表 8.2　公司股东（发起人）出资情况表

| 股东（发起人）名称或姓名 | 证件名称及号码 | 认缴出资额（万元） | 出资方式 | 持股比例（％） | 实缴出资额（万元） | 出资时间 | 出资方式 | 余额交付期限 | 备注 |
|---|---|---|---|---|---|---|---|---|---|
|  |  |  |  |  |  |  |  |  |  |
|  |  |  |  |  |  |  |  |  |  |
|  |  |  |  |  |  |  |  |  |  |
|  |  |  |  |  |  |  |  |  |  |
|  |  |  |  |  |  |  |  |  |  |

注：1.　根据公司章程的规定及实际出资情况填写。
　　2.　"备注"栏填写下述字母：A. 企业法人；B. 社会团体法人；C. 事业法人；D. 国务院、省级人民政府、经授权的机构或部门；E. 自然人；F. 其他。
　　3.　出资方式填写：货币、非货币。

（3）《指定代表或者共同委托代理人的证明》加盖公章，及指定代表或委托代理人的身份证复印件。《指定代表或者共同委托代理人的证明》如表 8.3 所示。

表 8.3　指定代表或者共同委托代理人的证明

申请人：_____

指定代表或者：_____

委托代理人：_____

委托事项：_____

指定代表或委托代理人更正有关材料的权限：

1. 同意□　不同意□　修改任何材料；

2. 同意□　不同意□　修改企业自备文件的文字错误；

3. 同意□　不同意□　修改有关表格的填写错误；

4. 其他有权更正的事项：

指定或者委托的有效期限：自　　年　月　日至　　年　月　日

| 指定代表或委托代理人联系电话 | 固定电话： |
|---|---|
|  | 移动电话： |

（指定代表或委托代理人）

身份证明复印件粘贴处（指定代表或委托代理人
身份证明复印件粘贴处）

月　日
（申请人盖章或签字）

注：1. 设立登记，有限责任公司申请人为全体股东、国有独资公司申请人为国务院或地方人民政府国有资产监督管理机构；股份有限公司申请人为董事会；非公司企业申请人为出资人。企业变更、注销登记申请人为本企业。
　　2. 申请人是法人和经济组织的由其盖章；申请人是自然人的由其签字；申请人为董事会的由全体董事签字。
　　3. 指定代表或者委托代理人更正有关材料的权限：1、2、3项选择"同意"或"不同意"并在□中打√；第4项按授权内容自行填写。

（4）如果是有限责任公司，则需要提交同意变更资本的股东会决议，如果是股份有限公司需要提交同意变更资本的股东大会会议记录，如果是有限责任公司，应该由代表三分之二以上表决权的股东签署同意变更资本；如果是一人有限责任公司应提交股东的书面决定。这些记录或者决定的内容都应当包括：增加／减少注册资本的数额和出资方式、认缴日期。股东应该由本人签字，法人股东应该加盖公章。

（5）法定代表人签署同意的公司章程修正案。

（6）如果是股份有限公司，并且以募集方式增加注册资本的，应提交国务院证券监督管理机构的核准文件，以及法律、行政法规和国务院规定变更注册资本必须报经批准的有关文件或者许可证书复印件，并且加盖公司公章。

（7）公司减少注册资本的，提交刊登减资公告的报纸报样。

（8）公司营业执照副本原件。

# 第 9 章

## 税务操作指南

在大部分公司的财务工作中，税务工作都是极其重要的工作。依法纳税是每一个人每一个企业应尽的义务，更是公司运营不可缺少的环节。因此应当对税务工作有一个基本的了解，本章将会介绍税收的分类、登记、申报、核算以及税务上的注意事项。

## 9.1　国税和地税的区分

笔者刚开始接触税务工作的时候，税务局分国税局和地税局。2018 年 6 月 15 日，全国各省（自治区、直辖市）级以及计划单列市国税局、地税局合并。国税和地税有什么具体的区别和联系呢？下面来一一介绍。

国税局系统主要负责下列税种的征收和管理。

- 增值税

- 消费税

- 车辆购置税

- 铁道部门、各银行总行、各保险总公司集中缴纳的所得税、城建税

- 中央企业缴纳的企业所得税

- 中央与地方所属企业、事业单位组成的联营企业、股份制企业缴纳的所得税

- 地方银行、非银行金融企业缴纳的所得税

- 海洋石油企业缴纳的所得税、资源税

- 证券交易征收的印花税

- 个人所得税中对储蓄存款利息所得征收的部分

- 中央税的滞纳金、补税、罚款

（西藏自治区只设立国家税务局，征收和管理税务系统负责的所有项目，但是暂不征收消费税、房产税、城镇土地使用税、契税和烟叶税。）

地方税务局系统主要负责下列税种的征收和管理。

- 纳税人销售其取得的不动产的增值税

- 其他个人出租不动产的增值税

- 企业所得税（地方国有企业、集体企业、私营企业缴纳的企业所得税）

- 个人所得税（不包括对银行存款利息所得征收的部分）

- 资源税

- 印花税

- 城市维护建设税（不包括由国家税务局系统负责征收的部分）

- 房产税

- 城镇土地使用税

- 耕地占用税
- 契税
- 土地增值税
- 车船税
- 烟叶税
- 地方税的滞纳金、补税、罚款

## 9.2　税务登记

了解完国税和地税的区别之后，接下来了解一下怎么进行税务登记。

公司应该自领取营业执照开始的 30 天内，向生产经营地的主管税务机关申报办理税务登记。到税务机关应该填写税务登记表，并且向税务机关提供下面的证件。

（1）工商营业执照或其他核准执业证件。

（2）有关公司成立的合同、股东大会章程协议书等成立文件。

（3）法定代表人或负责人居民身份证、护照或者其他合法证件。

（4）主管税务机关要求提供的其他有关证件资料。

目前已经三证合一，营业执照已代替税务登记证、组织机构代码证。

## 9.3　税务登记变更

当公司的名称、法定代表人、经济类型、经营地点、生产经营范围、开户银行及账号等内容发生改变时，应当自工商行政管理机关办理变更登记之日起 30 天内，持营业执照、变更登记的有关证明文件向主管税务机关提出变更登记的书面申请报告。

办理变更登记时，应当向主管税务机关领取一式三份的变更税务登记表，逐项填写并加盖企业印章后，在领取登记表之日起 10 天内报送主管税务机关，经主管税务机关核准后，报有关税务机关批准，同意予以变更的，应当按照规定的期限到主管税务机关领取有关证件。

## 9.4　税务登记注销

如果发生解散、破产、撤销以及其他情形需要终止纳税义务的话，应在向工商行政管理机关或者其他机关办理注销登记前，持有关证件向税务登记机关申报办理注销税务登记。

**Step 01** 应该到办税服务厅的相关窗口领取并填写《注销税务登记申请审批表》，根据实际情况填写注销原因。

**Step 02** 应该交回发票领购簿及有关涉税证件，并且到税务发票窗口缴销还未使用的发票。如果有未缴清的税款，此时应该到办税服务大厅申报缴清应补纳的税款。

**Step 03** 在注销得到税务机关审核批准以后，税务机关窗口会发给一个《注销税务通知书》。

> **注意**：如果被工商行政管理机关吊销营业执照或者被其他机关予以撤销登记的，应当自营业执照被吊销之日起 15 天内，向原税务登记机关申报办理注销税务登记。

## 9.5 小规模纳税人和一般纳税人的区别

小规模纳税人和一般纳税人是主管税务机关根据税法认定的，小规模纳税人和一般纳税人有以下区别。

（1）小规模纳税人和一般纳税人使用的发票不同。

小规模纳税人只能使用普通发票；购进货物或应税劳务即使取得了增值税专用发票也不能抵扣。而一般纳税人销售货物或提供应税劳务可以开具增值税专用发票；购进货物或应税劳务可以作为当期进项税抵扣。

（2）小规模纳税人和一般纳税人税金的计算方法不同。

小规模纳税人直接按销售收入乘以税率计算应纳增值税额，而一般纳税人是按"抵扣制"计算增值税的，计算方法相对复杂，这点会在后面的 9.7 节具体讲到。

（3）小规模纳税人和一般纳税人税金的税率不同。

小规模纳税人，一般是按 3% 税率计算税金。一般纳税人分为 0 税率、6%、9% 税率和 13% 税率，其中最普遍的是 13% 税率。

（4）小规模纳税人和一般纳税人收到增值税专用发票后的做账方法不同。

小规模纳税人按全部金额一并计入成本。一般纳税人按购入商品的价款部分计入成本，发票上的税款部分计入"应交税费——应交增值税——进项税额"科目。

**实例 9-1　　红光公司的账务处理**

红光公司从事商品零售业，是小规模纳税人，今年从光华公司购入价值 10 000 元的货物，光华公司为一般纳税人企业。

根据光华公司给红光公司开具的 10 000 元增值税专用发票，红光公司的账务处理如下。

因为一般纳税人出售货物的税率是 13%，那么开具的增值税专用发票上面税额是 1 300 元。

借：原材料——其他　　　　　　　　　　　11 300

　　贷：应付账款——银行存款　　　　　　　　11 300

如果红光公司也是一般纳税人企业，那么同样是根据增值税专用发票，则红光公司的账务处理如下。

借：原材料　　　　　　　　　　　　　　　10 000

　　应交税费——应交增值税（进项税额）　　1 300

　　贷：应付账款——银行存款　　　　　　　　11 300

## 9.6　如何办理纳税申报

在办理好税务登记工作和明白一些概念以后，来看看如何办理纳税申报。目前纳税申报有三种方式。

（1）直接申报，指直接到税务机关办理税务申报。这是网络申报之前传统的申报方式，办理流程一般是先到税务大厅排号，填写相应税种的纳税申请表，然后到相应的服务窗口打印税票，再去指定的银行缴纳税款。办理申报尤其是零申报时，一般需要有相应的主管税务机关的税收专管员签字才能申报。

**注意**：零申报指在一个月份、季度、年中没有应纳税额的情况，这个时候不能不申报，而是要在当期提交一个申报数字为零的申报。

（2）邮寄申报，指如果得到税务机关的批准，那么可以使用统一规定的纳税申报特快专递专用信封，通过邮政部门办理交寄手续，并向邮政部门索取收据作为申报凭据来办理纳税申报。

（3）数据电文申报，就是通常所说的网上申报，现在企业一般都采用这种方式。有的税务局还开通了手机申报的方式。

## 9.7　税金的核算

了解税金核算之前，需要了解"税种"，它指在一国税收体系中的具体税收种类。一般按征税对象的不同来分类，这是税种最基本也是最主要的分类方法。

按照这个标准，我国税种大体可分为以下五个种类。

（1）对流转额的征税。

（2）对所得额的征税。

（3）对资源的征税。

（4）对财产的征税。

（5）对行为的征税。

下面简要介绍一下我国主要的，也是在工作上最常见的几种纳税种类的核算方式。

## 9.7.1　增值税解释、算法与实例

增值税是什么呢？简单的说，是对"增值"征税的税种。增值额指一家公司或个人在销售货物，从事加工修理等劳务或者进口货物的过程中自己创造的那部分价值。这部分价值包括了货物和劳务价值。

增值税在我国有较长的历史。自 1979 年开始试行，现在已经成为中国最主要的税种之一，按照上面税收的五种分类方式，属于第一种即对流转额的征税类。

增值税在我国实现的税收收入占全部税收收入的 60% 以上，毫无疑问是最大的一个税种。目前，针对增值税的相关法律法规也非常严格，对于这个税种的核算和缴纳，一定要高度重视，以避免给国家、企业和个人带来不必要的损失。

### 1. 增值税谁征收

增值税是由谁征收的呢？简单地说，除进口环节由海关征收以外，其他由国家税务局负责征收。国家税务局对于征收到的税收收入中，有 75% 为中央财政收入，其余 25% 为地方财政收入。

### 2. 增值税的税款计算方法

以上对于增值税有了大概的了解，现在来了解一下增值税的税款计算方法。

增值税的计算公式如下：

$$应纳税额 ＝ 销项税额 － 进项税额$$

首先，我国的增值税也采用国际上普遍的税款抵扣方法。什么叫税款抵扣方法呢？也就是说，对于一般纳税人，计算增值税可以分成三个步骤。

**Step 01** 销项税额的计算。

根据销售商品或劳务的销售额，乘以规定的税率计算出应纳的销项税额。注意，这里是根据销售额计算出的纳税额。这个纳税额并不是最后真正缴纳给税务局的最终应纳税额。最后的应纳税额还要经过后两个步骤的计算才能得出。

注意：如果计算的销售额是含税的销售额，通常含税的销售额也就是的卖出价而不是成本价，那么还应该通过一个公式把它计算为不含税的销售额。

含税销售额 ÷ （1+ 税率）= 不含税销售额

不含税销售额 × 税率 = 销项税额

**Step 02** 进项税额的计算。

在获得原材料或者其他加工物资也就是发生成本的过程中，所支付的成本价里实际已经包含了该物资的增值税，所以这部分增值税是不用重复缴纳的。所以，如果取得了合法的凭据，那么就可以根据该凭据确定进项税额，比如将增值税专用发票上面的金额作为进项税额。

**Step 03** 应纳增值税额的抵扣计算。

用前面计算出的销项税额，减去进项税额，销项税额和进项税额的差额就是增值部分应交的税额，也就是应该真正缴纳给税务局的增值税。这种计算方法，体现了按增值因素计税的原则。

提示：上述计算方法和公式都只适用于一般纳税人，即可以开具增值税专用发票的纳税人。

下面来看一个例子。

**实例 9-2　　一般纳税人税款计算**

光华服装批发公司为一般纳税人，2×20 年 1 月初从服装厂购入服装 500 件，支付该笔购货款 9 000 元，并从服装厂取得 9 000 元的增值税专用发票。在 1 月该批发公司以每件服装 25 元的价格卖出，共获得销售收入 12 500 元。

**Step 01** 计算销项税额。

因为零售价是含税收入，所以要先把含税的销售收入换算为不含税的销售收入。

不含税销售额=含税销售额÷（1+税率）=12 500÷（1+13%）=11 061.95（元）（结果四舍五入到分）

应纳销项税额=11 061.95×13%=1 438.05（元）（结果四舍五入到分）

**Step 02** 计算进项税额。

因为取得了服装厂的合法凭据增值税专用发票，所以该进项可抵扣税额计算如下。

应纳进项税额=9 000×13%=1 170（元）。

**Step 03** 计算增值税应纳税额。

增值税应纳税额=销项税额－进项税额=1 438.05–1 170=268.05（元）

所以该服装批发公司1月份的增值税应该缴纳268.05元。

纳税人是小规模纳税人的，销售货物或者应税劳务，实行简单办法计算应纳税额。按照销售额（不包括应纳税额）和规定的税率计算应纳税额，不得抵扣进项税额。其计算公式为：

应纳税额=销售额 × 征收率

与上面的公式类似，小规模纳税人中销售货物或应税劳务采用合并定价方法的，可按下列公式计算销售额，即把含税销售额换算为不含税销售额。

不含税销售额=含税销售额÷（1+征收率）

**实例 9-3    小规模纳税人税款计算**

靓丽服装零售店为小规模纳税人，2×20年4月购进服装90套，4月当月以每套50元的价格全部卖出，那么因为零售价格每套50元为含税价格，在计算增值税的时候应该将其换算为不含税价格后才可以计税。

计税销售额=（50×90）÷（1+3%）=4 368.93（元）（结果四舍五入到分）

所以应纳税额=计税销售额 × 征收率=4 368.93×3%=131.07（元）

（结果四舍五入到分）

**3. 营改增**

1984年国务院颁布《中华人民共和国增值税条例（草案）》；1993年12月13日，国务院颁布了《中华人民共和国增值税暂行条例》，12月25日，财政部下发了《中华人民共和国增值税暂行条例实施细则》，于 1994 年 1 月 1 日起施行；2009 年起，开始在全国范围内实现增值税由生产型向消费型的转变；2016 年 5 月 1 日起，全面推开营改增试点，至此，现行营业税全部改征增值税。

增值税征收范围包括：在中国境内销售货物或者进口货物；在中国境内提供加工、修理修配劳务；中国境内销售应税服务、无形资产或不动产。

税率分为三档：13%、9% 和 6% 三档（不含零税率）。

（1）提供交通运输、邮政、基础电信、建筑、不动产租赁服务，销售不动产，转让土地使用权，税率为 9%。

（2）提供有形动产租赁服务，税率为 13%。

（3）境内单位和个人发生的跨境应税行为，税率为零。具体范围由财政部和国家税务总局另行规定。

（4）纳税人发生应税行为，除本条第（1）（2）（3）项规定外，税率为 6%。

增值税征收率为 3%，财政部和国家税务总局另有规定的除外。

增值税的计税依据为其销售额（进口货物的计税依据为规定的组成计税价格）。

### 4. 增值税税额的计算

增值税的计税方法，包括一般计税方法和简易计税方法。一般纳税人发生应税行为适用一般计税方法计税。小规模纳税人发生应税行为适用简易计税方法计税。

一般纳税人发生财政部和国家税务总局规定的特定应税行为，可以选择适用简易计税方法计税，但一经选择，36 个月内不得变更。

（1）一般计税方法的应纳税额，指当期销项税额抵扣当期进项税额后的余额。应纳税额计算公式：

$$应纳税额 = 当期销项税额 - 当期进项税额$$

当期销项税额小于当期进项税额不足抵扣时，其不足部分可以结转下期继续抵扣。

$$销项税额 = 销售额 \times 税率$$

一般计税方法的销售额不包括销项税额，纳税人采用销售额和销项税额合并定价方法的，按照下列公式计算销售额。

$$销售额 = 含税销售额 \div （1 + 税率）$$

注意：下列进项税额准予从销项税额中抵扣。

①从销售方取得的增值税专用发票（含税控机动车销售统一发票，下同）上注明的增值税额。

②从海关取得的海关进口增值税专用缴款书上注明的增值税额。

③购进农产品，除取得增值税专用发票或者海关进口增值税专用缴款书外，按照农产品收购发票或者销售发票上注明的农产品买价和13%的扣除率计算的进项税额。计算公式为：进项税额＝买价×扣除率

④从境外单位或者个人购进服务、无形资产或者不动产，自税务机关或者扣缴义务人取得的解缴税款的完税凭证上注明的增值税额。

（2）简易计税方法的应纳税额，指按照销售额和增值税征收率计算的增值税额，不得抵扣进项税额。应纳税额计算公式：

$$应纳税额＝销售额×征收率$$

简易计税方法的销售额不包括其应纳税额，纳税人采用销售额和应纳税额合并定价方法的，按照下列公式计算销售额：

$$销售额＝含税销售额÷（1+征收率）$$

纳税人适用简易计税方法计税的，因销售折让、中止或者退回而退还给购买方的销售额，应当从当期销售额中扣减。扣减当期销售额后仍有余额造成多缴的税款，可以从以后的应纳税额中扣减。

5. 增值税纳税地点

（1）固定业户应当向其机构所在地或者居住地主管税务机关申报纳税。总机构和分支机构不在同一县（市）的，应当分别向各自所在地的主管税务机关申报纳税；经财政部和国家税务总局或者其授权的财政和税务机关批准，可以由总机构汇总向总机构所在地的主管税务机关申报纳税。

（2）非固定业户应当向应税行为发生地主管税务机关申报纳税；未申报纳税的，由其机构所在地或者居住地主管税务机关补征税款。

（3）其他个人提供建筑服务，销售或者租赁不动产，转让自然资源使用权，应向建筑服务发生地、不动产所在地、自然资源所在地主管税务机关申报纳税。

（4）扣缴义务人应当向其机构所在地或者居住地主管税务机关申报缴纳扣缴的税款。

### 6. 增值税纳税期限

增值税的纳税期限分别为 1 日、3 日、5 日、10 日、15 日、1 个月或者 1 个季度。纳税人的具体纳税期限，由主管税务机关根据纳税人应纳税额的大小分别核定。以 1 个季度为纳税期限的规定适用于小规模纳税人、银行、财务公司、信托投资公司、信用社，以及财政部和国家税务总局规定的其他纳税人。不能按照固定期限纳税的，可以按次纳税。

纳税人以 1 个月或者 1 个季度为 1 个纳税期的，自期满之日起 15 日内申报纳税；以 1 日、3 日、5 日、10 日或者 15 日为 1 个纳税期的，自期满之日起 5 日内预缴税款，于次月 1 日起 15 日内申报纳税并结清上月应纳税款。

# 9.7.2　企业所得税解释、算法与表格填写

了解增值税以后，来了解上面税种的第二种，对所得税的征收。

首先要知道的是纳税的主体。企业所得税中的"企业"，指按国家规定登记和注册的组织。

特别注意的是，如果是个人独资企业或者合伙企业，是不缴纳企业所得税，而是只缴纳个人所得税。如果再缴纳企业所得税，那么就重复纳税。

### 1. 所得税纳税计算方法

所得税纳税的计算公式为：

$$企业所得税应纳税额 = 当期应纳税所得额 × 税率$$

按照新税法的规定，企业所得税的税率为 25%。如果企业是国家认定的高新技术企业，税率为 15%。

> **提示**：高新技术企业的认定是按照相关规定向税务局申请的。即使是高新技术企业但是不申请的话还是按照普通企业，也就是 25% 的税率缴纳企业所得税。企业所得税有很多减免的相关政策法规，大家可以根据自己的实际情况予以使用。

企业所得税虽然是按年计算的，但是为保证国家税款缴纳的及时、均衡，对企业所得税采取分期（按月或季）预缴、年终汇算清缴的办法。也就是说，在一个季度终了后，无论盈利还是亏损，都应向主管税务机关报送企业所得税申报表和会计报表。

然后根据纳税季度的实际数进行预缴，按实际数预缴有困难的，可以按上一

年度应纳税所得额的1/12或1/4进行预缴，或者经当地税务机关认可的其他方法分期预缴所得税。预缴方法是一经确定，不能随意改变的。

到年度终了时，报送企业所得税申报表和年度会计报表，然后税务机关在5个月内，根据企业全年的应纳税额进行汇算清缴，税金根据全年已预缴数，多退少补。

提示：这里不包括清算的情况，也就是说，如果要进行清算，应在办理工商注销登记之前，向主管税务机关办理所得税申报，这时就不必按季度或者按年。

### 2. 企业所得税月（季）度预缴纳税申报表

根据上面的介绍，可以知道，企业所得税申报可以分为月度预缴及季度预缴，企业所得税月（季）度预缴纳税申报表如表9.1所示。

表9.1　企业所得税月（季）度预缴纳税申报表

中华人民共和国
企业所得税月（季）度预缴纳税申报表（A类）

税款所属期间：　　年　月　日至　　年　月　日

纳税人识别号：□□□□□□□□□□□□□□□

纳税人名称：　　　　　　　金额单位：　　　　人民币元（列至角分）

| 行次 | 项　目 | 本期金额 | 累计金额 |
|---|---|---|---|
| 1 | 一、按照实际利润额预缴 | | |
| 2 | 营业收入 | | |
| 3 | 营业成本 | | |
| 4 | 利润总额 | | |
| 5 | 加：特定业务计算的应纳税所得额 | | |
| 6 | 减：不征税收入 | | |
| 7 | 免税收入 | | |
| 8 | 弥补以前年度亏损 | | |
| 9 | 实际利润额（4行+5行−6行−7行−8行） | | |
| 10 | 税率（25%） | | |

续上表

| 行次 | 项　　目 | 本期金额 | 累计金额 |
|---|---|---|---|
| 11 | 应纳所得税额 | | |
| 12 | 减：减免所得税额 | | |
| 13 | 减：实际已预缴所得税额 | —— | |
| 14 | 减：特定业务预缴（征）所得税额 | | |
| 15 | 应补（退）所得税额（11 行 -12 行 -13 行 -14 行） | —— | |
| 16 | 减：以前年度多缴在本期抵缴所得税额 | | |
| 17 | 本期实际应补（退）所得税额 | | |
| 18 | **二、按照上一纳税年度应纳税所得额平均额预缴** | | |
| 19 | 上一纳税年度应纳税所得额 | —— | |
| 20 | 本月（季）应纳税所得额（19 行 ×1/4 或 1/12） | | |
| 21 | 税率（25%） | | |
| 22 | 本月（季）应纳所得税额（20 行 ×21 行） | | |
| 23 | **三、按照税务机关确定的其他方法预缴** | | |
| 24 | 本月（季）确定预缴的所得税额 | | |
| 25 | 总分机构纳税人 | | | |
| 26 | 总机构 | 总机构应分摊所得税额（15 行或 22 行或 24 行 × 总机构应分摊预缴比例） | | |
| 27 | | 财政集中分配所得税额 | | |
| 28 | | 分支机构应分摊所得税额（15 行或 22 行或 24 行 × 分支机构应分摊比例） | | |
| 29 | | 其中：总机构独立生产经营部门应分摊所得税额 | | |
| 30 | | 总机构已撤销分支机构应分摊所得税额 | | |
| 31 | 分支机构 | 分配比例 | | |
| 32 | | 分配所得税额 | | |

　　谨声明：此纳税申报表是根据《中华人民共和国企业所得税法》《中华人民共和国企业所得税法实施条例》和国家有关税收规定填报的，是真实的、可靠的、完整的。

法定代表人（签字）：　　　年　月　日

| 纳税人公章：<br><br>会计主管：<br><br>填表日期：　　年　月　日 | 代理申报中介机构公章：<br>经办人：<br>经办人执业证件号码：<br>代理申报日期：　　年　月　日 | 主管税务机关受理专用章：<br><br>受理人：<br><br>受理日期：　　年　月　日 |
|---|---|---|

国家税务总局监制

按照上面的表格所示，在月度或者季度预缴的时候，填列的表还算是比较少的，但是在一个年度终了以后，需要填报年度所得税申报表。

### 3. 企业所得税年度纳税申报表封面

年度报表封面如表9.2所示。

**表9.2　所得税年度纳税申报表封面**

**中华人民共和国企业所得税年度纳税申报表**

税款所属期间：　　　年　月　日至　　　年　月　日

纳税人识别号：□□□□□□□□□□□□□□□□□□

纳税人名称：

金额单位：人民币元（列至角分）

**谨声明**：此纳税申报表是根据《中华人民共和国企业所得税法》《中华人民共和国企业所得税法实施条例》、有关税收政策以及国家统一会计制度的规定填报的，是真实的、可靠的、完整的。

法定代表人（签章）：　　　　　　　　　　　　　　年　月　日

| 纳税人公章：<br>会计主管： | 代理申报中介机构公章：<br>经办人：<br>经办人执业证件号码： | 主管税务机关受理专用章：<br>受理人： |
|---|---|---|
| 填表日期：<br>年　月　日 | 代理申报日期：<br>年　月　日 | 受理日期：<br>年　月　日 |

国家税务总局监制

需要填列的企业所得税年度申报主表如表9.3所示。

这里需要注意的是，填表的时候并不是直接就先填写主表，在填写的时候需要按照一定的顺序，先填写相应的附表。

· 198 ·

因为附表是主表的明细表，主表中的数据分别对应相应的附表，可以看到表 9.3 中每一行次括号中的说明，分别写明了每一个行次的对应关系。

- 所得税附表一为收入明细表，直接对应主表。
- 所得税附表二为成本费用明细表，直接对应主表。
- 所得税附表三为纳税调整项目明细表，对应主表。
- 所得税附表四为企业所得税弥补亏损明细表，对应主表。

**4. 企业所得税年度纳税申报表**

表 9.3　企业所得税年度纳税申报表

中华人民共和国企业所得税年度纳税申报表（A 类）

| 行次 | 类别 | 项　目 | 金额 |
|------|------|--------|------|
| 1 | 利润总额计算 | 一、营业收入（填写 A101010\101020\103000） | |
| 2 | | 减：营业成本（填写 A102010\102020\103000） | |
| 3 | | 营业税金及附加 | |
| 4 | | 销售费用（填写 A104000） | |
| 5 | | 管理费用（填写 A104000） | |
| 6 | | 财务费用（填写 A104000） | |
| 7 | | 资产减值损失 | |
| 8 | | 加：公允价值变动收益 | |
| 9 | | 投资收益 | |
| 10 | | 二、营业利润（1-2-3-4-5-6-7+8+9） | |
| 11 | | 加：营业外收入（填写 A101010\101020\103000） | |
| 12 | | 减：营业外支出（填写 A102010\102020\103000） | |
| 13 | | 三、利润总额（10+11-12） | |
| 14 | 应纳税所得额计算 | 减：境外所得（填写 A108010） | |
| 15 | | 加：纳税调整增加额（填写 A105000） | |
| 16 | | 减：纳税调整减少额（填写 A105000） | |
| 17 | | 减：免税、减计收入及加计扣除（填写 A107010） | |
| 18 | | 加：境外应税所得抵减境内亏损（填写 A108000） | |
| 19 | | 四、纳税调整后所得（13-14+15-16-17+18） | |
| 20 | | 减：所得减免（填写 A107020） | |
| 21 | | 减：抵扣应纳税所得额（填写 A107030） | |
| 22 | | 减：弥补以前年度亏损（填写 A106000） | |
| 23 | | 五、应纳税所得额（19-20-21-22） | |

续上表

| 行次 | 类别 | 项　　目 | 金额 |
|---|---|---|---|
| 24 | | 税率（25%） | |
| 25 | | 六、应纳所得税额（23×24） | |
| 26 | | 减：减免所得税额（填写 A107040） | |
| 27 | | 减：抵免所得税额（填写 A107050） | |
| 28 | | 七、应纳税额（25−26−27） | |
| 29 | | 加：境外所得应纳所得税额（填写 A108000） | |
| 30 | | 减：境外所得抵免所得税额（填写 A108000） | |
| 31 | 应纳税额计算 | 八、实际应纳所得税额（28+29−30） | |
| 32 | | 减：本年累计实际已预缴的所得税额 | |
| 33 | | 九、本年应补（退）所得税额（31−32） | |
| 34 | | 其中：总机构分摊本年应补（退）所得税额（填写 A109000） | |
| 35 | | 财政集中分配本年应补（退）所得税额（填写 A109000） | |
| 36 | | 总机构主体生产经营部门分摊本年应补（退）所得税额（填写 A109000） | |
| 37 | 附列资料 | 以前年度多缴的所得税额在本年抵减额 | |
| 38 | | 以前年度应缴未缴在本年入库所得税额 | |

### 5. 企业所得税年度纳税申报表：收入明细表

企业所得税年度纳税申报表附表一，收入明细如表 9.4 所示。

表 9.4　企业所得税年度纳税申报表——收入明细表
一般企业收入明细表

| 行次 | 项　　目 | 金　额 |
|---|---|---|
| 1 | 一、营业收入（2+9） | |
| 2 | （一）主营业务收入（3+5+6+7+8） | |
| 3 | 1．销售商品收入 | |
| 4 | 其中：非货币性资产交换收入 | |
| 5 | 2．提供劳务收入 | |
| 6 | 3．建造合同收入 | |

续上表

| 行次 | 项　　目 | 金　额 |
|---|---|---|
| 7 | 　　4．让渡资产使用权收入 | |
| 8 | 　　5．其他 | |
| 9 | （二）其他业务收入（10＋12＋13＋14＋15） | |
| 10 | 　　1．销售材料收入 | |
| 11 | 　　　其中：非货币性资产交换收入 | |
| 12 | 　　2．出租固定资产收入 | |
| 13 | 　　3．出租无形资产收入 | |
| 14 | 　　4．出租包装物和商品收入 | |
| 15 | 　　5．其他 | |
| 16 | 二、营业外收入（17＋18＋19＋20＋21＋22＋23＋24＋25＋26） | |
| 17 | 　（一）非流动资产处置利得 | |
| 18 | 　（二）非货币性资产交换利得 | |
| 19 | 　（三）债务重组利得 | |
| 20 | 　（四）政府补助利得 | |
| 21 | 　（五）盘盈利得 | |
| 22 | 　（六）捐赠利得 | |
| 23 | 　（七）罚没利得 | |
| 24 | 　（八）确实无法偿付的应付款项 | |
| 25 | 　（九）汇兑收益 | |
| 26 | 　（十）其他 | |

### 6．企业所得税年度纳税申报表：成本费用明细表

企业所得税年度纳税申报表附表二，成本费用明细如表 9.5 所示。

表 9.5　企业所得税年度纳税申报表——成本费用明细表

一般企业成本支出明细表

| 行次 | 项　　目 | 金　额 |
|---|---|---|
| 1 | 一、营业成本（2＋9） | |

续上表

| 行次 | 项　目 | 金　额 |
|:---:|:---|:---:|
| 2 | （一）主营业务成本（3+5+6+7+8） | |
| 3 | 　　1. 销售商品成本 | |
| 4 | 　　　其中：非货币性资产交换成本 | |
| 5 | 　　2. 提供劳务成本 | |
| 6 | 　　3. 建造合同成本 | |
| 7 | 　　4. 让渡资产使用权成本 | |
| 8 | 　　5. 其他 | |
| 9 | （二）其他业务成本（10+12+13+14+15） | |
| 10 | 　　1. 材料销售成本 | |
| 11 | 　　　其中：非货币性资产交换成本 | |
| 12 | 　　2. 出租固定资产成本 | |
| 13 | 　　3. 出租无形资产成本 | |
| 14 | 　　4. 包装物出租成本 | |
| 15 | 　　5. 其他 | |
| 16 | 二、营业外支出（17+18+19+20+21+22+23+24+25+26） | |
| 17 | 　　（一）非流动资产处置损失 | |
| 18 | 　　（二）非货币性资产交换损失 | |
| 19 | 　　（三）债务重组损失 | |
| 20 | 　　（四）非常损失 | |
| 21 | 　　（五）捐赠支出 | |
| 22 | 　　（六）赞助支出 | |
| 23 | 　　（七）罚没支出 | |
| 24 | 　　（八）坏账损失 | |
| 25 | 　　（九）无法收回的债券股权投资损失 | |
| 26 | 　　（十）其他 | |

## 7. 企业所得税年度纳税申报表：纳税调整项目明细表

企业所得税年度纳税申报表附表三，纳税调整项目明细如表 9.6 所示。

表 9.6　企业所得税年度纳税申报表——纳税调整项目明细表

纳税调整项目明细表

| 行次 | 项　　目 | 账载金额 | 税收金额 | 调增金额 | 调减金额 |
|---|---|---|---|---|---|
| | | 1 | 2 | 3 | 4 |
| 1 | 一、收入类调整项目（2+3+4+5+6+7+8+10+11） | * | * | | |
| 2 | （一）视同销售收入（填写 A105010） | * | | | * |
| 3 | （二）未按权责发生制原则确认的收入（填写 A105020） | | | | |
| 4 | （三）投资收益（填写 A105030） | | | | |
| 5 | （四）按权益法核算长期股权投资对初始投资成本调整确认收益 | * | * | * | |
| 6 | （五）交易性金融资产初始投资调整 | * | * | | * |
| 7 | （六）公允价值变动净损益 | | * | | |
| 8 | （七）不征税收入 | * | * | | |
| 9 | 其中：专项用途财政性资金（填写 A105040） | * | * | | |
| 10 | （八）销售折扣、折让和退回 | | | | |
| 11 | （九）其他 | | | | |
| 12 | 二、扣除类调整项目（13+14+15+16+17+18+19+20+21+22+23+24+26+27+28+29） | * | * | | |
| 13 | （一）视同销售成本（填写 A105010） | * | | * | |
| 14 | （二）职工薪酬（填写 A105050） | | | | |
| 15 | （三）业务招待费支出 | | | | * |
| 16 | （四）广告费和业务宣传费支出（填写 A105060） | * | * | | |
| 17 | （五）捐赠支出（填写 A105070） | | | | * |
| 18 | （六）利息支出 | | | | |
| 19 | （七）罚金、罚款和被没收财物的损失 | | * | | * |

| 行次 | 项　　目 | 账载金额 | 税收金额 | 调增金额 | 调减金额 |
|---|---|---|---|---|---|
| | | 1 | 2 | 3 | 4 |
| 20 | （八）税收滞纳金、加收利息 | | * | | * |
| 21 | （九）赞助支出 | | * | | * |
| 22 | （十）与未实现融资收益相关在当期确认的财务费用 | | | | |
| 23 | （十一）佣金和手续费支出 | | | | * |
| 24 | （十二）不征税收入用于支出所形成的费用 | * | * | | * |
| 25 | 　　　其中：专项用途财政性资金用于支出所形成的费用（填写 A105040） | * | * | | * |
| 26 | （十三）跨期扣除项目 | | | | |
| 27 | （十四）与取得收入无关的支出 | | * | | * |
| 28 | （十五）境外所得分摊的共同支出 | * | * | | * |
| 29 | （十六）其他 | | | | |
| 30 | 三、资产类调整项目（31+32+33+34） | * | * | | |
| 31 | （一）资产折旧、摊销（填写 A105080） | | | | |
| 32 | （二）资产减值准备金 | | * | | |
| 33 | （三）资产损失（填写 A105090） | | | | |
| 34 | （四）其他 | | | | |
| 35 | 四、特殊事项调整项目（36+37+38+39+40） | * | * | | |
| 36 | （一）企业重组（填写 A105100） | | | | |
| 37 | （二）政策性搬迁（填写 A105110） | * | * | | |
| 38 | （三）特殊行业准备金（填写 A105120） | | | | |
| 39 | （四）房地产开发企业特定业务计算的纳税调整额（填写 A105010） | * | | | |
| 40 | （五）其他 | * | * | | |
| 41 | 五、特别纳税调整应税所得 | * | * | | |
| 42 | 六、其他 | * | * | | |
| 43 | 合计（1+12+30+35+41+42） | * | * | | |

**8. 企业所得税年度纳税申报表：企业所得税补亏损明细表**

企业所得税年度纳税申报表附表四，企业所得税弥补亏损明细如表 9.7 所示。

表9.7 企业所得税弥补亏损明细表

| 行次 | 项目 | 年度 | 纳税调整后所得 | 合并、分立转入（转出）可弥补的亏损额 | 当年可弥补的亏损额 | 以前年度亏损已弥补额 | | | | | 本年度实际弥补的以前年度亏损额 | 可结转以后年度弥补的亏损额 |
|---|---|---|---|---|---|---|---|---|---|---|---|---|
| | | | | | | 前四年度 | 前三年度 | 前二年度 | 前一年度 | 合计 | | |
| | | 1 | 2 | 3 | 4 | 5 | 6 | 7 | 8 | 9 | 10 | 11 |
| 1 | 前五年度 | | | | | | | | | | | * |
| 2 | 前四年度 | | | | | * | | | | | | |
| 3 | 前三年度 | | | | | * | * | | | | | |
| 4 | 前二年度 | | | | | * | * | * | | | | |
| 5 | 前一年度 | | | | | * | * | * | * | * | | |
| 6 | 本年度 | | | | | * | * | * | * | * | | |
| 7 | 可结转以后年度弥补的亏损额合计 | | | | | | | | | | | |

**9. 企业所得税年度纳税申报表：税收优惠明细表**

企业所得税年度纳税申报表附表五，税收优惠明细如表 9.8 所示。

表9.8 企业所得税年度纳税申报表——税收优惠明细表

免税、减计收入及加计扣除优惠明细表

| 行次 | 项 目 | 金 额 |
|---|---|---|
| 1 | 一、免税收入（2+3+4+5） | |
| 2 | （一）国债利息收入 | |
| 3 | （二）符合条件的居民企业之间的股息、红利等权益性投资收益（填写 A107011） | |
| 4 | （三）符合条件的非营利组织的收入 | |
| 5 | （四）其他专项优惠（6+7+8+9+10+11+12+13+14） | |
| 6 | 1. 中国清洁发展机制基金取得的收入 | |
| 7 | 2. 证券投资基金从证券市场取得的收入 | |
| 8 | 3. 证券投资基金投资者获得的分配收入 | |

续上表

| 行次 | 项　目 | 金　额 |
|---|---|---|
| 9 | 　4. 证券投资基金管理人运用基金买卖股票、债券的差价收入 | |
| 10 | 　5. 取得的地方政府债券利息所得或收入 | |
| 11 | 　6. 受灾地区企业取得的救灾和灾后恢复重建款项等收入 | |
| 12 | 　7. 中国期货保证金监控中心有限责任公司取得的银行存款利息等收入 | |
| 13 | 　8. 中国保险保障基金有限责任公司取得的保险保障基金等收入 | |
| 14 | 　9. 其他 | |
| 15 | 二、减计收入（16+17） | |
| 16 | 　（一）综合利用资源生产产品取得的收入（填写 A107012） | |
| 17 | 　（二）其他专项优惠（18+19+20） | |
| 18 | 　1. 金融、保险等机构取得的涉农利息、保费收入（填写 A107013） | |
| 19 | 　2. 取得的中国铁路建设债券利息收入 | |
| 20 | 　3. 其他 | |
| 21 | 三、加计扣除（22+23+26） | |
| 22 | 　（一）开发新技术、新产品、新工艺发生的研究开发费用加计扣除（填写 A107014） | |
| 23 | 　（二）安置残疾人员及国家鼓励安置的其他就业人员所支付的工资加计扣除（24+25） | |
| 24 | 　1. 支付残疾人员工资加计扣除 | |
| 25 | 　2. 国家鼓励的其他就业人员工资加计扣除 | |
| 26 | 　（三）其他专项优惠 | |
| 27 | 合计（1+15+21） | |

**10. 境外所得税抵免计算明细表**

企业所得税年度纳税申报表附表六，境外所得税抵免计算明细如表9.9所示。

表9.9 境外所得税收抵免明细表

| 行次 | 国家(地区) | 境外税前所得 | 境外所得纳税调整后所得 | 弥补境外以前年度亏损 | 境外应纳税所得额 | 抵减境内亏损 | 抵减境内亏损后的境外应纳税所得额 | 税率 | 境外所得应纳税额 | 境外所得可抵免税额 | 境外所得抵免限额 | 本年可抵免境外所得税额 | 未超过境外所得税抵免限额的余额 | 本年可抵免以前年度抵免境外所得税额 | 按简易办法计算 | | | | 境外所得抵免所得税额合计 |
|---|---|---|---|---|---|---|---|---|---|---|---|---|---|---|---|---|---|---|---|
| | | | | | | | | | | | | | | | 按低于12.5%的实际税率计算的抵免额 | 按12.5%计算的抵免额 | 按25%计算的抵免额 | 小计 | |
| | 1 | 2 | 3 | 4 | 5(3-4) | 6 | 7(5-6) | 8 | 9(7×8) | 10 | 11 | 12 | 13(11-12) | 14 | 15 | 16 | 17 | 18(15+16+17) | 19(12+14+18) |
| 1 | | | | | | | | | | | | | | | | | | | |
| 2 | | | | | | | | | | | | | | | | | | | |
| 3 | | | | | | | | | | | | | | | | | | | |
| 4 | | | | | | | | | | | | | | | | | | | |
| 5 | | | | | | | | | | | | | | | | | | | |
| 6 | | | | | | | | | | | | | | | | | | | |
| 7 | | | | | | | | | | | | | | | | | | | |
| 8 | | | | | | | | | | | | | | | | | | | |
| 9 | | | | | | | | | | | | | | | | | | | |
| 10 | 合计 | | | | | | | | | | | | | | | | | | |

### 11. 广告费和业务宣传跨年度纳税调整表

广告费和业务宣传费跨年度纳税调整如表 9.10 所示。

表 9.10 企业所得税年度纳税申报表——广告费和业务宣传跨年度纳税调整表

广告费和业务宣传费跨年度纳税调整明细表

| 行次 | 项　目 | 金额 |
|---|---|---|
| 1 | 一、本年广告费和业务宣传费支出 | |
| 2 | 减：不允许扣除的广告费和业务宣传费支出 | |
| 3 | 二、本年符合条件的广告费和业务宣传费支出（1-2） | |
| 4 | 三、本年计算广告费和业务宣传费扣除限额的销售（营业）收入 | |
| 5 | 税收规定扣除率 | |
| 6 | 四、本企业计算的广告费和业务宣传费扣除限额（4×5） | |
| 7 | 五、本年结转以后年度扣除额（3>6，本行 =3-6；3 ≤ 6，本行 =0） | |
| 8 | 加：以前年度累计结转扣除额 | |
| 9 | 减：本年扣除的以前年度结转额［3>6，本行 =0；3 ≤ 6，本行 =8 或（6-3）孰小值］ | |
| 10 | 六、按照分摊协议归集至其他关联方的广告费和业务宣传费（10 ≤ 3 或 6 孰小值） | |
| 11 | 按照分摊协议从其他关联方归集至本企业的广告费和业务宣传费 | |
| 12 | 七、本年广告费和业务宣传费支出纳税调整金额（3>6，本行 =2+3-6+10-11；3 ≤ 6，本行 =2+10-11-9） | |
| 13 | 八、累计结转以后年度扣除额（7+8-9） | |

### 12. 资产折旧、摊销纳税调整明细表

企业所得税年度纳税申报表附表资产折旧、摊销纳税调整明细如表 9.11 所示。

表 9.11 企业所得税年度纳税申报表——资产折旧、摊销纳税调整明细表

资产折旧、摊销情况及纳税调整明细表

| 行次 | 项　目 | 账载金额 | | | 税收金额 | | | | | 纳税调整 | |
|---|---|---|---|---|---|---|---|---|---|---|---|
| | | 资产账载金额 | 本年折旧、摊销额 | 累计折旧、摊销额 | 资产计税基础 | 按税收一般规定计算的本年折旧、摊销额 | 本年加速折旧额 | 其中：2018 年及以后年度新增固定资产加速折旧额（填写 A105081） | 累计折旧、摊销额 | 金额 | 调整原因 |
| | | 1 | 2 | 3 | 4 | 5 | 6 | 7 | 8 | 9（2-5-6） | 10 |
| 1 | 一、固定资产（2+3+4+5+6+7） | | | | | | | | | | |

| 行次 | 项　　目 | 账载金额 | | | 税收金额 | | | | | 纳税调整 | |
|---|---|---|---|---|---|---|---|---|---|---|---|
| | | 资产账载金额 | 本年折旧、摊销额 | 累计折旧、摊销额 | 资产计税基础 | 按税收一般规定计算的本年折旧、摊销额 | 本年加速折旧额 | 其中：2018年及以后年度新增固定资产加速折旧额（填写A105081） | 累计折旧、摊销额 | 金额 | 调整原因 |
| | | 1 | 2 | 3 | 4 | 5 | 6 | 7 | 8 | 9（2-5-6） | 10 |
| 2 | （一）房屋、建筑物 | | | | | | | | | | |
| 3 | （二）飞机、火车、轮船、机器、机械和其他生产设备 | | | | | | | | | | |
| 4 | （三）与生产经营活动有关的器具、工具、家具等 | | | | | | | | | | |
| 5 | （四）飞机、火车、轮船以外的运输工具 | | | | | | | | | | |
| 6 | （五）电子设备 | | | | | | | | | | |
| 7 | （六）其他 | | | | | | | | | | |
| 8 | 二、生产性生物资产（9+10） | | | | | | | * | | | |
| 9 | （一）林木类 | | | | | | | * | | | |
| 10 | （二）畜类 | | | | | | | * | | | |
| 11 | 三、无形资产（12+13+14+15+16+17+18） | | | | | | * | * | | | |
| 12 | （一）专利权 | | | | | | * | * | | | |
| 13 | （二）商标权 | | | | | | * | * | | | |
| 14 | （三）著作权 | | | | | | * | * | | | |
| 15 | （四）土地使用权 | | | | | | * | * | | | |
| 16 | （五）非专利技术 | | | | | | * | * | | | |
| 17 | （六）特许权使用费 | | | | | | * | * | | | |
| 18 | （七）其他 | | | | | | * | * | | | |

续上表

| 行次 | 项　目 | 账载金额 | | | 税收金额 | | | | | 纳税调整 | |
|---|---|---|---|---|---|---|---|---|---|---|---|
| | | 资产账载金额 | 本年折旧、摊销额 | 累计折旧、摊销额 | 资产计税基础 | 按税收一般规定计算的本年折旧、摊销额 | 本年加速折旧额 | 其中：2018年及以后年度新增固定资产加速折旧额（填写A105081） | 累计折旧、摊销额 | 金额 | 调整原因 |
| | | 1 | 2 | 3 | 4 | 5 | 6 | 7 | 8 | 9（2-5-6） | 10 |
| 19 | 四、长期待摊费用（20+21+22+23+24） | | | | | | * | * | | | |
| 20 | （一）已足额提取折旧的固定资产的改建支出 | | | | | | * | * | | | |
| 21 | （二）租入固定资产的改建支出 | | | | | | * | * | | | |
| 22 | （三）固定资产的大修理支出 | | | | | | * | * | | | |
| 23 | （四）开办费 | | | | | | * | * | | | |
| 24 | （五）其他 | | | | | | * | * | | | |
| 25 | 五、油气勘探投资 | | | | | | * | * | | | |
| 26 | 六、油气开发投资 | | | | | | * | * | | | |
| 27 | 合计（1+8+11+19+25+26） | | | | | | | | | | * |

上述的附表，并不只是和申报的主表有关系，附表和附表之间还有一定的对应关系。

- 附表5税收优惠表，对应附表3纳税调整明细表（对应税基的行次）。

- 附表6境外所得抵免表，对应附表3纳税调整明细表（对应调减的行次），对应主表应纳税或抵免税额、减免税或抵免税额。

- 附表7以公允价值调整明细表，对应附表3纳税调整明细表。

- 附表8广告费纳税调整表，对应附表3纳税调整明细表。

- 附表9资产折旧纳税调整表，对应附表3纳税调整明细表。

- 附表10减值准备调整明细表，对应附表3纳税调整明细表。

● 附表 11 股权投资所得明细表，对应附表 3 纳税调整明细表。

因为表之间的相互关系，所以在填写企业所得税年表的时候需要遵循一定的顺序填写，这样可以使上报的表不容易发生错误，填写的程序更合理，可以更好地保证质量和效率。建议填表的顺序如下。

依次填写附表 1 收入表、附表 2 成本表、附表 4 弥补亏损明细表、附 5 表优惠明细表、附表 6 境外所得税抵免计算明细表、附表 7 以公允价值计量资产纳税调整表、附表 8 广告费和业务宣传费跨年度纳税调整表、附表 9 资产折旧、摊销纳税调整明细表、附表 10 资产减值准备项目调整明细表、附表 11 长期股权投资所得（损失）明细表。

最后，再填写主表与附表 3 纳税调整明细表的可填写项。

如果没有某项附表的内容，则该附表上报空表，尤其是很多调整减免的科目，都需要得到主管税务机关的批准才能填写，否则是上报不了的。即使是空表，或者本年零申报，也需要签字盖章，在来年所得税汇算清缴截止之前，按照要求上报主管的税务机关。

然后按照前一年，也就是申报的所得税所属期预缴的金额和年报汇算出的应缴额，多退少补。

## 9.7.3　印花税

在了解上面一些主要的税种以后，再来了解一下印花税。印花税也是一种常见的税种，在下面五种情况下缴纳印花税。

● 签订的合同或者虽然不是合同但是具有合同性质需要上缴印花税。
● 订立了产权转移的书据，其中包括转计版权、专用权、专利权、土地使用权等。
● 营业账簿，也就是账册。
● 领取的权利、许可证和执照。
● 财政部确定的其他需要征税的情况。
● 按照上面不同的类型，印花税实行两种不同的征收方式。

### 1. 从价计征的方式

签订的合同，应该以合同上记载的金额、收入或费用作为计税金额；税率根据不同的合同类型有万分之三、万分之五、千分之一的税率。

产权转移书据应该以书据中的金额作为计税依据，税率为万分之五。

营业账簿，如果是记载资金的营业账簿，应该以实收资本和资本公积两项合计的金额为计税依据，2018 年 5 月 1 日起按万分之五税率贴花的资金账簿减半征收印花税。

按比例税率计算应纳税额：应纳税额 = 计税金额 × 适用税率

**2. 从量计征的方式**

除记载资金的账簿外，其他营业账簿以数量作为计税依据，也就是按件数贴花，每本 5 元。2018 年 5 月 1 日起按件贴花五元的其他账簿免征印花税。

领取的权利、许可证和执照，以计税数量为计税依据，也是按件数贴花，每本 5 元。

按定额税率计算应纳税额：应纳税额 = 凭证数量 × 单位税额

## 9.8　老出纳支招

现在在市面上到处都能看到卖假发票的消息，这种看似成本低廉的"假发票"危害在哪里？能不能收取假发票？日益普及的电子报税正逐步取代传统的报税方法，怎么利用电子报税系统进行税务申报？下面予以讲解。

## 9.8.1　小利不可贪

**实例 9-4　　假发票要不得**

采购人员小黄给公司采购了一些零星材料，价值 9 000 元，为了采购价格更便宜，没有取得正规的发票，他听信小广告购买了一些非法的假发票，予以报销。在年终税务检查的时候，这笔假发票被税务人员当场查了出来，要求公司补税，并且加收罚金。小黄很委屈，因为照理说，采购材料应该是材料供应商上税，为什么被检查出来后是自己补税。

很多人都有一个误区，认为该代扣代缴的税就不重要，实际上这是非常错误的想法。很多时候并不是在为自己纳税，而是按照税法规定在为别的企业或者个人代扣代缴。这里的问题在于，代扣代缴义务人承担责任时也是按偷税论处的。

也就是说，如果没有依法代扣代缴，也是偷税，和不为自己缴纳税款是一个性质。

这就要求在税收管理的环节一定要注意代扣代缴的税款，比如代扣的职工薪金所得、红利所得、其他所得以及进行的经济业务一定要取得正规合法的发票，才能入账。千万不能贪图小便宜。现在，铺天盖地都是制售假发票的小广告和短消息，就某一方面来说，假发票似乎满足了一些企业的"需要"，但是这种行为却是违法的。

　　因为一旦税务稽查检查中发现假发票，企业除了照章补税，按日加收滞纳金以外，还要缴纳行政处罚金，而且此时想再花钱买真发票也不行，因为税务发票定期换版，过去的旧版真发票没有办法找，企业被查到了就只得认罚。所以，使用假发票其实不但省不了钱，实际上，使用假发票的成本是相当高的。

## 9.8.2　电子申报好处多

　　电子申报，也就是现在的计算机网上申报纳税是目前非常受企业欢迎且日趋普及的申报方式，有的税务局甚至发展到必须利用计算机才能进行正常申报纳税的地步。

　　（1）电子申报方式一般是在联网的计算机上先安装相应的税务软件，然后在计算机里直接录入应纳税额等申报数据并且提交成功后就可以完成税务申报，不必到税务局窗口去办理，非常方便。

　　（2）网上申报还可以快捷清晰地查询到自己以往的纳税记录，当前的完税情况和已经提交的财务报表，连税务局的最新通知也一目了然。

　　电子申报还有一种方式，是在没有联网的计算机上安装报税软件，在计算机里完成录入以后，生成申报介质文件，通过移动存储设施，如移动 U 盘等，将申报文件直接复制税务局相应的计算机上，再由税务局的人员进行相应的操作。

　　（3）在电子纳税申报成功以后，税务局的电子系统会自动从相关联的银行账户进行扣款纳税，可以说是一步到位，大大节省去税务局大厅排队申报然后再去银行排队办理缴税业务的时间。可以将银行扣除税金后出具的单据作为完税凭证，也可以根据银行出具的单据到税务机关打印相关税票。

## 9.8.3　国税申报流程

　　纳税人应在次月 1 日到 15 日内自行或委托社会中介机构到所在国税机关办税服务厅纳税申报窗口办理纳税申报。下面以"用户名口令用户"为例，介绍网上纳税申报流程。

　　**Step 01**　下载申报软件。进入北京市国家税务局网 http：//beijing.chinatax.gov.cn，如图 9.1 所示。

图9.1　北京市国家税务局

**Step 02**　单击"网上办税"→"网上申报"按钮，进入网上纳税申报页面，如图9.2和图9.3所示。

图9.2　网上申报

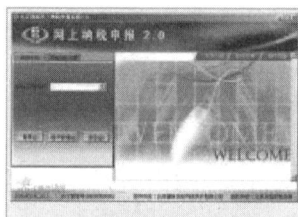

[点击查看大图]

图9.3　下载

**Step 03**　单击"点击下载"按钮，进入下载对话框，如图9.4所示。

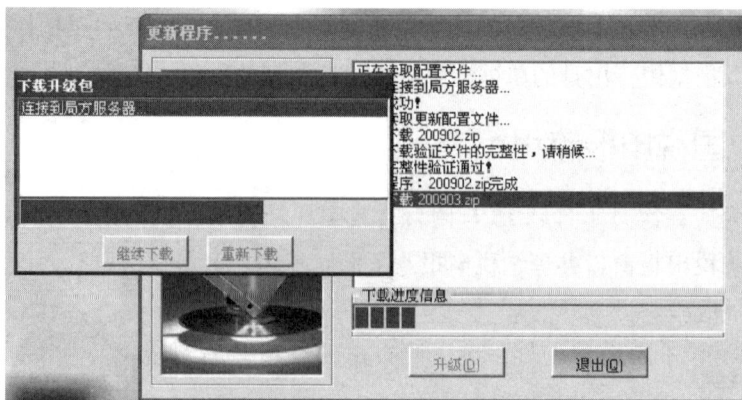

图9.4　进行下载

**Step 04** 下载完成后，出现如图 9.5 所示的界面，在"纳税人识别号"下拉列表框中选择纳税人识别号，然后单击"用户管理"按钮。

**Step 05** 在进入的对话框中，单击"新建用户"按钮，如图 9.6 所示，自动弹出"纳税声明"对话框。

图 9.5　用户管理

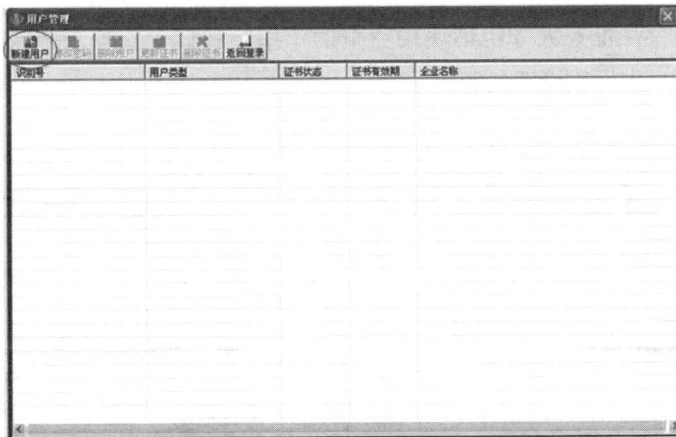

图 9.6　新建用户

**Step 06** 阅读系统声明的内容后，单击"同意"按钮，如图 9.7 所示。

**Step 07** 之后，自动弹出"添加用户"对话框，该对话框中有申报方式的选择、纳税人识别号的填写及登录密码设置。

（1）申报方式选择：如果用户在税务大厅申请了免费的用户名口令登录方式或 IC 卡转网上申报，可选择"用户名口令用户"。

（2）本地登录密码：即用户使用网上报税系统时自己设置的登录密码。

（3）登录密码确认：要求和"本地登录密码"内容一致。

（4）填写完成后，单击"建立用户"按钮，如图 9.8 所示。

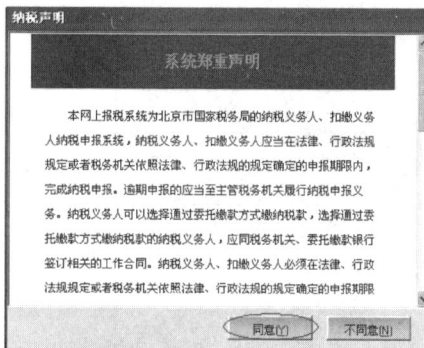

图 9.7　单击"同意"按钮　　　　　　　图 9.8　建立用户

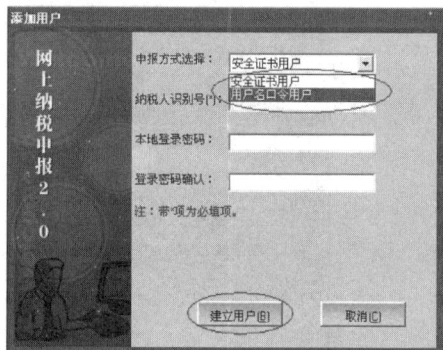

**Step 08**　之后系统会弹出提示信息对话框，单击"是"按钮，如图 9.9 所示。

**Step 09**　在弹出的页面中输入交易密码，如图 9.10 所示。交易密码即企业在税务大厅申请使用免费的"用户名口令"登录方式时，在税务大厅里设置的密码。

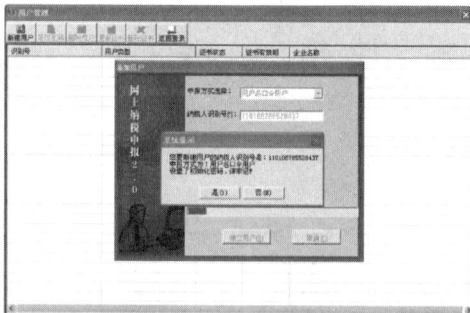

图 9.9　系统提示对话框　　　　　　　图 9.10　设置密码

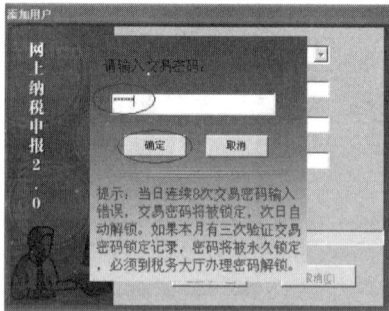

**Step 10**　输入完成后，单击"确定"按钮，完成新建用户，如图 9.11 所示。

## 9.8.4　修改交易密码

在"用户管理"界面中单击"修改密码"按钮，系统自动弹出操作窗口，如图 9.12 所示。此窗口包括修改登录密码和修改交易密码。

图 9.11　完成新建用户

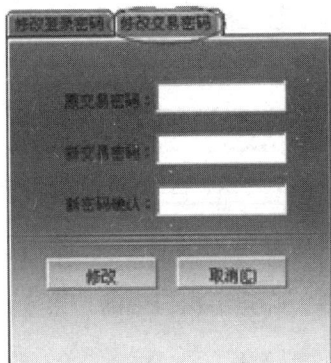

图 9.12　修改交易密码界面

"本地登录密码"是企业安装网上纳税申报系统后，新建用户时设置的密码。"交易密码"是企业在税务大厅设置的 6 位数字密码。

## 9.8.5　填写申报表

**Step 01** 下载申报表。企业以"用户名口令方式"登录系统后，系统会自动下载当前征期的报表，并弹出窗口要求输入与服务器交互的交易密码，如图 9.13 所示。交易密码即为企业在税务大厅设置的 6 位数字密码。输入密码之后单击"确定"按钮，进入报表页面填写报表。

**Step 02** 上传申报表。填完报表后上传报表时，系统要求用户录入交易密码，如图 9.14 所示。交易密码为企业在税务大厅设置的 6 位数字密码。单击"确定"按钮，进行报表申报。

申报资料上传完成后，可打印税收缴款书，已办理三方协议的企业可在申报后直接划款交税；没有办理三方协议的企业，须持税收缴款书到所在银行基本户交税。

其他操作如新建报表、填写报表、打印报表、查询缴款凭证、税库银联网扣款、数据备份与恢复等，与数字证书登录方式操作方法一致。

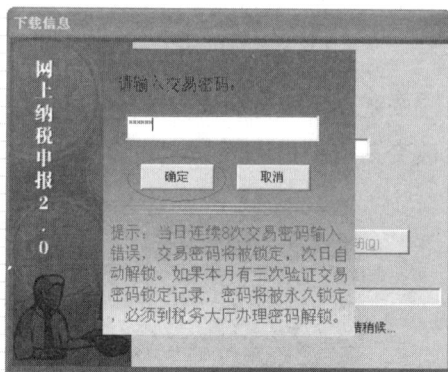

图 9.13　填写报表

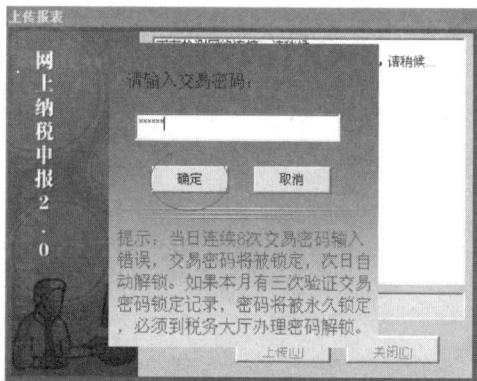

图 9.14　上传报表

具体操作说明，登录网上纳税申报系统后，可选择"帮助"→"系统帮助"命令，在弹出窗口中的"第 5 章软件功能使用说明"中有详细的说明。

# 第 10 章

## 社保操作指南

开立一个公司，聘请员工，那么一定会涉及怎样按照国家规定给予员工福利待遇的问题，也就需要了解怎样给员工办理和变更、注销社会保险和住房公积金。

## 10.1　办理社会保险登记的原则与相关规定

先来了解一下，办理社会报销登记的原则和相关规定。

根据相关规定，参加社会保险的公司，必须办理社会保险登记，并且领取《社会保险登记证》。参加社会保险的单位，未办理社会保险登记的，应补办社会保险登记手续。社会保险登记证的内容如表 10.1 所示。

表 10.1　社会保险登记证

**社会保险登记证**

| | |
|---|---|
| 单位名称：<br>Name of establishment | 验证记录<br>verification records |
| 住所（地址）：<br>venue of establishment | 验证机构：　　年　月　日<br>verifying agency |
| 法定代表人（负责人）：<br>legal representative（person in charge） | 验证机构：　　年　月　日<br>verifying agency |
| 组织机构统一代码：<br>vnifiedcodeoforganication | 验证机构：　　年　月　日<br>verifying agency |
| 有效期限：<br>duration of ralidity | |
| 发证机构：<br>issued by | 验证机构：　　年　月　日<br>verifiyny agency |
| 发证日期：<br>date of issue | |

公司应当自领取营业执照或成立之日起 30 天内，向所属社保经办机构申请社会保险登记（这取决于所属的行政区域），然后建立起公司职工的缴费信息数据库，为职工缴纳社会保险。

企业新参保业务流程

一个企业为员工缴纳保险是劳动法规定的，为员工参保是一个企业的义务，也是该企业员工的基本福利。下面来了解一下怎样给还没有进行社会保险登记的企业参保。

## 10.2.1　新参加保险登记的准备工作

企业在到当地的社保局参保之前，需要准备以下资料。

（1）需要根据企业性质的不同，提供以下证件之一（都需要原件和复印件，复印件需要加盖单位公章）。

> 如果是事业单位，需要提供主管部门颁发的事业单位法人登记证。

> 如果是社会团体，需要提供民政主管部门颁发的社会团体法人登记证。

> 如果是企业单位，需要提供工商行政管理部门颁发的企业法人营业执照。

> 如果是外地单位派驻的分支机构要在当地缴纳社保，则需要提供主管部门颁发的机构登记证。

> 如果是股份制企业，则需要提供工商部门或会计师事务所出具的注资证明。

> 如果主管部门证件不明确或情况复杂的，还需提供工商部门或会计师事务所出具的《验资报告》或由主管部门同意成立的批文。

（2）参加社会保险的申请并且加盖单位公章。

（3）《新参保单位基本信息申报表》并且加盖单位公章。

（4）《社会保险登记表》（如还有分支机构的，附《所属分支机构情况表》）一份。

（5）《在职职工申报表》或者《参保人员登记表》并且加盖公章。

（6）委托银行自动结算社会保险资金授权书及其企业银行账户的说明，一般都是从银行基本户扣收保险费。

（7）参保人的身份证复印件（需要注意的是，如果是第二代身份证，那么需要正、反两面复印）。

以上所提供的复印件均需用 A4 纸复印并加盖单位公章，并且要和原件核对无误。

参保单位基本信息表基本内容如表 10.2 所示。

表 10.2　参保单位基本信息表

填报单位（盖章）

填表人：

| 单位类型 | □企业　□城镇大集体　□工业园区　□农垦企业　□全额拨款事业<br>□差额拨款事业　□自收自支拨款事业　□其他 | | | |
| --- | --- | --- | --- | --- |
| 隶属关系 | □中央　□省　□市、地区　□区　□县<br>□街道　□镇　□乡<br>□居民委员会　□村民委员会　□军队<br>□其他 | | 组织机构代码 | |
| 所在乡镇街道 | | | | |
| 所在社区或村 | | 单位名称 | | |
| 单位状态 | □登记（未参保）<br>□参保缴费<br>□暂停（中断）缴费<br>□终止参保 | 缴费单位名称 | | |
| 采用岗位平均工资标准 | □采用市岗位平均工资 | 参保方式 | □单位参保　事业单位经费来源 | |
| 单位地址 | | | 邮政编码 | |
| 工商登记执照种类 | | 工商登记执照号码 | 工商登记发照日期 | |
| 法定代表人姓名 | | 法定代表人证件号码 | 法定代表人电话与手机 | 电话：<br>手机： |
| 缴费单位专管员姓名 | | 专管员所在部门 | 缴费单位专管员电话与手机 | 电话：<br>手机： |

续上表

| 缴费开户银行行号 | | 缴费银行户名 | | 缴费银行基本账号 | |
|---|---|---|---|---|---|
| 养老保险缴费及待遇计发标准 | □城镇一般企业<br>□省属 12 家农垦企业<br>□新参保农垦企业<br>□三类事业单位<br>□其他 | 单位破产性质 | | □无<br>□因资源枯竭而关闭破产的中央所属核工业矿<br>□原中央所属现已下放地方管理的煤矿及有色金属矿<br>□地处深山职工再职业困难的三线企业<br>□国务院批准的全国破产项目 | |

　　同时，还需要填写社会保险费申报表（基本内容），它包含参保职工的一些基本情况，包括姓名、性别、身份证号码、参保时间、任职职务等，它一般都由参保员工自行填写，内容如表 10.3 所示。

　　申报缴纳单位社保的时候，还需要填写保险申报（明细）表，而且有的社保局要求这个表在以后每月申报的时候，都需要报送。这个表上，单位缴纳金额加上个人缴纳的金额总额，就是给社保局缴纳的金额，所以此表一定要仔细核对，特别是有人员变动的情况下，应该先做变更，再上报此表。内容如表 10.3 所示。

表 10.3　保险申报（明细）表

| 姓名 | | 性别 | | 文化程度 | | 出生年月 | |
|---|---|---|---|---|---|---|---|
| 身份证号码 | | | | | | | |
| 首次缴费参保时间 | | | | | 联系电话 | | |
| 户口所在地 | | | | | | | |
| 本人履历（从入学起） | | | | | | | |
| 起始年月 | 在何地、何部门就业（读） | | 任何职务 | | 证明人 | | 备注 |
| | | | | | | | |
| | | | | | | | |
| | | | | | | | |
| | | | | | | | |

续上表

| 起始年月 | 在何地、何部门就业（读） | 任何职务 | 证明人 | 备注 |
|---|---|---|---|---|
|  |  |  |  |  |
|  |  |  |  |  |
|  |  |  |  |  |

| 配偶及家庭主要成员情况 | 姓名 | 与本人关系 | 出生年月 | 文化程度 | 所在单位及职务 | 工资收入 |
|---|---|---|---|---|---|---|
|  |  |  |  |  |  |  |
|  |  |  |  |  |  |  |
|  |  |  |  |  |  |  |
|  |  |  |  |  |  |  |
|  |  |  |  |  |  |  |

| 申请人签名（盖章）：<br><br>　　　　年　月　日 | 社保局审核意见 | 社保局盖章<br><br>　　　　年　月　日 |
|---|---|---|

## 10.2.2　新参加保险登记的办理程序

企业准备好相关的资料以后就可以去当地的社保局窗口办理登记，流程如下。

**Step 01** 把准备好的资料，已经按照要求填写好的表格，盖好单位公章，交给社保局经办人员。社保局经办人员在接收社会保险登记申请资料后，将对资料进行审核，符合条件的出具《受理回执》。不符合条件的不予受理或者需要补充资料。

**Step 02** 社保局受理完成后，将在规定的工作日内办完相关手续；社保局会通知凭《受理回执》到保险关系部资料发放窗口领取《社会保险登记证》和相关资料。

**Step 03** 根据地区规定的不同，有的地区规定，领取完《社会保险登记证》以后，再到所在地社会保险经办机构办理医疗、事业保险登记手续，也有的地区在社保机构窗口直接办理综合保险登记手续，而不分开单独办理登记手续。这需要根据当地的实际情况予以处理。

Step 04　在办理完成以后，应核对银行账户，按月缴纳各项社会保险费。

　　**注意：** 不是登记完社会保险，就可以立刻享受社会保险。比如报销医疗费的待遇，一般说来都需要正常缴纳一个月或者一年社保费之后才可以享受。这取决于当地社保局的规定。

## 10.3　企业社会保险变更与年检

　　在企业参保以后，经常都会发生社会保险信息的改变，每年还需要参加社会保险部门的年检，本节就介绍社会保险变更和年检的流程。

### 10.3.1　单位社会保险的变更

　　如果社会保险登记事项发生变更，比如企业的名称、性质、银行账户等主要事项发生了变化，应当在登记变更之日起 30 日内，持以下证件和资料向所属社保经办机构申请办理社会保险登记变更手续。

　　需要填写《社会保险单位信息登记变更表》（以下简称《单位信息登记变更表》）和需要变更的《社会保险登记证》，并且提供工商执照或有关机关批准的变更证明，以及社保经办机构规定的其他相关资料。

　　提供的资料和表格在社保经办机构审核后予以变更。

　　因为单位信息变更事项涉及变更登记证上面的内容，所以需要重新填制和打印《社会保险登记证》，但是社会保险登记证号不变动，原《社会保险登记证》收回。

### 10.3.2　单位社会保险证的年检

　　登记完社会保险以后，《社会保险登记证》应该由企业专人保管，不得伪造、转让、涂改、买卖和损毁。遗失社会保险登记证件的，应该及时向所属社保经办机构提出申请并且补办，还应该每年对登记证进行年检。年检时，填写好年检报告表以后，盖上单位公章，提交给所属的社会保险机构。年检报告表如表 10.4 所示。

表 10.4　社会保险年检表

参保企业社会保险登记证年检报告表

单位名称（章）

| 单位编号 | | 社保登记证编码 | | 组织机构代码 | | 参保登记时间 | |
|---|---|---|---|---|---|---|---|
| 工商登记信息 | 发证机关 | 执照号码 | | 经济类型 | | | |
| | 发证日期 | 有效期限 | | 税务登记证 | | | |
| 法定代表人或负责人 | 姓名 | | | 参保单位专管员 | | 姓名 | |
| | 身份证号码 | | | | | 所在部门 | |
| | 联系电话 | | | | | 联系电话 | |
| 单位地址 | | | | | | | |
| 开户银行 | | | | | | | |
| 开户名称 | | | | | | | |
| 银行账号 | | | | | | | |
| 2020 年末在职人数 | | | | 2020 年平均人数 | | | |
| 2020 年末参加养老保险人数 | | | | 2020 年末参加工伤保险人数 | | | |
| 2020 年末工资总额（元） | | | | 2020 年人均工资总额（元／月．人） | | | |
| 2020 年末养老保险欠费情况（元） | | | | 2020 年末工伤保险欠费情况（元） | | | |
| 2020 年缴费基数（元） | | | | | | | |

单位负责人（签章）：　　　　填报人（签章）：　　　　填报日期　　年　月　日

社保局主管局长签章：　　　　社保局主管处长签章：　　　社保局年检人签章：

## 10.4　单位社会保险整体转入、转出业务

在登记完社会保险以后，如果工商注册地址发生了变化，也就是由于单位地址改变，所属的社保局发生了变化，那么就应该从原来的社保局转出，然后转入新地址所属的社保局。

办理转入或转出的时间根据当地所属社保局的规定而有所不同，比如北京地区规定，应该在当月的 23~25 日办理单位整体的转入或转出。

**1. 社会保险的整体转入**

办理转入的时候一般需要提交以下材料。

（1）营业执照副本原件及复印件（加盖单位公章）。

（2）由转出的所在社保局审核盖章后的《社会保险单位信息登记变更表》。

（3）由转出的所在社保局开具的《基本医疗保险关系跨区转移证明》。

（4）与开户银行新签订《委托收款付款授权书》，将以前的付款授权书作废，新授权书写明更改后的所属社保局。

**2. 社会保险的整体转出**

在办理转出的时候一般需要提交以下材料。

（1）所属社保局要求的银行托收单复印件（最后一个月或者更长的时期）。

（2）填写《社会保险单位信息登记变更表》并且加盖公章。

（3）填写《社会保险注销登记申请表》并且加盖公章。

> **注意：** 办理转出时，单位在结清所有应该缴纳的费用以及医药费报销完毕的情况下才可以办理整体转出手续。医疗保险手续齐全后由所属社保中心开具《基本医疗保险关系跨区转移证明》办理转出。

## 10.5　企业社会保险注销登记

如果发生解散、破产、撤销、合并、被吊销营业执照以及其他终止营业的情形，需要终止社会保险缴费义务时，应该从发生注销登记事项之日起 30 天内向所属社保经办机构申请注销登记。

申请注销登记时须填写《单位信息登记变更表》，并提供相关证明材料，经社保经办机构审核后办理注销社会保险登记手续，并收回发给的《社会保险登记证》。

> **注意：** 与转出手续一样，在办理注销社会保险登记前，也应该结清应缴的社会保险费和滞纳金等费用，结清医疗费的报销等。

## 10.6 住房公积金如何办理

要决定用什么方式办理住房公积金汇缴，这决定办理住房公积金的方式。一般来说，办理住房公积金有以下汇缴方式。

- 以出纳人员开具转账支票的方式予以缴存，或者直接通过现金方式缴存。
- 以出纳人员到银行汇款的方式予以缴存。
- 直接和银行签订协议，委托银行收款。

### 10.6.1 转账支票和现金的汇缴方式

如果企业决定以转账支票、现金方式来进行汇缴，那么其办理登记和汇缴的方式如下。

**Step 01** 先到所属地区的住房公积金管理中心领取登记表，申请缴纳住房公积金。填好单位的基本情况，选择好缴纳的比例以后，盖上单位公章。在登记办理完成以后，需要报送职工的姓名、身份证号、性别、工资金额和公积金的缴存金额。

**Step 02** 应于每月发放职工工资之日起 5 日内将单位缴存的和为职工代扣代缴的住房公积金按时足额汇缴到住房公积金管理中心。办理的流程是需要先填制住房公积金管理中心统一印制的《住房公积金汇缴书》（一式三份），并填制与《住房公积金汇缴书》汇缴金额一致的转账支票或《现金送款簿》。

> **注意：** 这里的一致，指无论金额多一分还是少一分，都不行，在实际工作中，单位缴费不同于个人缴费，不要存在金额的零头可以四舍五入的想法。

**Step 03** 如果汇缴职工的人数发生了变化，需要填写住房公积金管理中心统一印制的《住房公积金汇缴变更清册》，以及与人员变更后应汇缴金额一致的《住房公积金汇缴书》和转账支票，《住房公积金汇缴书》中"增加人数""增加金额""减少人数""减少金额"栏与《住房公积金汇缴变更清册》中相应栏目一致。在汇缴时，应该先办理变更，再按照变更后的金额进行汇缴。但是在办理变更前应该先结清拖欠的住房公积金金额。

**Step 04** 在汇缴业务确认后，住房公积金的人员会打印《住房公积金汇缴书》一式两份，盖章后一份交还给留底。

如果一年内，有多个月份的住房公积金都没有缴纳，那么可以填写多份需要缴纳的月份汇缴书（汇缴书必须按月填写，不能合并填写），然后按照需要缴纳的多个月份的总数开出支票予以汇缴。

《住房公积金汇缴书》的样式如表 10.5 所示。

表 10.5　住房公积金汇缴书

NO.

年　月　日　　　　　　　　　　附变更清册　　张

| 单位全称 | | | | | | | | | | |
|---|---|---|---|---|---|---|---|---|---|---|
| 单位登记号 | | | | | | | | | | |
| 汇缴金额（大写） | 千 | 百 | 十 | 万 | 千 | 百 | 十 | 元 | 角 | 分 |
| | | | | | | | | | | |

上月汇缴 本月增加 本月减少 本月汇缴

人数　　　人数　　　人数　　　人数
金额　　　金额　　　金额　　　金额

支票号码：　　　　　　　　备注：

单位主管：　　　　　　复核：　　　　　　制单：

填写说明：

- 《住房公积金汇缴书》一式两联，为无碳复写凭证，第一联住房公积金管理中心留存作为记账凭证，第二联作为单位存根备查。
- 部分行政事业单位既有财政统发又有单位自筹汇缴住房公积金的，需将财政统发部分和单位自筹部分分别填制《住房公积金汇缴书》。
- 《住房公积金汇缴书》中各项内容应准确完整填写。

汇缴书后应该附的《住房公积金汇缴变更清册》的内容如表 10.6 所示。

表10.6 住房公积金汇缴变更清册

年 月 日

单位全称（盖章）：

单位登记号：

| 序号 | 职工编号 | 职工姓名 | 证件名称 | 证件号码 | 缴存基数 | 个人 | 单位 | 合计 | 序号 | 职工姓名 | 证件名称 | 证件号码 | 减少原因 | 个人 | 单位 | 合计 |
|---|---|---|---|---|---|---|---|---|---|---|---|---|---|---|---|---|
| 本月增加汇缴（新增职工开户） | | | | | | 住房公积金月缴存额（元） | | | 本月减少汇缴（职工调出、封存、销户） | | | | | 住房公积金月缴存额（元） | | |
| | | | | | | | | | | | | | | | | |
| | | | | | | | | | | | | | | | | |
| | | | | | | | | | | | | | | | | |

| 本页小计 | 人数 | 金额 | | | 本页小计 | 人数 | 金额 | | |
|---|---|---|---|---|---|---|---|---|---|
| | | 个人 | 单位 | 合计 | | | 个人 | 单位 | 合计 |

| 首页填写 | 本月增加汇缴合计 | 本月减少汇缴合计 |
|---|---|---|

单位主管： 复核： 制表： 制表日期： 年 月 日

填写说明：

- 《住房公积金汇缴变更清册》一式两份，加盖单位印章，一份单位留存，一份报管理中心。
- 《住房公积金汇缴变更清册》中"增加人数合计""增加金额合计""减少人数合计""减少金额合计"应与《住房公积金汇缴书》中的相应栏目一致。
- 《住房公积金汇缴变更清册》中各项内容应准确完整填写。

# 10.6.2 银行汇款的汇缴方式

如果以银行汇款方式办理汇缴，方法如下。

**Step 01** 先填制《单位汇款缴存公积金备案表》，交到住房公积金管理中心所属管理部门。

《单位汇款缴存公积金备案表》样式如表 10.7 所示。

表 10.7　单位汇款缴存公积金备案表

单位汇款缴存公积金备案表

| 收款信息 | 收款人 | | | |
|---|---|---|---|---|
| | 收款账号 | | | |
| | 开户行 | | | |
| 付款信息 | 汇款单位 | | 缴存单位 | |
| | 汇款账号 | | 单位登记号 | |
| | 开户行 | | 管理部编号 | |

经办人：　　　　单位签章：　　　　接柜：　　　　管理部签章：

年　　月　　日

填写说明：

- 单位填制《单位汇款缴存公积金备案表》，一式两份，一份由管理部盖章后单位留存，一份报管理部。
- 《单位汇款缴存公积金备案表》中的"收款信息"，由住房公积金管理中心会计处为所属管理部指定，单位不填。

**Step 02** 在办理好上述事项后，应该将缴存的公积金款项汇入住房公积金管理中心指定的住房公积金银行专户，汇款单中的收款人栏填写"住房公积金管理中心"，收款银行及账号填写住房公积金管理中心指定的收款银行及账号，并在汇款单空白处（一般是汇款单的上方）注明单位登记号、管理编号及汇缴月份。

**Step 03** 住房公积金管理中心收到汇款后与《单位汇款备查簿》核对，无误后计入单位暂存款。通过系统查询已收款后，会及时通知。持《住房公积金汇缴书》，有变更的还需持《住房公积金汇缴变更清册》（需要加盖单位公章),《单位汇款缴存公积金备案表》（需要加盖单位公章），到管理部办理汇缴分配，将已缴存的住房公积金计入个人账户。汇缴办理完毕以后，收到《住房公积金汇缴书》《住房公积金汇缴变更清册》各一份留底。

### 10.6.3　委托银行收款的汇缴方式

以委托银行收款方式如何办理住房公积金和汇缴，具体流程如下。

**Step 01**　需要与住房公积金管理中心签署，由住房公积金管理中心统一印制的《委托银行收款缴交住房公积金协议》，写明开户银行账户，加盖单位公章。

**Step 02**　凭上面住房公积金管理中心出具的协议，与开户银行签订《委托收款付款授权书》。

**Step 03**　在完成单位、银行、住房公积金的三方协议后，便可办理委托收款业务。每一个月与住房公积金中心做委托收款确认，如果有人员变更，与前面的几种汇缴方式一样，需要上报《住房公积金汇缴变更清册》。

**Step 04**　在办理好前面几步以后，住房公积金管理中心会每个月定期通过系统汇总委托收款信息，办理银行托收。在收款后，如果成功，住房公积金管理中心会计处根据银行提供的《委托收款结算凭证》收款联，将托收款项计入单位暂存款，再办理住房公积金汇缴分配，将汇缴金额计入个人账户，并将《住房公积金汇缴书》和《住房公积金汇缴变更清册》盖章后一份退给留底。如果由于金额不对或者银行的账户等原因，银行托收没有成功，会通知收款失败，让核对重新办理托收手续。

### 10.7　老出纳支招

企业为员工参加和缴纳社会保险以后还有一些为员工提供的相关服务，下面予以介绍。

### 10.7.1　怎样为职工提供单位参保证明

在办理很多单位以及个人业务的时候，比如资信证明、转移户口的手续、购买房屋等，都需要提供社保缴纳证明。下面来看一下怎样开具参保证明。

开具参保证明需要单位介绍信（盖单位公章）和经办人员身份证原件，当月缴纳社保费用的收据，以及需要参保证明的职工的身份证复印件。

可以开出参保证明的地点：街道社会事务服务中心或所属区社保服务大厅。

## 10.7.2　如何办理单位参保人员的社保卡

在成功登记单位社保以后，就需要为每位参保人员登记制作社保卡，制作社保卡需要《社会保险人员增加表》，也就是参保人员明细，然后填写《社保卡登记制作单》。登记制作以后，需要缴纳一定的制卡费用（有的地区免除了费用），一般要等待一定的工作日，才能领取到社保卡。

领取社保卡时，可以看到，卡片的背面写有每一位参保职工的姓名、身份证号、社保编号，还有一个相应的密码信封，这需要仔细核对，并且确认信封没有被开启，核对无误后转发给每一位职工。

有时社保卡会出现损坏，不能刷卡，这时就需要重新加磁。给社保卡加磁须持社保卡及本人身份证原件，到所属社保局给自己的卡片重新加磁。如果社保卡丢失，应持本人身份证予以挂失，并且申请重新办理。

# 读者意见反馈表

亲爱的读者：

感谢您对中国铁道出版社有限公司的支持，您的建议是我们不断改进工作的信息来源，您的需求是我们不断开拓创新的基础。为了更好地服务读者，出版更多的精品图书，希望您能在百忙之中抽出时间填写这份意见反馈表发给我们。随书纸制表格请在填好后剪下寄到：北京市西城区右安门西街8号中国铁道出版社有限公司大众出版中心 王佩 收（邮编：100054）。此外，读者也可以直接通过电子邮件把意见反馈给我们，E-mail地址是：505733396@qq.com。我们将选出意见中肯的热心读者，赠送本社的其他图书作为奖励。同时，我们将充分考虑您的意见和建议，并尽可能地给您满意的答复。谢谢！

-----------------------------------------------------------------

所购书名：_____

个人资料：

姓名：_____ 性别：_____ 年龄：_____ 文化程度：_____

职业：_____ 电话：_____ E-mail：_____

通信地址：_____ 邮编：_____

-----------------------------------------------------------------

您是如何得知本书的：

□书店宣传 □网络宣传 □展会促销 □出版社图书目录 □老师指定 □杂志、报纸等的介绍 □别人推荐
□其他（请指明）_____

您从何处得到本书的：

□书店 □邮购 □商场、超市等卖场 □图书销售的网站 □培训学校 □其他

影响您购买本书的因素（可多选）：

□内容实用 □价格合理 □装帧设计精美 □带多媒体教学光盘 □优惠促销 □书评广告 □出版社知名度
□作者名气 □工作、生活和学习的需要 □其他

您对本书封面设计的满意程度：

□很满意 □比较满意 □一般 □不满意 □改进建议

您对本书的总体满意程度：

从文字的角度 □很满意 □比较满意 □一般 □不满意
从技术的角度 □很满意 □比较满意 □一般 □不满意

您希望书中图的比例是多少：

□少量的图片辅以大量的文字 □图文比例相当 □大量的图片辅以少量的文字

您希望本书的定价是多少：


本书最令您满意的是：

1.
2.

您在使用本书时遇到哪些困难：

1.
2.

您希望本书在哪些方面进行改进：

1.
2.

您需要购买哪些方面的图书？对我社现有图书有什么好的建议？


您更喜欢阅读哪些类型和层次的书籍（可多选）？

□入门类 □精通类 □综合类 □问答类 □图解类 □查询手册类

您在学习计算机的过程中有什么困难？


您的其他要求：